职业教育智慧教学

程 美 欧阳波仪 著

北京理工大学出版社
BEIJING INSTITUTE OF TECHNOLOGY PRESS

内 容 摘 要

本书在广泛参考借鉴的基础上,从"时代召唤:教学改革势在必行""现实诉求:为了学生智慧生成""全新视角:以知识管理为导向""关键举措:创新智慧教学模式""动态调整:优化教学目标内容""实施策略:改革教学方法手段""重要支撑:构建智慧课堂生态"等七个方面探讨职业教育智慧教学改革"为什么改""改什么"和"怎么改",以期为职业教育教学研究者和实践者提供参考。

图书在版编目(CIP)数据

职业教育智慧教学 / 程美,欧阳波仪著 . -- 北京:
北京理工大学出版社,2021.12
　　ISBN 978-7-5682-9662-5

Ⅰ.①职… Ⅱ.①程… ②欧… Ⅲ.①职业教育－教
学研究 Ⅳ.① G712.0

中国版本图书馆 CIP 数据核字(2021)第 052840 号

出版发行 / 北京理工大学出版社有限责任公司
社　　址 / 北京市海淀区中关村南大街5号
邮　　编 / 100081
电　　话 /(010)68914775(总编室)
　　　　　(010)82562903(教材售后服务热线)
　　　　　(010)68944723(其他图书服务热线)
网　　址 / http://www.bitpress.com.cn
经　　销 / 全国各地新华书店
印　　刷 / 三河市华骏印务包装有限公司
开　　本 / 710 毫米 × 1000 毫米　1 / 16
印　　张 / 16　　　　　　　　　　　　　　　责任编辑 / 徐艳君
字　　数 / 247 千字　　　　　　　　　　　　文案编辑 / 徐艳君
版　　次 / 2021 年 12 月第 1 版　2021 年 12 月第 1 次印刷　　责任校对 / 周瑞红
定　　价 / 88.00 元　　　　　　　　　　　　责任印制 / 李志强

前　言

　　智，法用也；慧，明道也。智慧，集知识、思维和人格于一体，又高于知识、思维和人格，是面向未来的品行、思维、能力和素质。职业教育特别关注能力培养，使教学改革实践或多或少地忽视了思维与人格，亟待回归立德树人，回归培养思维，回归转识成智。

　　智慧教学不是新兴的概念，数十年前就有学者提出教学要从知识传递转变为智慧传递，要实行智慧教学。至近几年，在智慧地球战略的推动下，"智慧教育""未来教育"等思想高歌猛进，智慧教育改革风生水起，引入新一代信息技术的智慧教学改革持续升温。然而，在技术理性的支配下，技术要素成为教学改革的逻辑基点和最终目的，致使智慧教学陷入"唯技术"误区，没有解决深层性实质问题。本书依托湖南省教育科学规划课题"知识管理视角下高职智慧课堂构建与应用研究"，在广泛参考借鉴的基础上，从以下七个方面探讨智慧教学改革中"为什么改""改什么"和"怎么改"的问题。

　　时代召唤：教学改革势在必行。从"教育回归呼唤""未来革命倒逼""信息技术推动"三个层面分析职业教育教学改革的必要性。职业教育深化教学改革，提高教学质量，提高人才培养质量，方能由"大有可为"到"大有作为"。

　　现实诉求：为了学生智慧生成。从教学改革价值取向出发，阐释智慧和智慧学习是什么，提出生成性教学与预设性教学和谐共生的观点，通过引导学生知识习得、思维训练和人格养成，使得智慧在"理解真知、正确判断和恰当实施"的过程中生成和体现。

　　全新视角：以知识管理为导向。在分析知识管理内涵及其在教育领域中应用的基础上，提出基于知识管理的智慧学习构建策略，引导学生通过知识的学习、分享、应用、创新，不断累积发展知识，并使上升成为智慧，进而不断提升应变与创新能力。

关键举措：创新智慧教学模式。教学模式是在一定的教学思想和教学理论指导下，构建相对稳定的教学结构框架和实施策略。要培养复合型、创新型技术技能人才，需要应用全新思维，构建"主导—主体"教学结构，引导学生自主、探究、合作的学习方式，创新智慧教学模式。

动态调整：优化教学目标内容。传统观念的束缚、学科体系的藩篱，是制约高职院校课程改革与开发成败的关键。为此，需要从问题出发，创新方法与策略，动态调整教学目标和内容，保证教学目标适应技术发展，符合未来要求。

实施策略：改革教学方法手段。针对当前职业教育教学方法手段改革已经出现价值遮蔽、技术盲从和去情景化的问题，探讨选用或创新教学方法的原则和策略，使之既较好地契合教学目标和内容，又满足教学相长的需求。

重要支撑：构建智慧课堂生态。在分析课堂生态基本内涵和基础理论的基础上，审视职业院校课堂生态的现状问题，提出物质环境、心理环境、制度环境等方面的建设策略，分享了"人工智能+"智慧教室、共建共享型生产性实训基地、创新创业孵化基地等案例。

本书第一、五、六、七章由欧阳波仪执笔，第二、三、四章由程美执笔。在出版之际，衷心感谢湖南省教育科学规划领导小组、湖南汽车工程职业学院等单位对相关研究课题的资助；对所有在课题研究过程中付出的团队成员，以及支持过的领导、老师、同学和朋友表示深深的感谢。同时，本书参考了大量文献，对参考文献作者表示诚挚的谢意！

著 者

2021.3

目 录

第一章　时代召唤：教学改革势在必行　　　　　　　　1

一、教育回归呼唤教学改革　　　　　　　　2
问题1：职业教育为何要回归　　　2
问题2：职业教育回归到何处　　　4
问题3：职业教育教学如何回归　　　6

二、未来革命倒逼教学改革　　　　　　　　9
焦点1：生态革命　　　9
焦点2：道德危机　　　10
焦点3：人文重建　　　11

三、信息技术推动教学改革　　　　　　　　11
趋势1：学习环境生态化　　　12
趋势2：主体行为协同化　　　13
趋势3：教学活动适性化　　　14
趋势4：学习评估全息化　　　15

第二章　现实诉求：为了学生智慧生成　　　　　　　　17

一、教学改革价值取向　　　　　　　　18
讨论1：价值取向的蕴涵　　　18
讨论2：价值取向的嬗变　　　21
讨论3：价值取向的确立　　　27

二、智慧与智慧教育　　　　　　　　28
问题1：什么是智慧　　　28
问题2：智慧有哪些要素　　　30
问题3：智慧学习有何特点　　　33

三、生成性教学思维   **37**

    探讨1：预设性教学思维   37

    探讨2：生成性教学思维   39

    探讨3：共存性教学思维   40

四、引导学生智慧生成   **42**

    观点1：智慧教育是途径   42

    观点2：知识习得是基础   46

    观点3：思维训练是关键   50

    观点4：人格养成是根本   54

第三章　全新视角：以知识管理为导向   **59**

一、知识管理及其内涵分析   **60**

    讨论1：知识与知识观的发展   60

    讨论2：学习与建构主义学习   63

    讨论3：知识管理定义与研究   66

    讨论4：知识管理的哲学意蕴   70

二、知识管理在教育中的发展   **72**

    分析1：教育领域中知识管理的应用   72

    分析2：智慧教学中知识管理的必要性   74

    分析3：智慧教学中知识管理的可行性   75

三、基于知识管理的智慧学习构建   **77**

    设计1：知识管理模型构建   77

    设计2：智慧学习过程重构   81

    设计3：个人学习模型构建   84

第四章　关键举措：创新智慧教学模式   **87**

一、教学模式内涵   **88**

    问题1：何谓模式   88

    问题2：何谓教学模式   89

    问题3：教学模式由哪些要素构成   91

    问题4：教学模式有何特点   94

    问题5：教学模式有何功能   96

二、主要理论依据   **97**

    理论1：建构主义学习理论   97

    理论2：联通主义学习理论   98

    理论3：多元智能理论   99

    理论4：学习模型构建理论   101

    理论5：技能与思维相关理论   101

三、新型教学结构   **102**

    探讨1：教学结构的概念与特性   103

    探讨2：教学结构与教学模式辨析   104

    探讨3：三种典型的教学结构   105

四、教学模式构建   **110**

    讨论1：智慧教学模式创新的原则   110

    讨论2：智慧教学模式创新的策略   113

    讨论3：智慧教学模式创新的路径   115

五、典型模式探讨   **121**

    典型1：个性化教学模式   121

    典型2：探究式教学模式   124

    典型3：SPOC教学模式   126

    典型4：差异化教学模式   128

第五章   动态调整：优化教学目标内容   133

一、阐明三个观点   **134**

    观点1：不应将教学目标等同于教学目的   134

    观点2：素质目标维度的素质有特定含义   137

    观点3：技术知识是内容设计的主要依据   138

二、教学目标确定   **140**

    探讨1：回归技术世界   140

    探讨2：技术与人性相结合   143

三、教学内容设计   **147**

    设计1：以当前面临的问题为导向   148

    设计2：以国内外典型经验为借鉴   149

设计 3：以行业企业生产技术为依据 154

设计 4：以岗位典型工作任务为载体 162

第六章　实施策略：改革教学方法手段　171

一、关于教学方法的探讨　172

探讨 1：教学本质及其特征 172

探讨 2：教学观念及其发展 175

探讨 3：教学方法及其研究 178

探讨 4：教学方法与知识观 181

二、教学方法改革的现状　183

现状 1：价值遮蔽 183

现状 2：技术盲从 186

现状 3：去情景化 189

三、创新有效的教学方法　189

策略 1：正确认知有效的教学方法 190

策略 2：遵循教学方法创新的原则 191

策略 3：灵活应用典型的教学方法 193

第七章　重要支撑：构建智慧课堂生态　197

一、课堂生态基本内涵　198

问题 1：何谓课堂生态 198

问题 2：何谓课堂生态环境 202

二、课堂生态基础理论　204

理论 1：生态学理论 204

理论 2：系统科学理论 207

理论 3：学习共同体理论 208

三、课堂生态现状审视　209

审视 1：内部审视 209

审视 2：外部审视 214

四、课堂生态环境重构   **216**

    重构 1：物质环境建设   217

    重构 2：心理环境建设   224

    重构 3：制度环境建设   230

五、物质环境构建实践   **236**

    实践 1："人工智能＋"智慧教室   238

    实践 2：共建共享型生产性实训基地   242

    实践 3：创新创业孵化基地   243

后记   **246**

第一章

时代召唤：教学改革势在必行

知者不惑，仁者不忧，勇者不惧。

——孔子

我国正处在加快完善社会主义市场经济体制和实现现代化建设战略目标的关键时期，综合国力的强弱越来越取决于劳动者的素质，取决于各类人才的质量和数量。职业教育肩负着培养具有创新精神和能力的高素质技术技能人才的任务，具有不可替代的地位和作用。但是，随着科技进步、产业结构调整以及劳动力市场的变化，职业教育亟待深化教学改革，提高教学质量，提高人才培养质量。

一、教育回归呼唤教学改革

20世纪初，法国哲学家、教育家雅克·马利坦认为美国教育正处在十字路口，呼唤教育回归其自有本质和目的，要以更新的力量，开创更新的事业[①]。

新时代，职业教育在大改革、大发展进程中，注定面临诸多困难、巨大挑战，还将伴随乱象丛生、饱受诟病，无论在理论还是在实践层面，迫切需要从教育回归的层面反思教学改革。这将影响职业教育由"大有可为"到"大有作为"的实践成效，关系着职业教育的未来百年，更关乎中华民族的伟大复兴。

> **问题1：职业教育为何要回归**

时任教育部部长陈宝生曾表示，高等教育要做到四个回归——回归常识、回归本分、回归初心、回归梦想[②]。为何要回归，不仅为了扭转"玩命的中学，快乐的大学"的现象，更是教育根本变革所必须回答的问题。本书的思考立足职业教育，但不局限于职业教育，在文献分析的基础上，虽总结了以下四个原因，但不一定拨开云雾、冲破藩篱。

（1）局限于当下

教育不能脱离生活，它是人们的一种生活方式。从这个意义上说，教

---

① 埃德加·莫兰.复杂思想：自觉的科学[M].北京：北京大学出版社，2001.

② 陈宝生.坚持"以本为本"，推进"四个回归"，建设中国特色、世界水平的一流本科教育[J].时事报告（党委中心组学习），2018（5）：18-30.

育与教育生活是同义的。教育生活可以从两个角度理解：一个是把教育看作总体生活的一部分，认为教育生活是特殊的、独立的生活，是人类总体生活中人的自反与自增的内向型结构；另一个是把教育看作总体生活的基础和目的，认为教育具有人类生活的目的性和基础性维度，与总体生活不分离，也就是说教育与生活总体同时空，生活本身就具有教育意义。

因此，人们重视教育与生活的互动生成关系，以"适应"的姿态，将当下生活和已获经验作为主要内容传授，对于基础教育应该是科学合理的。然而，职业教育应对接未来市场，局限于当下的技术，遮蔽了"未来世界"的需要，是否适合培养未来的技术技能人才，是一个难以解答的命题。

（2）受控于功利

功利主义否认事物本身的内在价值，否认事物之间的内在联系，认为事物价值是外在赋予的，事物之间的关系是外在机械关系。人与教育的关系是主体与客体的关系，教育为某种外在目的而存在，难免被异化为功利。教师与学生作为独立的个体，相互之间缺乏内在的联系，教师拥有控制和改造学生的权力，学生是被控制、被管理的对象，致使教和学成为个体争夺不同利益的行为。

当前，职业教育仍或多或少存在培养专才的观念，割裂了专业教育与通识教育的关系，过度的专业化，与人的发展整体性、全面性和动态生成性存在冲突。在这一观念指导下，学校容易被看成"工厂"，学生可能被当作可以加工的产品，按照统一规定的程序和方法进行加工改造，获得既定的行为和技能，造成了教育本体功能的降低和内在价值的失落与异化。

（3）迷失于成才

教育目的简单地说就是成人，但现代教育已经让成才目标跃居成人目的之上，甚至在一定程度上遗忘了教育目的。著名教育学专家鲁洁先生曾经批判地指出，教育的主要宗旨只是教人去追逐、适应、认识、掌握、发展这个外部物质世界，着力于教会人的是"何以为生"的知识与本领，其最基本的缺失就在于它放弃了"为何而生"的教育，不能让人们从人生的意义、生存的价值等根本问题上去认识和改变自己，把教育目的化解为谋取生存适应的有限目的[①]。

---

① 鲁洁.通识教育与人格陶冶 [J]. 教育研究，1997（4）：16-19.

很长一段时间，职业教育或多或少没有把学生当作整体意义上的人，仅仅把人作为手段而没有最终作为目的，只关注学生的技能，缺乏对人的完整理解，具有极强的片面性和功利性，致使职业教育失去灵动的活力，而变成追求各种"成才工具"培养的机械过程。

（4）偏离了宗旨

人是教育存在的本原，教育是人的生成方式，人道宗旨是教育的本意。各种原因导致有些学生受到不同程度的危及身心健康的训练，师生关系功利化、管理化，教育缺乏爱，影响学生身心健康的事件时有发生。

职业教育作为一种类型教育，虽然因应试压力导致的病理性规训相对较少，但是学生的课堂沉默较为普遍，学生对学习的自主性、自为性的无意和放弃较为普遍；教师的教育反思不普遍，教师对教育自主性、自为性的无意和放弃较为普遍。这是教育的自反性减弱，有偏离人道宗旨的倾向。

自反性是一种自我意识及其能力，是把自己的生命活动变成自己的意志和意识的对象①，是人超越自然成就自身的根本特性。教育促进人的自反性的优化和提升，对学生而言，教育效果最终取决于学生自己，其自反性是把外在的要求变成自主的发展动力和行为，从而更好地自我发展；对教师而言，其教育教学活动的开展必须基于学生的自反性和自己的自反性。

问题2：职业教育回归到何处

马克思主义认为，教育的目的是使人得到全面的发展，能够成为通晓整个生产系统的人，是使年轻人能够根据社会发展的需要以及自身的需要熟悉整个社会系统，能够在社会的各个环节都能应运自如，能够摆脱之前在社会中的混沌的、茫然的境地②。本书从国情、人性和发展的角度，综合有关文件要求和学者观点，提出职业教育回归立德树人、回归培养思维、回归转识成智的观点。

---

① 中共中央马克思恩格斯列宁斯大林著作编译局 . 马克思恩格斯选集（第 1 卷）[M]. 北京：人民出版社，1995：46.

② 中共中央马克思恩格斯列宁斯大林著作编译局 . 马克思恩格斯选集（第 1 卷）[M]. 北京：人民出版社，1995：243.

（1）回归立德树人

党的十九大报告明确提出，要全面贯彻党的教育方针，落实立德树人的根本任务，发展素质教育，推进教育公平，培养德智体美全面发展的社会主义建设者和接班人。《国家职业教育改革实施方案》（简称：职教 20 条）明确要求，落实好立德树人的根本任务，健全德技并修、工学结合的育人机制，完善评价机制，规范人才培养全过程。

党的十九大报告精神、"职教 20 条"诠释了职业教育的本质使命是培养大学生成为全面发展的、合格的社会主义事业接班人，所以在新形势下如何发挥职业教育的立德树人功能，是亟须解决的重要问题。

职业院校工作的中心是培养人才，要把学生作为教育过程中的主体，把促进学生的全面健康成长作为一切工作的出发点和落脚点。立德树人作为教育的根本任务，同时也是职业院校内涵式发展的最终价值目标；育人为本，应当高度重视提高学生全面素质，进而培育德智体美全面发展的、满足社会主义现代化建设所需的高素质技术技能人才。

（2）回归培养思维

2012 年，世界经济合作与发展组织发布的《为 21 世纪培育教师、提升学校领导力：来自世界的经验》指出，21 世纪要培养学生的基本技能，必须培养学生的批判性思维、创造性思维以及生活方式。

集装箱改变了运输方式，智能手机改变了生活方式，电子商务改变了商业模式……创造思维改变了定式思维。北京师范大学资深教授、国家教育咨询委员会委员顾明远认为，世界科技的进步，都是创造思维的结果，教育的重要任务就是培养学生的思维，没有良好的思维品质，没有无定式的创新思维，就很难适应变革时代的生存要求。

职业教育与其他类型教育的本质是一致的，都要重视思维培养。改革就是为了教好每一个学生，职业教育同样要开展从教到学的转变，让学生自己学会学习、学会探索，教师要成为学生学习知识的引路人，充分相信学生的能力，让学生自己发现问题、提出问题、解决问题，真正让学生勤于思考、学会思考、发展思维。当然，自主学习不是个人学习，而是自主的合作学习，形成师生之间、同伴之间的学习共同体；不是将教师的主张强加给学生，而是引导他们在思考中自己慢慢探索。

（3）回归转识成智

邵晓枫等[①]总结有关学者观点提出，智慧是人所特有的，是智力因素与非智力因素的统一，是人的主体性、创造性、个性、批判性及实践能力等的综合体现。智慧具有知识性，是在融会贯通基础上的顿悟及自我超越，是美好的情感和价值观，是从容豁达的生活态度与方式，其发展在本质上就是人的主体性的解放，是人的自由发展。

智慧教育的根本目的在于教育学生发现、发展、培养自己的智慧。掌握丰富知识和运用现代技术的最终目标都是为了发展人的智慧。因此，教育就是要回归转识成智，促进人的智慧生成和发展，而智慧本身又和人的自由发展有着内在的联系。培育和弘扬主体性是教育的根本，培育智慧主体的教育，也就是引导学生从自在存在转变为自为存在，不断发展和完善自身的教育。这样的教育从学生的生活世界出发，不但使学生成为知识和技术的主体，而且还使其成为智慧建构的主体，培养其创新能力、实践能力及优良个性品质，最终成为有智慧的人。

问题3： 职业教育教学如何回归

华东政法大学杨嵘均教授在《回归人性：关于教育本质的再认知——兼论卢梭〈爱弥儿〉自然教育思想的当代价值》一文中，分析卢梭自然教育思想并提出，在教育教学过程中，由于人性最初源于自爱，然后由自爱到他爱，所以应该注重培养具有单纯欲望的人，培养善良、诚实、智慧、正直、谦和、勇敢的人，而不是培养具有偏见、狡诈、偏狭、狂妄自大、怯懦之人[②]。

近年来，职业教育教学改革如火如荼，职业院校教师主动摒弃"填鸭式""满堂灌"，主动自省，探索新模式，把课堂教学转变为"讨论学习""自主学习"，充分发挥学生的能动性，积极启发学生思维，鼓励学生主动参与。但是，考虑到课堂上学生角色进入不深，于是教师们努力探索组织活动、做

---

① 邵晓枫，刘文怡.智慧教育的本质：通过转识成智培育智慧主体 [J]. 中国电化教育，2020（10）：7-14.

② 杨嵘均.回归人性：关于教育本质的再认知——兼论卢梭《爱弥儿》自然教育思想的当代价值 [J]. 华南师范大学学报（社会科学版），2020（4）：58-70+190.

游戏等教学方式，"寓教于乐"，力图让学生学习在轻松愉快的氛围中。虽然这种改革的出发点是好的，可是仍有学生不买账、专家不认可，学校很茫然，因此收效甚微。对此，本书认为教学应该按照教育回归的思想，寻求理性的回归，返璞归真，以变应变。

（1）重视创新与传承相结合

事物只有在不断的创新中才能获得发展，职业教育教学也不例外。但在教学过程中，不应割裂与规律的联系，不应突破人才成长规律，片面追求新异。实际上，创新教学应该坚守教育本质、立足教育目标、遵循教育规律，在继承的基础上突破，而不是随心所欲。

大多数职业院校的教师来自非师范类院校，没有受过系统的教育理论培训，往往缺乏对教育教学基本规律的认识，忽视对教育教学基本规律的研究，存在"重专业知识、轻教学理论"的倾向。有些教师过多注重教学形式的多样化，比较重视课堂教学形式的新奇，比较强调课堂热闹的氛围，忽视教学基本功的修炼。教学需要认真准备、精心组织，既要深层次地把握教学设计，还需要注意教学实施。如果教师对教学的基本要素没有足够的研究，过多地追求教学形式的新奇，就会陷入华而不实的误区。因此，教学改革是在深刻了解教育规律、教学法则和传统教学精华的基础上，形成新的现代教学模式，而不是盲目地求新求异。

同时，信息技术在教学中发挥着越来越重要的作用，通过多重刺激改进了传统教学中"一支粉笔，一张嘴"的局面，提高了课堂教学的直观性和形象性。但是，在这一过程中多多少少存在为信息化而信息化的认识误区，以至于在教学设计时，努力寻找能够应用信息技术的内容，忽略了教学中的重点与难点，没有认真研究教学内容，不能设计有效的教学策略，对教学内容缺乏合理安排，导致课堂教学沦为"表演"。

（2）重视人格与能力相结合

"能力本位"是目前职业教育教学的重要理念，切入点为专业技术能力。"能力本位"课程是在分析岗位能力的基础上，确定课程、目标、内容、结构和教学活动方式，通过教学使学生能够掌握从事某种职业的能力[①]。随着社

---

① 覃睿，刘梦雪，史娅琪.职业教育的转向：从能力本位到可行能力本位 [J].职业技术教育，2017，38（25）：28-33.

会经济和职业教育发展，以及职业教育改革实践不断深入，"能力本位"教学的缺点也逐渐显露。为顺应时代要求，"人格本位"理念逐渐被人们所接受，通过人格教育帮助学生树立正确的人生观与职业观，强调先做人、再从业，使学生能够健康、全面及自由地发展[1][2]，从知识本位转化为知识、能力和价值的一体化，将知识、能力学以致用，将价值内化为品格素养，兼通于"何以为生""以何为生"，形成完整、完美的人格。

基于此，本书认为教学改革应重视人格与能力深度融合，人格教育与专业教育互补互渗、相互通融，不仅要让"无业者有业"，更要保证"有业者乐业"，不仅要满足学生就业需求，还要使就业与生活、就业与创业并举，使职业教育成为受教育者的重要生命连接。

（3）重视主动与被动相结合

在改革传统教学模式的过程中，职业院校的教师着力探索新颖的教学方法以代替讲授教学方法，注重培养学生分析问题和解决问题的能力，强调调动学生学习的积极性和主动性，让学生自己在寻找答案的过程中获得进步。这样一来，学生的表达力与表现力有了质的变化，课堂充满了生命的活力，最大限度地解放了学生，改变了传统课堂死气沉沉的局面。然而，随着教学改革的发展，先期改革存在的诸多问题凸显，许多学校看似将课堂还给了学生，却仍然没有解决学生学习不投入的问题，参与讨论展示的只是部分优等生，大部分学生是旁观者。此外，许多课堂过于追求"表现"，学生展示时载歌载舞、精彩纷呈，但展示的内容却浮于表面，缺乏深入的思考，更缺乏思维层面的深度发掘。

任何新知识的获得都是建立在已有的知识基础上，探究是以丰富的知识背景为前提的。没有扎实的知识基础，就无法对问题进行深入探讨，学生将会由于知识匮乏而失去探究的兴趣。因此，对问题的探究和对知识的吸收应同步进行。教师放手是有前提的，要让学生必须清楚"做什么"和"怎么做"，而以职业教育目前的教学现状，满足探究式教学的要求任重而道远，因此教师讲授在课堂教学中的作用不能一概否定。好的教师在讲授时做到妙

---

① 耿立华.基于人格本位理论的高等职业教育人格教育模式构建[J].中国成人教育，2011（10）：54-56.

② 齐迹.论"能力本位"与"人格本位"相结合的职业教育模式[J].继续教育研究，2016（10）：63-65.

趣横生、横跨东西、纵贯古今，讲授本身提供了最好的学习范本，教师对问题正确的处理思路会直接引导学生掌握正确的学方法。

（4）重视输入与产出相结合

教学是"知识输入"还是"思维产出"，这是教学改革的根本理念之一。苏霍姆林斯基指出，学生的厌学、精神不振等问题，都是由于学生没有看到自己的力量与才能造成的。学生学习的最大苦恼，是看不到自己的学习成果，得不到应有的回报。解决这一难题可以逆向思考，以"产出"为导向构建学习平台、改革教学活动。"产出导向"即由学习产品（创作作品、实验报告、解决方案等）为固着点组织教学行动，让学生在搜集、探究、展示、反馈的过程中建构知识、启迪思维、提升智慧、养育人格，并通过获得成果激发学生学习的内部动机，让学生体验到知识收获的成就感与解决问题的实践智慧。

传统的"输入观"不可全盘否定，唯有通过教学把知识从外到内地输入，装进学生的头脑中，才能在"产出导向"需要的时候提取应用。这种"输入观"不完全是对教学的简单化倾向，应重视"输入"的知识基础，学生才能把知识变成自己的思想、见解、学识，并呈现出来。

二、未来革命倒逼教学改革

当前，正在着力推进课堂革命，提升学生的学业挑战度，增加课程难度、拓展课程深度、扩大课程的可选择性，激发学生的学习动力和专业志趣，真正把"水课"变成有深度、有难度、有挑战度的"金课"。

教育与人类始终生死与共，是与人类命运休戚相关的永恒事业。课堂革命不仅是个人的理论兴趣和研究取向，更要着眼当前人类面临的未来革命。本书主要从生态革命、道德危机和人文重建三个焦点略作呈现。

焦点1：　生态革命

人类社会走过了原始文明、农业文明、工业文明，正将迈入生态文明时代。生态文明主要是相对于三百年来的工业文明暴露出来的问题而产生并提出的。很长一段时间，人与自然的关系由和谐相处走向了冲突对立，自然被作为征服、改造的对象，由依循自然到改造、控制自然的过程，是人类由农业文明向工业文明进化的过程。工业文明为人类带来了丰裕的物质财富和不断扩张的消费能力，但是，工业文明也带来了巨大的生态破坏，导致土地荒漠化、水资源危机、生物物种灭绝、生存环境恶化，灾害频发。

人生在世首先以自然世界为依托，人永远不能生存于自然之外。教育应适应并促进人的发展，适应并促进社会的发展。"适应"并"促进"人的身心发展和社会发展既是教育应遵循的基本规律，也是教育应承担的基本使命。因此，教育既要立足当下，更要面向未来。教学改革应当从两个方面主动适应变化，积极促进变化，要主动面向生态革命积极构建新的教学生态。这就要求教学改革要真正树立以人为本的思想，将可持续发展的知识、意识和行动纳入课程、教学、管理和评价中，培养适应和促进生态文明社会所需要的未来人才①。

焦点 2：道德危机

人与社会的冲突表现在个体与整体两个层次，前者是个人之间的利益分割与关系疏离，后者是个人自由与社会整合的内在张力。个人主义与市场竞争之间扭曲的价值观念，使人与人之间打破了传统社会的血缘纽带关系，个人成为利益的主体。激烈的生存竞争和利益争夺，导致了个人与他人、社会之间的矛盾和冲突，导致了企业等社会组织之间的价格和资源竞争，导致了国与国、地区与地区之间的冲突，极大地威胁着人类的生命财产安全。

经济发展过分强调效率优先，造成了经济创造与社会公平之间的矛盾日益突出，导致人情淡漠、亲情疏离、关爱缺失的人际关系问题出现，导致社会拜金主义、享乐主义和极端个人主义现象泛滥，导致重利轻义、鲜廉寡耻、坑蒙拐骗、假冒伪劣等道德沉沦以及贪污腐败、欺行霸市、涉黑恐怖、杀人谋财等严重犯罪问题产生。严重的道德危机、价值危机逼迫人类需要重审个人、社会的持续生存发展及其二者之间的关系问题②。

社会的发展已经向道德教育提出时代呼唤，教学改革中应该确立其意义

---

① 李光对.生态的教育与教育的生态 [N].光明日报，2016-02-16.

② 程伟.自我认同危机下的道德教育：困境与超越 [J].当代教育科学，2016（21）：15-18+60.

引领的价值取向①，承担起对学生价值引导的责任，担当起时代赋予的使命，重视教人做人之道，导人以向善，引导学生过"有道德的生活"。

焦点3： 人文重建

文化的实质是人和人的活动本身，是"人化"与"化人"的统一。"人化"指人在认识世界和改造世界的过程中，使相关的一切打上人的烙印，在自然世界中创造属于人的世界；"化人"是用认识和改造世界的人文成果提升人、造就人，使人获得自由全面的发展，成为更好的、更卓越的人。

人与文化具有内在的生成关系，但是，由于不同地域、民族、宗教的情况有差异，人们在生存发展过程中形成了各具特色、丰富多彩的文化样态。正是由于文化的差异，人与文化的关系在不同层面才存在着矛盾和冲突。当前，世界格局发生了根本的变化，多元化、全球化代替单极化和霸权主义成为国际社会的重要发展趋势，世界并不太平。美国学者亨廷顿认为，未来是一个文明冲突的时代，文明的冲突是对世界和平的最大威胁②。

世界文明的宏观态势是七八种文明相互作用、相互竞争，不同文明之间的关系处理问题、科技文化与人文文化的融通问题，直接危及人类生存和发展。在全球化时代，文化之间的冲突存在较大的可能性。在文化相互隔离、交流困难的时代，一种文化不会去干涉另一种文化的精神生活和价值观念，只有文化之间形成了价值之争时，文化的存在与选择才能成为一个问题。20世纪以来，科学技术的发展取得更大的突破，科学主义与人文主义的分歧和争论越来越突出，人文重建的问题日益凸显。教学改革应当重视保持作为人的尊严，理解自身的内在价值，发现、创造和体验生命的意义，将其作为关乎人类命运的人文课题。

三、信息技术推动教学改革

技术是驱动教育变革的关键力量，早期的造纸术、印刷术改变了口口相

---

① 涂畅. 伦理视域下的道德危机及其治理 [J]. 成都大学学报（社会科学版），2019（2）：1-6.
② 欧树军. 亨廷顿：一个现实主义的保守主义者 [J]. 文化纵横，2019（6）：30-34.

传的教育模式，现代的信息技术突破了同位集中式教育模式的时空局限。通信技术通过信息互联，破解了传统教育的时空局限性，5G的高速率、低时延、高密度、高移动性等优势，实现空间互联、同步授课、远程控制、云存储[①]；大数据技术能使教与学全过程的印记得以记录、存储、分析和可视化表征，从大数据中提炼出有价值的信息，优化学习体验，提供精准、个性的教学决策服务[②]；人工智能的机器学习使得智能机器在学习教师的先进理念和经验后，为学生提供越来越贴心的服务，赋能行为感知、情绪识别、注意力追踪等人机自然交互[③]；AR、MR、VR及其具备的触感技术能够让学生"足不出户"地快捷切换不同情境；区块链的去中心化、高可信度、不可伪造、记录可溯源等特征，激发学生的深度学习的动机，并能使数据证据更全面、客观、真实。

从技术支持角度看，利用技术改善教学效率和学习成果，为教师和学生提供技术解决方案和服务。华东师范大学终身教授和教育技术学博士生导师祝智庭在《技术赋能智慧教育之实践路径》一文中提出，现代信息技术主要是推动学习环境生态化、主体行为协同化、教学活动适性化、学习评估全息化[④]，呈现以下四个主要趋势。

趋势1：学习环境生态化

早期，受制于技术的水平，线上虚拟空间与线下实体空间具有明显的边界，即笔记本、平台、智能手机等设备的界面。线上和线下具有强依赖关系——线上带动线下，线上空间处于主体地位，属于典型的基于O2O（Online To Offline）架构的学习环境，教学过程主要发生在线下空间，线上空间的职责主要是"分流"，典型的教学模式是翻转学习和创客学习。翻转学习将知识传授由课上前移至课前，将知识内化由课后前移至课上，实现由

---

① 彭红超，祝智庭.深度学习研究：发展脉络与瓶颈[J].现代远程教育研究，2020：1-10.

② 彭红超，祝智庭.人机协同的数据智慧机制：智慧教育的数据价值炼金术[J].开放教育研究，2018，24（2）：41-50.

③ 曹晓明，张永和，潘萌，等.人工智能视域下的学习参与度识别方法研究：基于一项多模态数据融合的深度学习实验分析[J].远程教育杂志，2019，37（1）：32-44.

④ 祝智庭，彭红超.技术赋能智慧教育之实践路径[J].中国教育学刊，2020（10）：1-8.

"先教后学"向"先学后教"的转置，平台会将学生课前的自学情况自动记录分析并反馈给教师，教师据此决定需要教哪些内容、重点关注哪些学生。同样，在创客学习中，学生在线上认领任务、组队分配任务、发布任务进展状态、发起异步讨论，在线下按照任务动手实践，接受教师或专家的操作指导①。

相比之下，基于 OAO（Online And Offline）架构的学习环境，线上空间多了教学职能，线下空间也能够进行智能分析，这样一来学习环境便成了线上、线下有机整合的一体化"双店"形态。线下空间能够像在线空间那样智能分析，得益于边计算技术（Edge Computing）。边计算技术让数据生成端的设备或附近的设备能够更快速地处理、分析数据，特别是在智能设备或软件的支持下，线下空间甚至无须联网即可智能分析学情。OAO 架构下的典型学习模式是无缝学习，即学生能够快速且容易地切换不同环境、情境，且依然能够连贯地上课，无论是线上上课还是线下上课。也就是说，基于 OAO 架构的智慧环境，是线上线下互通、互联、互增值的，是双向流通的。

无论是 O2O 架构还是 OAO 架构的学习环境，线上空间与线下空间都是具有明显边界的——设备界面。基于 OMO（Online Merge Offline）的学习环境，有线上空间实体化、线下空间虚拟化的两种形态。线上空间实体化是在 MR 技术的赋能下，师生难以辨别虚实；在感知智能技术的赋能下，学生能够直接和机器对话，甚至在感知不到线上空间存在的情况下就能得到服务，如学生直接用传统的纸笔学习，而感压板实时记录学生的笔迹。线下空间虚拟化是在"5G+ 感控技术"的支持下，直接遥感远方设备、场地，并利用 VR 或全息技术将这些可控的设备、场景重现。

趋势 2：主体行为协同化

建设"金课"，推进课堂革命，实质是"为未来而教"，不仅关注基本知识和能力、初阶思维，更侧重高阶知识、能力和思维，这种目标往往需要通过解决复杂的劣构问题或项目来实现，由此，协同成为智慧教育需要的重要学习策略。这种协同是人际协同，包括学生之间的协同和师生之间的协

① 雒亮，祝智庭. 创客空间 2.0：基于 O2O 架构的设计研究 [J]. 开放教育研究，2015（4）：35-43.

同。在班级授课制的当下，这是个巨大的挑战。

技术在教育中的应用，使之成为可能。总体而言，技术赋能的人际协同包括作业小组的协作、实践共同体的协作与合作、社会网的合作等三个层面，对技术的依赖逐层递增。小组协作的任务一般不会太过复杂，在协作工具、感知与分析技术的支持下即能够有效开展。实践共同体的协作与合作涉及知识经验的碰撞、启迪，以及创造性地解决疑难问题，不但需要协作工具，更需要认知工具的支持，比如思维导图、协作软件、虚拟实验室等。社会网的合作，注重发挥更大群体的智慧，除了上述技术，还需要互联网甚至XR技术的支持，它不再仅仅是众包（多人共同解决问题），更多的是共创（多人共同创设项目）。

智能技术在教育中的应用，使主体行为的协同不再仅仅局限于师生、生生之间，而是扩展到了人机协同。人机协同的原则是优势互补，具体讲是把适合机器做的事让机器去做，把适合人做的事让人来做，把适合人机合作的事让人与机器一起来做。

趋势 3： 教学活动适性化

为学生提供个性化学习服务，是教学改革的诉求，也是公认的教学变革的难题。之所以难，是因为在规模化教育制度（如班级授课制）中探究个性化培养的路径，存在着统一化与个性化的矛盾。

技术赋能教育后，破解这一难题成为可能。大数据技术和人工智能技术支持的个性化学习系统／平台，能够基于学习全记录数据探析学生的偏好、风格、特长与薄弱环节，所作的个性化服务决策（如适性资源推荐、个性路径规划等）还能够根据学生的这些特征适性调整（机器学习），甚至诸如学习路径都是根据学生的现状即时生成的。技术赋能个性化教学的最大优势即"适性"，学生得到的个性化服务，随着学生的发展变化适性调整。

这种技术赋能满足个性化需求的同时，也造成学生学习路径的繁杂多样，为教师的群体教学新增了挑战。通过技术实现"帮学"，帮助学生开展同侪学习。针对个性问题，技术支持监测学生的实时状况，为教师出谋划策，甚至可以"自己"直接为学生"解惑"；对于学生的共性问题，技术只要做好统计与归纳，即时反馈给教师即可。从这个角度看，人机协同除了与教师的"人机共教"，更重要的是与学生的"人机帮学"。

趋势 4：学习评估全息化

　　教学需要评估，基于技术的评估，具有全程化、多元化、多维度、可视化等特征，实现以评促学、以评促发展。云计算与大数据技术，已成功促使评估由学业成绩向学习过程扩展，系统 / 平台会自动监测、记录学生学习过程中的行为表现，综合学习中训练和测试成绩，系统 / 平台能够刻画出学生的学习画像，从而真实实现过程表现和学习结果评估结合。加入表情识别、语音识别等人工智能技术，促使智慧评估关注心理，比如基于表情识别技术的学业情绪分析，基于语音识别技术的紧张度、兴奋度分析。因此，评估超越了平台中的行为数据，能够从行为、心理两个维度为学生提供更为精准的平面画像。

　　近年来，脑科学、神经科学取得了长足进步，加之生理仪的便携式发展，脑电、心电等生理数据成为智慧评估的新元素，评估也由此从平面画像走向立体画像（生理—心理—行为）。脑电、皮电、心电等生理数据由自主神经系统调节，它们不受主观意识的支配，能够真实反映学生的学习情况，这也使得这些生理数据能够作为学生心理、生理反应的校标，判断它们是否真实。生理、心理、行为数据一般由多通道收集而来，因此统称为多模态数据。基于多模态数据的评估，能够更为全面、真实、精准地描绘学生的"全息"画像，画像的指标数据甚至能够动态更新。

第二章

现实诉求：为了学生智慧生成

教育的全部目的是使人具有活跃的智慧。

——怀特海

"智慧"一词的含义至今没有定论,但古今中外的人们都比较一致地认为,智慧是值得追求的,是高境界的。智慧生成的途径是智慧教育,是引导学生智慧生成的教育,是关注人文与和谐的教育,是指向学生幸福生活的教育。智慧教育不是灌输所谓的智慧理论和信息,而是通过引导学生知识习得、思维训练和人格养成,在"理解真知、正确判断和恰当实施"的过程中得以生成和体现智慧。

一、教学改革价值取向

美国著名社会学家塔尔科特·帕森斯认为,价值取向是分析系统的结构与过程的主要参照基点[①]。任何一项实践活动,都要受到哲学思潮、意识形态以及社会价值体系的制约,都要确定合理的价值取向。价值取向引领着活动的走向,制约与影响着活动的结果。教学改革作为教育微观领域的实践活动,无疑也应重视其价值取向。

讨论 1: 价值取向的蕴涵

很多文献围绕教学改革及其价值取向做过导向性的分析,但对教学改革价值本体论的研究较少。从研究的逻辑上来看,只有弄清价值与价值取向,揭示教学改革价值取向嬗变的基本特征及其问题,分析教学改革价值取向内蕴,才能深入研讨确立教学改革取向时的合理选择,有利于更好地推进教学改革实践。

(1)何谓价值

在哲学上,价值论与本体论、认识论相并列,是哲学三大基础理论分支之一。价值论研究的对象是价值,是"世界对于人的意义""客体对于主体的意义",即客体、对象的存在及其状态与主体本性、需要和能力之间的关系[②]。关于价值本质的研究,主要包括价值主观主义、价值客观主义和价值关系说三种观点。

---

① 塔尔科特·帕森斯现代社会的结构与过程 [M]. 北京:光明日报出版社,1988:140.

② 易显飞. 技术创新价值取向的历史演变研究 [M]. 沈阳:东北职业院校出版社,2014:39.

价值主观主义把价值看作纯主观的东西加以认知和看待,价值通常代表人的兴趣、意向、情感、态度、意志等方面的主观感受。价值客观主义把价值看作精神实体或现实社会的终极本质。主、客观两种价值主义看似针锋相对,但其思维方式却有相同的本质,都是将价值视为某种物质的或精神的实体,是外在于人的。价值关系说认为价值是指客体以自身属性满足主体需要和主体需要被客体满足的效益关系[①]。

马克思指出,价值是从人们对待满足他们需要的外界物的关系中产生的,是人们所利用的并表现了对人的需要的关系的物的属性[②],表示物的对人有用或使人愉快等的属性;价值实际上是表示物为人而存在[③]。可以认为,价值是存在于主体人与客体有用物之关系中,当客体的某些属性满足主体的某种需要,具有需要的主体利用客体的某些属性时,客体与主体就构成了价值关系,客体对主体来说就有了某种价值。因此,对价值可以通俗地理解为,谁(客体)对于谁(主体),通过什么途径,满足哪一方面的需要。

(2)何谓价值取向

关于价值取向的界定,主要有倾向说、标准说和行为说等三种观点。倾向说认为,价值取向是人们在一定场合以一定方式采取一定行动的价值倾向[④]。标准说认为,价值取向是指某一个人所信奉的,而且对其行为有影响的价值标准[⑤]。行为说认为,价值取向是在价值选择过程中决定采取的方向[⑥]。因此,价值取向可以理解为,在互动实践中,谁(主体)对谁(客体)持有的价值标准、追求的价值倾向、做出的价值选择,具有存在的广泛性和影响的重要性。价值取向虽然是主体对行为方向的选择与把握,但并不是主体可以无视其他而"一意孤行",而是需要综合考虑内在因素与外在因素作用。

---

① 张军.价值哲学的存在论基础 [M].北京:人民教育出版社,2018:2.

② 中央马克思恩格斯列宁斯大林著作编译局.马克思恩格斯全集(第19卷)[M].北京:人民出版社,1963:406.

③ 中央马克思恩格斯列宁斯大林著作编译局.马克思恩格斯全集(第26卷)[M].北京:人民出版社,1963:136-326.

④ 袁贵仁.价值学引论 [M].北京:北京师范大学出版社,1992:350.

⑤ 汝信.社会科学新辞典 [M].重庆:重庆出版社,1988:401.

⑥ 马志政,等.哲学价值论纲要 [M].杭州:杭州大学出版社,1991:339.

（3）教学改革价值取向

目前，还没有对教学改革价值取向的界定。本书在总结有关研究的基础上提出，教学改革价值取向是根据提升教学质量的需要，对教学改革进行价值选择时所表现出来的一种倾向或意向。可以通俗地理解为，学校面对多种改革方案（包括理念、目的、目标、内容、方式等）时，在一定的价值观指导下，从自身的需要及利益出发，选择或倾向于某一种方案，从而在一定程度上满足自身对教学改革的需要。

教学改革价值取向是主体（学校或教师）进行的价值选择行为，是其对于教学观念、教学方式的取舍。虽然是对诸多方案进行比较筛选，但因主体（学校或教师）不一定是在理性状态下做出选择行为，可能是根据社会时尚、流行趋势以及前人或他人已有的观念、行为进行价值取舍，导致选择目的的"为我性"、态度有很强的主观性、方式有较强的经验色彩，因而具有较强的个性化倾向、经验性倾向和某种程度的随意性，也因此可能存在一定的片面性。

分析教学改革价值取向的概念和特点，可以看出其具有三个鲜明特征。一是目标理想性，即希望教学改革能满足自身的某些价值需求，是一种理想的"应然"状态，但是受诸多因素的制约，并不一定能够达成，对结果不一定起决定性作用。二是主体差异性，即在不同学校或教师之间就教学改革价值取向存在差异性。三是社会制约性，即虽然教学改革价值取向是主体（学校或教师）的自主选择，但总是要受到一定的社会历史条件的制约，并不是主体纯粹主观臆想的产物。

（4）教学改革价值取向的影响因素

从价值论的角度来看，影响人们价值取向的因素主要有主观和客观两个方面。从客观看，取决于客观事物满足自身需要的社会条件是否具备；从主观看，取决于主体对客体满足自身需要的认识状况，以及主体对客体的认识的正确性与程度。由此，本书认为，教学改革价值取向受发展背景、现实需求、认知思维等影响。

一是受社会发展、教育变革和学校文化的影响。社会、教育和学校是教学改革的重要动力和基础保障。时代的变迁和社会的发展，对人才培养目标、内容、方法等都会提出新的要求，尤其是社会主流价值观，对教学改革价值取向产生重要影响；还将受到多元主义价值观、教育民主与教育公平的理念、主体性教育观、生态伦理观、个性发展观等教育的基本价值追求和发展潮流的影响。同时，改革主体的哲学思想、思维方式和心理倾向性等文化传统会在教学改革价值取向时得到表达和强化，尤其是传统的教育观、价值观会使教师形成心理定式和功能固着，从而抵触新理念、新思维的教学改革，这种心理潜流往往会产生很大力量，迫使教学改革价值取向进行调整。

二是受社会变革对教学不同要求的影响。时代发展，社会进步，旧的教学改革需要不断得到满足，新的教学改革需要不断产生，呈现螺旋式的发展过程。因而，在一定程度上，教学改革需要制约和影响着教学改革价值取向的强度与范围。然而，受主体（学校或教师）的知识、经验和意识水平等方面的制约和影响，社会对教学改革的要求不可能都被及时、全面、准确地意识到和把握好，必然会带来价值取向的差异性。

三是受主体对教学改革认识和把握的影响。主体（学校或教师）在教学改革实践中，对其本质属性及教学理念、教学要素、教学结构、教学模式等重要内容的认识是见仁见智的，这种认识的差异，必然会影响到教学改革目标的确定和教学改革功能的理解，进而促成价值取向发生转变并生成新的价值取向，因此成为影响教学改革价值取向的重要因素。

讨论 2：价值取向的嬗变

从影响因素分析可知，社会条件对教学改革价值取向的影响不容忽视。其中，政策发展影响最为明显，会导致教学改革价值取向呈现出一定程度的整体性和一致性。因此，在此对改革开放以来，我国职业教育政策的演变理路做一宏观揭示和概要分析。

（1）政策发展的基本历程

中国现代意义上的职业教育是伴随着近代化而逐渐发展起来的，至今已经有 150 年左右的历史。20 世纪初至中期，在以黄炎培先生为代表的职业教育先驱的呼吁下，我国职教办学思想、政策体系和法规体系得以建立了[1]。

中华人民共和国成立后，党和政府高度重视，出台若干政策大力发展职业教育，我国职教发展的力度、速度和规模，得到了空前提升，到 1965 年，

---

① 周元 . 民国职业教育短暂的黄金岁月 [J]. 黄金时代，2008（8）：28.

职业院校（含中师和技工学校）由 1949 年的 564 所增至 1665 所，在校生由 7.7 万人增至 73 万。然而，十年"文革"破坏了我国职业教育体系。改革开放以来，我国不断建构并完善职业教育发展体系，为职业教育的发展制定了较为完整的规范，基本可以分为三个阶段①。

1978—1995 年，中职教育结构调整阶段。在很长一段时间内，中等职业教育既是我国职业教育的主体，也是优先发展领域。1978 年邓小平在全国教育工作会议上强调，中等教育发展极不协调，教育结构不甚合理，中等职业教育远远落后于普通高中教育。因此，要实现国民经济恢复与发展，需要大力兴办中等职业学校、技工学校。此后，教育部按照此次会议的精神，积极推进中职教育改革试点工作。1978—1995 年，国务院以及教育部出台了一系列促进中职教育结构调整的政策文件，如《关于中等职业教育改革的报告》《关于加强与改进农村中等职业教育若干问题的通知》《大力发展中等职业技术教育的决定》等。在国家政策的推动下，这一阶段的中等职业教育发展呈现出勃勃生机。

1996—2010 年，职教政策多样化探索阶段。进入 90 年代中后期，随着经济快速发展，社会对各类高级技术人才有着更多的需求，以中职教育为主体的办学方式无法适应经济社会发展的需要。社会对职业教育结构与类型需求逐步多元化，势必要求职业教育政策做出回应。在层次上，不仅要继续发展中职教育，还要大力推进高职教育的发展；在类型方面，不仅要发展公办职业教育，还要大力发展民办职业教育；在发展区域上，不仅要推进城市职业教育的发展，还要促进农村职业教育的发展。因此，这一时期的政策对职业教育的类型种类、办学形式、经费来源、师资保障等做了细致的规定。从 1996 年开始，我国相继出台了《职业教育法》《关于大力推进职业教育改革与发展的决定》《加强高职、高专师资建设的意见》等法律法规及政策文件，使得我国职业教育政策进入多元化发展时期。

2010 年至今，建立现代职业教育体系阶段。随着产业结构的转型与升级，社会对职业人才的素质、技能提出更高的要求。为了适应经济社会发展需求，我国提出建立现代职业教育体系的战略目标。2010 年，中共中央、国

① 李倩.改革开放以来我国职业教育政策：发展历程、变迁逻辑及未来展望 [J].继续教育研究，2018（11）：93-98.

务院颁布《国家中长期教育改革和发展规划纲要（2010—2020年）》，明确地指出现代职业教育体系的建立需要体现与经济社会发展相适应、体现职业教育发展的体系性、体现终身教育的开放性等三个特征。2014年，国务院发布《关于加快发展现代职业教育的决定》，明确地提出到2020年形成产学研高度融合、中高职无缝对接、职教与普教相互沟通且要充分体现终身教育理念的现代职业教育体系。现代职业教育体系战略的提出，更加明确地指明了职业教育发展的方向，进而要求职业教育发展必须体现出开放性、完整性、发展性及灵活性等特征。2019年，国务院发布《国家职业教育改革实施方案》，提出经过5~10年时间，职业教育基本完成由政府举办为主向政府统筹管理、社会多元办学的格局转变，由追求规模扩张向提高质量转变，由参照普通教育办学模式向企业社会参与、专业特色鲜明的类型教育转变，大幅提升新时代职业教育现代化水平，为促进经济社会发展和提高国家竞争力提供优质人才资源支撑。

（2）价值取向的嬗变特征

嬗变往往是从物到人、从传统到现代、从封闭到开放，从取向的内容或者说价值目标来看，是一个走向人性化和现代化的过程。改革开放以来，党和国家制定并颁布的关于职业教育的一系列政策文件，影响着教学改革价值取向的嬗变。

一是培养目标由注重"社会"转向注重"个体"。改革开放初期，职业院校重视与经济建设和社会发展相联系，纷纷以培养促进经济建设的专业人才为价值导向，目标、内容、制度等都强调社会为本位，专业以及课程等方面的设置日渐积极地回应"市场"需求，通过增强课程的社会性和实用性，课程及其教学的工具性价值得以极度扩张。然而，由于职业院校过于强调为社会服务而忽视了为学生个人的和谐发展服务，导致在人才培养目标上过于重视自然知识、科学技能，忽视文化传统以及道德教育，造成一些职业院校的课程与教学改革偏离了"学生全面发展"的正常的轨道，职业院校教学改革的精神价值、人文价值逐渐受到削弱。

随着我国教育界中的主体性教育观、个性发展观、人本主义教学观等理念的日渐彰显，以及由此出现的"人之所以为人"等有关人本主义论题的深入探讨，职教界认识到教育的根本目的非"制器"而是"育人"，是要把个体的人培养成能自由和全面发展的、充分发挥其优势和潜能的社会人，社会和国家也将因他们充分发挥其才能而得到最大的收益。于是，职业教育教学改革逐渐朝着关注人、关注生命这一理想的、合乎人性的方向发展。

纵观当今职业院校的教学改革方案以及相关政策、文件和讲话，几乎全部在强调教学改革的主要目标和终极目标是为学生全面而自由的发展，倡导教学制度改革设计优先保证个体之间的平等，坚持"以学生个体的发展为本"的理念，主张课程与生活世界要紧密联系，注重学生的个性化培养，力求革除单一的课程体系僵化的教学结构、机械式灌输的教学模式。

二是培养体系由注重"专门"转向注重"复合"。改革开放以来，国务院先后印发《国务院批转教育部、国家劳动总局关于中等教育结构改革的报告的通知》（国发〔1980〕252号）、《国务院关于大力发展职业技术教育的决定》（国发〔1991〕55号）、《国务院关于大力推进职业教育改革与发展的决定》（国发〔2002〕16号）、《国务院关于大力发展职业教育的决定》（国发〔2005〕35号）、《国务院关于加快发展现代职业教育的决定》（国发〔2014〕19号）、《国务院关于印发国家职业教育改革实施方案的通知》（国发〔2019〕4号）等6个"国发"文件，明确人才培养目标分别为"高级操作人员""实用人才""高技能专门人才""技术技能人才""复合型技术技能人才"。在国家的教育方针和政策引导下，一段时间里，职业院校构建专业对口培养的专业结构和课程体系，强化专业性的征象比较突出，坚持以专业能力本位为课程开发的立足点，强化专门知识的内在体系；强调专业的理论前沿、政策前沿、实践前沿和技术前沿的学习，力求形成专业化和前沿化的课程体系；教学模式特别注重对学生的专业训练，偏重对专业应用能力的培养，而相对漠视对学生"成人"及其职业发展有深远影响的基本知识培养。

随着经济全球化和知识经济对复合型人才需求的加剧，课程体系不合理的问题变得日益凸显，我国职业教育理论界随之对过于强化专业的取向和做法进行了深刻的反思与批判，普遍认为基本知识、观念和方法是培养学生各种基本能力和形成丰富情趣的基础，因为它的内容涉及面广且反映了人类的集体智慧。由此，一股"专业建设重视专业群、教学改革重视复合型"的理论思潮掀起了，不少职业院校都在倡导"厚基础、宽口径、重能力、求创新"的培养理念，全面调整课程体系和学分结构，设置通识教育课程，进行专业交叉。

三是培养模式由注重"精英"转向注重"大众"。长期以来，我国各级各类职业院校都把培养精英人才定为自己的目标，其教学改革也一直立足于精英人才的培养，树立"精英"人才意识，完善"精英"培养模式，制定"精英"培养方案，营造"精英"培养氛围。然而，"精英"培养模式所培养的学生难以适应就业市场对技术技能型人力资源的需求，由此引发了社会各界对人才培养模式更多的反思和讨论。尤其是当我国职业教育进入大众化发展阶段后，人们在倡导质量观从"精英"转变到"大众"的同时，对单一的"精英"培养模式提出了强烈的质疑和批判。

从总体上看，我国职业教育教学改革"大众"培养模式已走向了实践并日渐彰显。职业教育将教学改革定位在促进全体学生的共同发展，在课程的制度设计中渗透更多的大众思想，倍加注重形成灵活多样的课程类型、课程方向和水平，促成课程的模块化，以便服务更多、更广泛的人群。

四是教学模式由注重"手工"转向注重"智能"。 传统的教学模式是以"粉笔＋黑板"为主的单向知识授受模式，该模式的信息化水平比较低，基本以手工为主。随着以"云、物、大、智、移"为代表的现代信息技术迅猛发展，教育技术得到加强，并与教学理论的革新相结合，带来了教育思想上的变革，以经验自然主义和认知学习理论为理论渊源的建构主义认识论和学习理论逐渐盛行，以交互、生成、多元、协作、开放、创新等为内在旨趣的教育技术观和教学实施策略日渐彰显，传统的教育技术观和教学实施策略则受到批判，传统教学模式被质疑、冲击和变化。由此，符合现代教学理念的新型教学模式被催生了，并被赋予新的教学内涵、手段、方法等，为职业院校教学改革提供了机遇和条件。同时，教育部以及职业院校从不同角度和不同程度上认识到了信息化对推动教育创新、深化教学改革、提高教学质量的重要性和紧迫性，于是自20世纪80年代末以来，教育部先后启动和开展了资源共享课建设、专业教学资源库建设、"数字校园"建设等项目，对职业院校促进教育思想、观念、内容和组织形式的深刻变革，探索新型教育教学模式和人才培养模式起了重要作用。

当前，职业教育教学改革"数字化革命"不断深化，职业院校越来越重视数字化学习与资源中心建设，倡导通过现代化教学手段的综合运用来提升课程教学质量；建立多媒体教学质量评价体系和评选制度，引导教师根据课程性质和特点恰当地运用多媒体手段开展教学；努力开发网络课程，积极斥资改造教室为多媒体课室；倡导教师加强教育思想、教学理念等教育教学理论的学习力度，端正教师对职业角色和信息技术的认识，进而促进自身教学理念的革新和转变；注重对教师进行信息技术使用、数字化资源设计与制作、优化教学组织和策略选择等方面的技能培训。

五是教学形式由注重"封闭"转向注重"开放"。 改革开放初期，我国职业教育以学校教育为主导，在办学模式上与普通教育差异不大，教学过程也是以知识传授为主导，没有突出职业教育的特点。此后，随着国家对职业教育改革步伐的加快，职业教育办学体系日渐开放，跨界属性开始显现，校企合作、产教融合、工学结合、产学研结合、顶岗实习等逐步成为职业教育发展的"主题词"。职业教育走向开放性办学的根本特质就是推进多种形式的校企合作，深入开展产教融合，将职业性和教育性完美结合。

在推进产教融合过程中，从最初的学校与所属企业合作，到后来的集团化办学、职业教育园区化办学以及现代学徒制试点，均是在不同层次上推进校企合作，将产学研结合真正落到人才培养过程中。如今，校企合作、工学结合已经成为职业教育人才培养的主要形式。随着产业结构的转型以及现代技术的发展，职业教育的开放性在未来必然会更加突出。

同时，我国职业院校逐渐摒弃以往"闭门造车"式的教学改革，开始努力学习其他先进国家职业教育教学改革经验，积极地探索教学改革国际化的策略和路径，自觉地对教学系统进行整体革新，以期培养出更多的具有开放的眼界、宽广的心胸、国际竞争力十足的人才。

（3）价值取向嬗变的反思

可以看出，职业教育教学改革价值取向虽然契合了当今社会前进的方向，并带来了可喜的变化，然而，从价值取向的嬗变轨迹，可以发现存在"矫枉过正""一哄而上"的问题。出现这些问题的原因，主要是改革主体理念缺欠卓越和明晰，不能正确处理价值取向的时效性、协调性。

"矫枉过正" 主要是指过于强调某种取向，比如过度强调知识或能力、基础或专业、精英或大众、学生中心或教师中心等，都是有违发展规律的。因为所有厚此薄彼、顾此失彼乃至舍此逐彼的改革，都是在一个方面问题特别突出以后引发的，也在过分强调另一个方面以后结束，给教育实践带来的不良后果是明显的甚至是严重的。毕竟，教学改革在过于偏激的价值取向引领下，会阻碍良性发展，影响学生的健康成长。更何况，用一种价值取向简单取代另一种价值取向之举，本身就折射出一种负面的教育影响。

"一哄而上"主要是指部分职业院校不从实际出发，附庸社会风向，随大流、盲目模仿和追随他校改革。比如，不重视教师观念转变和能力提升，不切实际地推行信息化教学，推动探究性学习、自主性学习和合作性学习等，结果往往不是事倍功半、半途而废，便是轰轰烈烈地"作秀"，导致一段时间（几届）的学生成为牺牲品，耗费大量本来就紧缺的经费、本来就紧张的人手。

讨论3：价值取向的确立

分析职业教育政策的演变理路发现，职业教育教学改革面向大众，关注个体全面发展，培养复合型技术技能人才。然而，改革容易在"时代强音"的震荡下迷失，致力于教学改革的理想构建时，可能淡忘改革的微观领域，漠视基本问题的研讨，忽略改革过程与方略的探究。

当前，众多的教学改革方案，一直是要什么就"改什么"，在"知识经济"征象初见时，更新教学目标、完善内容体系；在信息技术浪潮扑面而来时，注重教学方法的优化、教学手段的改进；在"大众创新"呼声高涨时，热议实践教学、创新教学……然而"改什么"是目的性或终极性，"如何改"是手段性或过程性，后者是前者成功的必要前提。

孔子曰："知者不惑，仁者不忧，勇者不惧"。中国近代思想家、政治家、教育家梁启超提出："教育的本质，是教人不惑、不忧、不惧，顶天立地做一个人。"200年前德国的教育宣言就提出："教育的目的，不是培养人们适应传统的世界，不是着眼于实用性的知识和技能，而是要去唤醒学生的力量，培养他们自我学习的主动性、抽象的归纳力和理解力，以便使他们在目前无法预料的种种未来局势中，自我做出有意义的选择。教育是以人为最高的目的，接受教育是人的最高价值的体现。"联合国教科文组织在《学会生存：教育世界的今天和明天》中提出21世纪教育发展的学会学习、学会做事、学会共处、学会生存等四大目标。

本书认为，教学改革要避免"重改革内容轻改革方略"，应本着"以实为本、整体至上"的原则，关注历史与现实，关注问题与价值，关注理论与实践，尽可能避免只提出应然要求，不重视改革路径的深入研究、设计和施行。学校教育不可能教给一个人在生活、工作中需要用到的全部知识，也不可能教给一个人足以应对任何发展变化的所谓专业知识，教育的根本追求就在于学生的"智慧"生成。

如果教学改革关注学生智慧生成，将其作为重要的价值取向，就能使学生逐渐智慧起来的同时，也能解决目标不清、意义不明，学生兴趣缺乏、学习低效，教师理念模糊、信念缺乏、角色固有等系列问题。

二、智慧与智慧教育

哈佛著名政治学家、克林顿政府助理国防部长约瑟夫·奈（Joseph Nye）认为，学生专业知识、技能可视为"硬实力（Hard Power）"，专业视野、态度、人格特质、倾听、包容、尊重、团队合作，则可视为"软实力（Soft Power）"，而智慧则是灵活地将硬实力与软实力进行组合、平衡、转化，主动适应不同情境、不同条件、不同对象的不同需求，这就是"巧实力（Smart Power）"[1]，能有效地提升自身影响力、感召力、吸引力和适应力，具有"四两拨千斤"的效果。

问题1：什么是智慧

古人将智慧定义为高级、复杂、令人追求的特定知识类型，是人类对生命本质、现实意义以及人与天地万物相互关系的真正理解，这类知识在智者的言谈举止中得以体现。古希腊人将智慧分为"哲学智慧"（Philosophical Wisdom）与"实践智慧"（Practical Wisdom），也将道德、性格与智慧相联系，提出智者行为是良好道德行为的体现。

圣经从知识、能力、理解、审慎、学习愿望、道德识别力等多方面对智慧进行阐释[2]。佛教、道教等都认为，太多的理性分析不利于人们获取智慧，冥想能够训练人们摆脱各种思想观念，使人达到智慧境界，能使人的言行发生变化，价值观会进行重组，会使人充满爱心、慈善与同情心，宁静平和，淡泊名利，能够坦然接受生老病死、困苦与饥贫。可以看出，西方文化非常

---

① 于盈，约瑟夫·奈：从"软实力"到"巧实力"[J]. 双周刊，2009（13），28–31.
② 张卫东. 智慧的多元—平衡—整合论 [J]. 华东师范大学学报（教育科学版），2002（12）：61–67.

强调理智思考的作用，认为理智思考对于智慧的获取有着重要意义。东方传统文化将智慧视为一种特殊类型知识，用以理解生命的意义、理解人与宇宙的关系，提出纯粹的推理分析难以获得关于生命真谛的知识，强调亲身体验感悟生命真谛的重要性。

《辞海》中对"智慧"的解释是"对事物认识、辨析、判断处理和发明创造的能力"；《现代汉语词典》中将其解释为"辨析判断、发明创造的能力"[①]。《牛津高阶英汉双解词典》解释为：一种对于有关人生和行为的问题能够做出正确判断的能力；在目标与手段的选择中表现出判断的公正合理；对于什么是正确或适宜的能够做出真实判断，并有意采取相应的行动；具有感知和采用最佳方法和途径去实现目标的能力；其主要特点是"审慎、认知判断能力强"[②]。

著名科学家钱学森早在1997年就开始倡导"大成智慧学"，认为"智慧"由"量智"和"性智"组成，前者倾向于逻辑思维，后者倾向于形象思维[③]。贺斌认为，随着技术逐步迈向智能化、泛在化、感知化，智能终端和泛在网络的计算速度与精度远胜于人脑，因而比较善于分担"量智"工作，但对于"只可意会，难以言传"的默会知识，或者需要运用形象思维、求异思维、直觉、灵感进行创造性工作时，它们却显得"疲软乏力"，难以表现出"性智"能力，因而要充分利用计算机、信息网络，发挥人 – 机结合优势互补的长处，使人能够不断及时获得和集成广泛而新鲜的知识、信息与智慧，从而迅速提高人的智能，培养创新能力[④]。

本书认同知识管理领域对智慧的解释，认为"智慧"是一种面向未来的创新能力[⑤]，从图 2-1 所示的 DIKIW（Data-Information-Knowledge-Intelligence-Wisdom）模型[⑥]可以看出，从数据、信息、知识、能力到智慧

① 张卫东.智慧的多元—平衡—整合论 [J].华东师范大学学报（教育科学版），2002（12）：61-67.

② 牛津高阶英汉双解词典 [Z].北京：商务印书馆，2004：2025.

③ ANDERSON L W，KRATHWOHL D R，AIRASIAN P W, et al. A Taxonomy for Learning，Teaching, and Assessing: A Revision of Bloom's Taxonomy of Educational Objectives [M].New York：Longman，2001：323-331.

④ 贺斌.智慧学习：内涵，演进与趋向——学生的视角 [J].电化教育研究，2013（11）：24-33.

⑤ 祝智庭.智慧教育新发展：从翻转课堂到智慧课堂及智慧学习空间 [J].开放教育研究，2016，22（1）：18-26+49.

⑥ EASTERBROOK S. What is Climate Informatics?[EB/OL]. http: //www. easterbrook. ca/steve/2012/09/what-is-climate-informatics/，2012-09-21/2015/10-13.

的演变，对情境性和理解力的要求随之增强。也就是说，要完成从数据、知识、信息、能力到智慧的转换，一方面需要以相关的背景知识、情境知识和缄默知识作为支撑，另一方面需要主动理解才能完成。可以理解为关系理解、模式理解和原理理解三个层次，同时，也可以认为数据、信息、知识和能力都是面向过去的经验，只有智慧才是面向未来的创新。

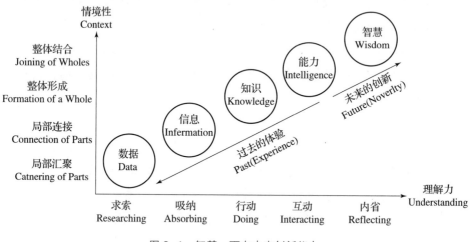

图 2-1　智慧：面向未来创新能力

问题 2：智慧有哪些要素

　　依据智慧的定义，参考有关文献，本书认为智慧主要包括知识、思维和人格三个要素。知识和思维简明易懂，而"人格"一词有时会令人产生歧义。此处的"人格"既具有心理学上人格的一般意义，更指向伦理学意义上的"人格"，即人的修养品质。"人们普遍认为，成功之人一定是有智之人，但有智之人不一定是成功之人；而造成有智之人成功的主要因素就是修养品质"[①]。孔子也有言："知及之，仁不能守之，虽得之，必失之"[②]。意思是说凭借聪明才智足以得到它，却不能以仁德保持它，那么即使得到，也一定会丧失。

　　智慧高于知识、思维和人格，但离不开知识、思维与人格。可以说，知识是智慧生成的土壤，思维是智慧生成的雨露，人格是智慧生成的空气。许

① 李业富.我国现代智慧研究博览[J].现代特殊教育，1996（6）：16-17.
② 吴国珍.《论语》新英文全译全注本[M].福州：福建教育出版社，2012：459.

多对智慧的重要论述从不同的侧面强调了知识、思维、人格三者与智慧的关联和意义。洛克指出："智慧使得一个人能干并有远见，能很好地处理他的事务，并对事务专心致志。"①洛克还把近代的绅士教育归结为德行、智慧、礼仪和学问四件事，其中智慧最为重要。怀特海说："智慧是掌握知识的方式，涉及知识的处理，确定有关问题时对知识的选择，以及运用知识使我们的直觉经验更有价值。这种对知识的掌握便是智慧，是可以获得的最本质的自由。怀特海指出，在古代学校里，哲学家们希望引导和发展智慧，而不是传授零碎的知识。

亚里士多德认为，智慧就是有关某些原理与原因的知识②，可以分为形上智慧与实践智慧。理论把握事物的原因和原理，求知普遍性和必然性，进而与永恒的神性相契合，而"实践"是与实现人类的"善"这一目的联系在一起的。亚里士多德的"实践"，重在强调人的道德行为，与通常所指的实践意义相比，含义要狭窄得多。苏格拉底认为，所有的德性都是实践智慧的形式，只有实践智慧才能使人具有真正的德性，而一个没有德性的人是不可能具有实践智慧的，德性与实践智慧没有先后之别，彼此包含而又互为条件，是密不可分的。

因此，智慧的人不仅要具备相当的知识和好的思维，还一定要有着高尚的人格。通俗地说，要具备的良好品质，包含了基于整体感知、直觉把握形成的知性智慧，基于理论思考、规律认识形成的理性智慧，基于职业感、道德感、人际交往形成的情感智慧，也包含了基于个体经验积累、实践感悟与反思形成的实践智慧。简而言之，智慧需要在"理解真知""正确判断""恰当实施"中生成和体现，其相对应的所指概括起来即知识、思维和人格。

分析智慧的要素及其整体精神和状态，可以发现其蕴含人文、彰显和谐的特征。

（1）智慧蕴含人文

人文是指"人类社会的各种文化"，其核心是"人"，集中体现的是重视人、尊重人、关心人、爱护人。简而言之，人文就是重视人的文化，是以人为本的思想和观念，是对生命关爱的情怀。在对智慧的多数重要阐释里，

---

① 约翰·洛克.教育漫话[M].傅任敢，译.北京：教育科学出版社，1999：117.

② 亚里士多德.形而上学[M].吴寿彭，译.北京：商务印书馆，1959：2-3.

都显性或隐性地传递着人文。智慧必蕴含人文，没有人文滋养，就无所谓智慧。智慧关注人文，是人类最重要的积极人格特质之一，是实现美好生活的重要资源，是建构幸福人生的关键因素，为人生中诸如怎样获得有意义和幸福的生活等问题提供洞察与指导 ①。Assman 说"智慧能够将我们导向幸福人生"，"通过智慧，我们发现每一个人通往幸福人生的许多路径"②。智慧的人一定是幸福的，而缺乏智慧的人，即便有再好的智力、再渊博的知识，也难以获得真正的幸福。另外，从对知识与智慧二者区别的理解中，也能看出智慧的人文性，认知就是要明白研究的客体是什么，知识能够进行屠杀、能够导致暴力 ③。Schumacher 认为，当前整个人类处于道德危机之中，不是因为不懂科技，而是因为缺乏智慧，破坏性地运用了科技 ④。Serres 认为，作为人类、作为教师，智慧的力量就在于要认识到人类自身的局限性。智慧包含着承认自己的弱点，智慧与虚弱紧密相联 ⑤。知识源于世俗的思想，而智慧则置于灵魂的天堂。知识位于世俗的科学、逻辑与理性之中，而智慧则存身于人文思想、美学与伦理道德之中。西塞罗认为"智慧的功能是区分善恶"⑥。

（2）智慧彰显和谐

和谐是一种配合适当、协调的状态，与多元、宽容、和平、开放、发展等一组概念有着"本源"关系。辩证唯物主义和谐观的基本观点是，和谐是对立事物之间在一定的条件下，具体、动态、相对、辩证的统一，是不同事物之间相辅相成、相同相成、相反相成、互助合作、互利互惠、互促互补、共同发展的关系。因此，和谐也就成为宇宙和社会存在与发展的理想状态。中国古代有"和""谐和""和而不同"的哲学思想。中国的和合哲学，"和"是指异质因素的共处，"合"指异质因素的融会贯通。智慧在总体

① BALTES P B, STAUDINGER U M.Wisdom: A Metaheuristic (Pragmatic) to Orchestrate Mind and Virtue toward Excellence[J]. American Psychologist, 2000 (55): 122–136.

② ROBERT, J S.A Balance Theory of Wisdom[J]. Review of General Psychology, 1998(2): 347–365.

③ SERRES M. Hermes[M]. Baltimore: The Johns Hopkins University Press, 1983: 15–28.

④ SCHUMACHER E F. Small is Beautiful: Economics as if People Mattered[M].New York: Harper and Row, 1973.126.

⑤ SERRES M, LATOOR B. Conversations on Science, Culture, Time[M]. Ann Arbor: University of Michigan Press, 1995: 186.

⑥ BRUCE L.Wisdom & Leadership: Linking the Past, Present &Future [EB/OL]. http://www.wisdompage.com/blloyd02.html.

上是一个难以言说的概念，这是因为智慧本身具有的有机性、整体性。虽然我们可以分析出智慧的多种特征，但其所表现的只是智慧的一种静态结构，而智慧各种要素之间关系的巧妙契合才真正展开了智慧的深刻与神奇。美国著名心理学家斯滕伯格从 20 世纪 80 年代开始就致力于研究智慧，其提出的智慧平衡理论（The Balance Theoryof Wisdom），颇受众人关注。斯滕伯格的智慧平衡论内涵是以"共同利益（Common Good）"获得为目标，在价值观的调节下，运用智力、创造力和知识，平衡（Balance）多方面的利益，包括个人的（Intrapersonal）、人际的（Interpersonal）以及人与环境（Extrapersonal）的短期和长期的利益，从而更好地适应环境（Adaptation to Existing Environments）、改造环境（Shaping of Environments）或选择新的环境（Selection of new Environments）①。也就是说，智慧涉及个人自身、人际关系以及人与环境，适应、改变与重新选择之间的平衡。斯滕伯格明确强调智慧的首要特征是"平衡"，即通过平衡个人内部、人际间和个人外部的利益，从而在适应环境、塑造环境和选择环境三者中取得平衡，以获取"共赢"；并且，这种"平衡"是个体要善于根据具体情境而采取恰当的行为方式②，与《中庸》里所说的"君子而时中"的思想也是相通的。可以看出，人们首先需要具备相应的知识、良好的思维，也只有人们将智力、创造力和知识运用于不仅为个人利益，而且也为他人及所在生态世界的利益时，才是智慧的，那就是说，高尚的人格对于一个智慧的人来说是不可或缺的。可以说，只有知识、思维、人格达到了一种和谐，才可谓智慧。

问题 3：智慧学习有何特点

《2012 全民教育全球监测报告——青年与技能》③指出，所有青年人，都必须具备图 2-2 所示的三种主要技能：基本技能（Foundation Skills）、迁移

---

① ROBERT J S.Why Schools Should Teach for Wisdom：The Balance Theory of Wisdom Ineducational Settings[J].Educational Psychologist，2001，（4）：227–245.

② ROBERT J S.Words to the Wise about Wisdom？A Commentary on Ardelt's Critique of Baltes[J]. Human Development，2004（47）：286–289.

③ UNESCO.EFA Global Monitoring Report：Youth and Skills[EB/OL]. [2015–10–01].http：//unesdoc. unesco.org/images/0021/002175/217509E.pdf.

技能（Transferable Skills）以及技术与职业能力（Technical and Vocational Skills）。其中，基本技能中包含了识字与计算技能（Literacy and Numeracy Skills），这是人们要求获得足以满足日常需求的工作时的必备技能，既是继续教育与培训的前提条件，也是获得迁移技能和技术与职业技能的重要前提。迁移技能包括问题解决能力、有效交流思想和信息的能力、创新能力、领导力与领导意识、创业能力，可以帮助人们适应不同工作环境，提高他们获得带薪工作的机会；技术与职业技能主要包括各种技术性专长，从蔬菜种植到缝纫机使用、砌砖，或者做木工活儿，或者电脑操作等。

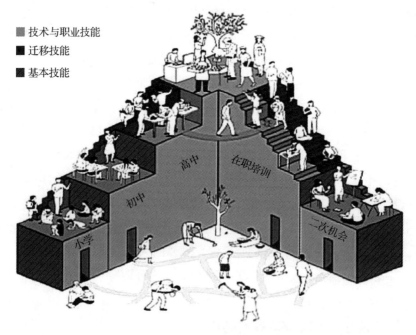

图 2-2 UNESCO "技能之路"

贺斌博士在毕业论文中提出图 2-3 所示的智慧学生能力模型[1]，其中包含九项智慧能力，分属于个人层面、应用层面、社会层面和创新层面，总体上符合 UNESCO 界定的主要技能，能够为社会和个人带来有价值的成果，有助于满足个人在多种情况下的重大需求，这些能力对专家和全体学生都很重要[2]。由于情感和价值体验本身也包含着一部分认知成分，因此将"情感和价

① 贺斌. 智慧教育视域中差异化教学模式研究 [D]. 上海：华东师范大学，2018.

② OECD.The Definition and Selection of Key Competencies[EB/OL].[2017-12-01].www.oecd.org/edu.

值体验"贯穿于能力发展过程之中。

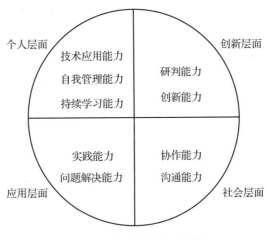

图 2-3 智慧学生能力模型

智慧学生的能力要求，可以被认定为智慧学习的十大特征。

（1）学习

学习被视为利用有效的最佳方式，对知识有着深刻的理解，而且能将所学知识成功地用于解决当今面临的重大问题和难题。学生要学会围绕核心概念建构知识网络（包括陈述性知识、程序性知识、策略性知识等），还要讲求学习策略（策略性知识）和学习方法，同时，要将学习与自身的爱好、兴趣有机联系起来，保持高水平的学习动机（动机性参与）。要经常性地自我反思，在元认知知识与自我调节之间建立联系。反思能够让学生在实施某项任务之前考虑制订计划，在实际执行任务过程中实时做出评价、判断和及时补救，在任务完成后做出总结回顾等。

（2）协作

协作是智慧学习的重要特征之一，是各小组以高效而相互尊重的方式开展工作的能力展示。为了达到共同目标，小组协作具有一定的灵活性，有时需要成员顾全大局而做出必要的妥协。每一位成员要为协作性任务分担责任，尊重每个组内成员的个人贡献。

（3）沟通

沟通是智慧学习的另一个重要特征，是学生选择最适当的沟通对象、沟通场合、沟通时间、沟通方式等，将观念冲突和人际矛盾最小化甚至归零，快速地和组织或个人建立起融洽联系，建立积极的社会交往和身份感，形成共同的理解和目标感。娴熟的沟通者能够选择复杂思想的关键部分，利用文字、声音、图像、动画等媒体将其表达出来，以便建立共同的理解，还可以通过社会观察、劝说、协商、指导、服务定位等方式，与同事、用户、下属或者上级等，商讨可能取得的积极成果。

（4）研判

智慧学习需要较强的研究意识和数据分析能力，要善于基于科学证据（如学习分析）而不仅仅是直觉经验来做出评判、推理和决策。

（5）创新

创新包括观念创新、技术（应用）创新、成果创新。观念创新主要是思维创新，要使用广泛的观念创新技术（如头脑风暴、二元联想、逆向思维等），创造出新的和有价值的想法（包括渐进式观点和激进式观点），然后对这些新的想法进行精制、提炼、分析、评价和进一步优化；技术应用创新是指恰当利用技术工具、信息资源和信息环境，创新和优化活动进程和活动结构，如设计流程、工艺流程、交流模式等，本质上是一种技术支持下的活动过程创新、活动机制创新；成果创新主要是将观念创新和技术应用创新进行最终"输出"，带给相关领域切实有用的贡献，可以是直接用于解决真实问题的解决方案，可以是探究复杂问题的模拟软件，可以是展示完整学习成果的电子学档，还可以是各种模型、作品、文稿、制图、器件等新的制品。

（6）实践

智能时代的学习不是死记硬背、机械记忆，关键是要将知识在不同情境中加以合理应用，需要通过实际操作和动手做，如项目、作品、模型等，来应用、验证和修改知识结构，不断增强知识的"活性"和"生存力"。

（7）解决问题

智慧学习是使用专家思维检视大量信息、识别模式、精制信息，最后对问题做出诊断。如果要在问题诊断的基础上进一步提出解决方案，则需要能够将信息整合进核心知识网络，同时还需要利用元认知能力，如反思问题解决策略是否有效；如果无效，即时采用另一种策略。特别是在解决劣构问题时，需要将看似无关的信息整合起来，积极思考其他人可能忽视的可能性，以便创造性地生成新的、革新性的解决方案。

（8）自我管理

善于自我管理是智慧学习的重要要求，通常表现为知识组织良好、策略丰富、目标清晰、自我激励等特征。一般认为，自我管理主要包括目标管理、自我认识、情绪管理、努力管理、压力管理、过程管理、时间管理、资源管理、环境管理和人际管理等十个成分。

（9）技术

技术是一把双刃剑，技术的效能如何主要取决于技术的使用者。在教育领域，技术只有与教学目标与教学过程相结合才有意义。灵活使用技术，释放技术潜能，可以帮助学生进行前所未有的思考、学习、交流、合作和创新。

（10）价值取向和学习体验

智慧学习要结合具体教学活动、教学内容、教学情境来考虑价值取向。研究与实践反复证明，当学生与所学知识之间建立起良好的情感联系（例如感同身受或带有疑问等），其学习行为才能更为持久，理解知识才能更为透彻，掌握知识才能更为扎实。

三、生成性教学思维

预设性教学思维与生成性教学思维，是教学改革的基础性思维方式。预设性教学思维是二元论与预成性，生成性教学思维是差异性、不确定性、创生性，二者在教学实践中各有其独特之处。二者虽然有相互对抗排斥的一面，但在教学实践中又各有自身的适用域。职业教育新一轮教学改革要求二者相互依存、优势互补，各自在适用域中把握好使用度、发挥自身优点，在科学完整教学思维统筹下实现和谐共生。

探讨 1：预设性教学思维

预设，是根据一定的事实材料、经验和理论知识对自身实践活动的策划、规划、预测、设计等活动。预设性教学思维是一种认为教学存在确定的、客观的、普遍性的本质与规律，然后借助教学本质与规律来对教学存在和发展进行判断、解释、安排、规划、设计的思维模式。

预设性教学思维的整体特征是二元论和预成性，二元论是指将教学分为深层的教学本质和浅层的教学现象，预成性是指教学过程实质上是教学本质与规律的演绎，教学规律的客观性决定了教学过程的确定性，教学过程的方式、方法、步骤、内容都是由教学规律事先决定的。因而，教学结果成为依照教学规律演绎的结果，把握了教学规律就等于掌握了教学结果。预设性思维对教学论的直接指导作用就是促使人们不断追寻教学本质与规律，致力于建立完善的科学理论体系与范畴，只有这样才能使教学预设有理、有据、有效。

（1）从教学目标上看

预设性教学思维事先确定教学活动的目标，教学目标一旦确定，往往贯穿在教学活动的始终。课前，教师依据教学目标，对教学活动整体规划、安排并制定程序化的教案；课中，师生在教学活动中按照课前的规划、安排进行教学，教学过程依照教学目标按计划有序地展开；课后，师生按照程序化的操作完成了预先设计好的教学方案，并达到预期的教学结果。

（2）从教学内容上看

预设性教学思维追寻的是教学本质、规律的认识，强调教学内容要由感性认识上升到理性认识才能获得真实性、客观性、科学性，教学内容是科学理性思维的抽象。教学内容是教师事先精心挑选、安排的间接经验，教授什么样的教学内容，教师早已心中有数，教学过程中出现的偶发的教学资源和学生的直接经验则难以生成为有效的教学内容。

（3）从教学过程上看

预设性思维把教学过程看作教学本质的流动、教学规律的呈现，可以从当下的教学看到它的未来，因而教学只要按一定的教学目标设计出体系完整、思路清晰、步骤明确的教案，教学过程就能严格按照教学设计、按部就班地"演绎"教案，教学过程成为教师精心预设指导下严格执行教案的程序活动。

（4）从教学评价上看

预设性思维把教学过程看作教学本质的流动、教学规律的呈现，有什么样的本质与规律就有什么样的结果，过程只是结果的途径与手段，因而注重教学结果，认为教学结果是教学过程的意义所在，严格控制教学过程是为了更好地实现教学目标，达到预期的结果，过程怎样并不重要，重要的是结果是否与预设的教学目标一致。教学结果是教学评价的首要标准，在现实教学中，教学结果直接被量化为学生的考试成绩。

探讨 2：生成性教学思维

生成就是创生、生长和建构，是教学改革提倡的，同预设相对应的教学观。生成教学观是生成性思维方式支配下的一种教学形态。生成性教学思维是一种虽有框架却非凝固化的，善于捕捉变革中出现的事物，敏锐判断其具有的整体性价值，进而修正原有理论框架的思维模式。传统教学过分注重预设和依赖预设性思维方式而受到批判，认为教学过程主要是学生主动学习和建构的过程，教师是一个领导者，更是学习团体中的平等成员，是平等中的"首席"。生成性教学思维具有差异性、相对性、多元性、不确定性、创造性等特点，是现代哲学转向的整体思维特征，生成性思维方式已经渗透到教学的方方面面，在教学活动中呈现出自己的独特之处。

（1）从教学目标上看

生成性教学思维认为，教学就是学生个体文化世界同教学文化环境、文化情境互动交融建构的活动，教学难以在事先就确定一些明确具体的教学目标，用统一的教学目标要求所有学生也会扼杀学生的创造性和鲜活的个性。因而，不明确规定学生在学习活动结束后要达到的结果，关注的是学生在教育教学情境中的种种表现，注重学生主体性、创造性、个性的充分展现。同时，随着教学情境的变化和种种际遇的特殊性，教学目标也是不断调整变化的，并不存在统一的、恒定的教学目标。

（2）从教学内容上看

生成性教学思维不仅仅关注知识、技能，更加关注教学过程中情感、态度、价值观的生成，教学内容不再是机械的、价值中立、缺乏生命活力的强加物，教学过程中偶发的有价值的教学资源都有可能生成为生动精彩、有价值的教学内容。教学内容并非一经确定就永恒不变，而是随着教育教学的种种际遇不断变化，原有的教学内容会被生成为新的教学内容，教学情境中的各种教学现象、教学事件都有可能被生成为活生生的教学内容。因此，生成性教学思维寻求一种生命的表达、一种主体的呼唤、一种意义的阐释、一种价值的建构，关照学生主体生命意义和价值在教学活动中的全过程。

（3）从教学过程上看

生成性教学思维把教学过程看作全部的生命意义所在，生命在教学过程中被赋予价值与意义，生命的价值与意义就在于完成一种生存过程而不在于实现一种教学过程外在的、已有的教学目标与教学预定。生成性教学思维关注教学过程中的具体事件、具体的教学文化情境，注重学生主体对教学内容的个性化认识和反应，充分肯定学生生命个体在参与教学过程中的作用与意义。因此，教学过程就是教师主体对学生主体的主导、学生主体对教师主体的接受与超越的交互作用过程，其结果是使学生在掌握人类优秀文化的基础上学会学习、学会创造，实现自身全面发展。学生是教学过程中最活跃的因素，教师应该充分注意这一点，让学生主动、积极、充分地参与课堂教学，使其主体性充分彰显，进而实现超越性的生命生成与人格发展。

（4）从教学评价上看

生成性教学思维强调教学评价要跟随教学的全过程，使评价成为课堂动态生成资源的重要手段，突出课堂动态生成资源的意义。关注表现性教学目标，评价要从学生的实际情况和教学情境中的具体表现出发，对学生更多地采取个体参照评价法，关怀学生成长的经历性、过程性、特殊性，使学生的生命发展成为可能。因此，不仅要关注教学结果的量化评价，更应该关注学生个体在具体教学情境中的情感、态度以及价值观等质性因素的生成。也就是说，应该重视生成性资源对学生成长的积极作用，强调以学生的生命生成和个性成长为教学评价的中心，将完整的、个性化的、生命生成的学生作为评价主体和评价对象，并通过评价促进学生自由人格的充分发展。

 探讨3：共存性教学思维

在新一轮教学改革中，如果以预设性思维排斥生成性思维，是不明智的，也是不可取的；反之，用生成性思维取代预设性思维也是不科学的、行不通的。其实，预设性思维和生成性思维各有其适用域和实践价值。在具体教学实践中，预设与生成共同构成了教学思维和课堂教学过程的现实存在，二者是相互依存的，没有预设的教学生成，往往是盲目的、低效的，同样，没有生成的教学预设，往往是机械的、僵化的。从实践层面上看，生成往往是基于预设，以预设为基础，是对预设的丰富、拓展或调节、重建。实际上，这个时候预设与生成是融为一体的，预设中有生成，生成中有预设[1]。所

---

① 赵小雅.课堂：如何让"预设"与"生成"共精彩？[N].中国教育报，2005-05-17.

以，预设性教学思维与生成性教学思维是相互依存、互补、和谐共生的，构成了两种最基本的教学思维方式，只有二者有机结合才可能在教学改革中发挥建设性的指导作用。

预设性教学思维和生成性教学思维的关系应该是在对立统一的基础上形成一种优势互补与和谐共生，就是指科学完整的教学思维需要二者相互依存、相辅相成、和谐共生，也是有效教学和教学实践性变革的价值思维的基本诉求。

传统课堂教学追寻教学结果与教学目标的高度一致，教学活动必须严格按照预设的教学程序进行，追求的是预设教学目标的实现；而教学生成观关注具体的教学情境，注重表现性教学目标，强调师生交往互动，善于开发教学过程中的生成性资源，关注学生生命价值的提升、评价标准的开放灵活等。预设并不是静止的"无变化的"，而是一种策略性的准备，不仅要充分追寻教学本质、规律、科学性，而且要充分考虑教学过程中学生可能会出现的反应和行为变化，这就意味着预设中有生成，生成中包含着预设，因而预设与生成是对立统一的矛盾体。不难看出，预设性教学思维与生成性教学思维既有相互对立的一面，又有相互依存、相互促进的一面，这二者也是对立统一的矛盾体。就对立而言，预设性教学思维关注教学本质、规律，强调预定、控制，在教学过程中有程序化操作倾向；而生成性教学思维关注具体、现象、事件，注重生成、关系、过程表现。二者的对立在教学预设与生成矛盾中表现为：预设过度必然导致对生成的忽视，挤占生成的时间和空间；生成过多也必然影响预设教学目标的实现以及教学计划的落实。从实践层面上，不少有价值的生成是对预设的背离、反叛、否定，还有一些则是随机偶发的神来之笔，生成和预设无论从内容、性质还是从时间、空间来讲都具有反间性[①]。就统一而言，预设性教学思维注重教学本质与规律，而这种先在性的本质与规律也不是无历史地形成的，而是教学活动在时间流程中长年积累的结果，是对各种复杂多变的教学现象的理性抽象。这种理性抽象实质上就是一个创生过程。教学本质与规律的发现就是预设性教学思维与生成性教学思维共同作用的结果。教学本质与规律不是封闭的，而是开放的、"发展的"，是随着教学条件与环境产生的一些变异，这些变异其实就是生成的

---

① 朱志平.新课程背景下课堂教学若干问题的思考[J].江苏教育研究，2015（3）：37-40.

结果。再者，教学本质与规律无论是从历史长流的角度，还是从具体的教学过程的角度上看，都有一个展开过程，这种展开过程对其变化着的、开放的、具体的、不可预知的教育教学环境来说也是一种生成。先前的教学本质与规律是生成的基础与前提，生成则是对教学本质与规律的发展、完善与超越，离开了预设性教学思维难究教学本质与规律，教学则无"神"无"旨"可言；离开了生成性教学思维，教学本质则裹足不前，并且将脱离活生生的教学情境，教学则"无血无肉"，毫无生机。预设性教学思维与生成性教学思维互为依存，共同促进教学的发展，正如教学实践中展现预设与生成的关系那样，生成需要精心预设，唯有精心预设才能召唤灵动的生成；预设是基础，需要借助生成丰富、拓展或调节、重建，才能绽放无限活力；生成是对预设的突破完善、超越与升华。预设和生成是融为一体的，预设中有生成，生成中有预设[①]。

预设性教学思维与生成性教学思维是辩证的对立统一体，教学改革既需要预设性教学思维，也需要生成性教学思维，二者是科学完整教学思维的两翼，缺一不可。二者虽然具有相互对抗排斥的方面，但又具有各自的优点、适用域和使用度，对于两种思维方式的运用，关键的问题是在各自的适用域中把握好自身的使用度，力求发挥各自最大的优势，在科学整体教学思维的统筹下和谐共生，而不是用一种思维方式替代另一种思维方式。

四、引导学生智慧生成

智慧高于知识、思维和人格，但是离不开这三要素，蕴含人文，彰显和谐。智慧教育是引导学生智慧生成的教育，是智慧生成的途径，是关注人文与和谐的教育，是指向学生幸福生活的教育。

观点1：智慧教育是途径

罗素说过，在教育中，每一个人皆有智慧的潜质。智慧教育是引导人智慧生成的教育。此处的教育是最广泛意义上的"教育"，包括学校教育、家

---

① 张海兵，沈涛. 和谐课堂：让预设与生成共精彩 [J]. 上海教育科研，2016（7）：74-75.

庭教育、社会教育；既指师长或其他人的教育，也包括自我教育；包括正式教育，也包括非正式教育等。本书主要讨论学校教育，且以课堂教学为主，它是引导人们智慧生成的有效途径。

（1）知识教学与智慧教育

关于教学与教育，教育家张楚廷先生说过，90%的教育蕴含于教学之中[①]。教学的实际任务不仅仅是传授知识，应该加上智力培养和心力培育，即当教学活动中包括传授知识、智力培养和心力培育，教学与教育的差别不大，其外延接近（或相近）。张楚廷先生的"心力"培养，包括非认知心理的培养和价值观的引导。这一定义，基本上是智慧教育的内容。

知识是智慧的土壤，要发展智慧，一定离不开知识教学。但是，仅有知识教学，不足以使人智慧。而且，知识必须转化为个人知识，才有可能促进智慧的发展。关注个人知识的教育，才能使知识充满活力，教育才是在"活化"知识，这是智慧教育的基本关注点。

然而，现在很多的教学只停留在传授知识，而且是"狭义"的知识，内容的选择通常带有功利性，自然也略显贫瘠和庸俗；知识教学中教的方法更多是一种"传授"，学的方法更多是一种全盘接受后的记忆和背诵；知识教学中教和学最直接的目标是通过各种考试。这样的知识教学不利于学生"个人知识"的发展，难以让学生"转识成智"，更不利于引导学生智慧的生成。

心理学家研究表明，最近30年，人们的IQ（智商）每10年平均提高3个百分点，也就是说，如果以30年为一代人的话，每一代人的智商较前一代人高出9个百分点[②]。但是，社会不和谐问题仍然突出，人们的行为普遍显现出"利己"倾向。所以教育不仅要关注学生知识的习得，还应关注更多其他方面的习得。

怀特海提出，教育的全部目的就是使人具有活跃的智慧。智慧教育不是灌输所谓的智慧理论和信息，而是通过引导学生的知识习得、思维训练和人格养成，使其生成智慧。即引导学生处理分析资料，内化信息，在建构和探索、体验和互动中生成个人知识，完善知识结构，重组心理过程，提升思维

① 张楚廷. 教学论纲 [M]. 北京：高等教育出版社，2008：262.

② FLYNN J R.The Rising Curve: Long-term Gains in IQ and Related Measures[M].Washington，DC：American Psychological Association，1998：25–26.

能力，使智慧在"理解真知、正确判断和恰当实施"的过程中得以生成和体现，从而让学生善于吸收知识、善于运用和扩展知识，善于思维，善于"从善"。也就是说，学生不仅要知道，而且要善于知道，并善于从事所知内容，比如，"善于从善"，就是不仅要知道善，且还要善于"善"。斯滕伯格关于智慧使人通向幸福生活的论述中有这样一句话，从某个方面进一步说明了此意，"对教育的追求，意味着人们对幸福生活的追求，而仅仅是专业知识和训练不足以让人过上美好生活，教育程度最好的人不一定最有智慧。知识帮助人们获得有关幸福人生的想法和建议，知晓如何追求并帮助他人追求幸福生活，但这并不一定付诸他们自身的行动之中①。"

祝智庭最早提出了智慧教育并在多年研究的基础上对智慧教育的概念进行了界定，智慧教育的真谛就是通过构建技术融合的生态化学习环境，通过培植人机协同的数据智慧、教学智慧与文化智慧，本着"精准、个性、优化、思维、共享、创造"的原则，让教师能够施展高成效的教学方法，让学生能够获得适宜的个性化学习服务和美好的发展体验，使其由不能变为可能，由小能变为大能，从而培养具有良好的价值取向、较强的行动能力、较好的思维品质、较深的创造潜能的人才②。

（2）智慧教育的"四阶段"和"三要素"

图 2-4 所示的 DIKIW 模型表示了数据、信息、知识、能力、智慧五元素的关系，以及从数据到智慧的路径和条件，能从中理出智慧教育的关键点及基本元素。

人们对"数据"一无所知，通过"信息"知道"是什么"，通过"知识"知道"做什么"，通过"能力"知道"如何做"，通过"智慧"则知道"为什么"。许多人知道"做什么"，相当一部分专业人士知道"如何做"，但只有智慧的人才知道"为什么能做，或不能做"。

DIKIW 模型明确了走向智慧教育的梯度以及各梯度间的"媒介"，即"数据"通过处理和分析成为"信息"，"信息"被内化后成为"知识"，尤其是"个人知识"。以个人知识为主要力量的知识重组心理过程，使智力提

---

① ROBERT J S.Teaching for Wisdom：What Matters is not just What Students Know，but How they Use It[J].London Review of Education，2007（7）：143–158.

② 祝智庭.智慧教育新发展：从翻转课堂到智慧课堂及智慧学习空间 [J]. 开放教育研究，2016，22（1）：18–26+49.

升，然后，智慧在"懂得真知、正确判断与恰当实施"的基础上得以生成。结合当下的教育，可以思考，究竟在多大程度上引导了学生的智慧生成，以及可以从哪些方面、如何引导学生的智慧，当前的普遍问题是什么。实际上离智慧教育中的智慧还差距甚远，更多处于"信息"阶段。

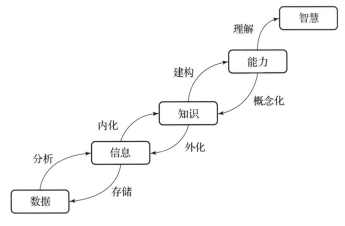

图 2-4　DIKIW 模型

从 DIKIW 模型可以导出学生智慧生成的四阶段，也可以视为智慧教育的路径。第一阶段，指导学生处理、分析资料，把握信息；第二阶段，内化信息，形成知识（个人知识）；第三阶段，重构心理过程，提升智能；第四阶段，引导学生的善美，生成智慧。当前的教学，普遍停留在第一阶段。本书参考何晓斓[①]博士的观点，将这四个阶段的具体内容归结为智慧教育的三个基本要素，即知识习得、思维训练和人格养成。

在具体教育中，关于落实"四阶段"和把握"三要素"，从整体来说，首先需要指导学生处理、分析不仅来自教材的，同时来自网络、学习生活环境中的资料，必要时帮助学生进行补充、选择、整合，让学生把握住重要信息；其次，引导学生内化信息，将信息转化成"活的知识"，而非"惰性知识"的累积，可以说，惰性知识在一定程度上还只是信息，只有"活的知识"才会发生自主的心理过程重构，从而使智力得以提升。面对变聪明了的学生，教师更要重视引导其"理解真知、正确判断、恰当实施"，以达到智慧的境界。

---

① 何晓斓. 引导智慧生成的大学英语教育研究 [D]. 长沙：湖南师范大学，2014.

之所以梳理出"四阶段""三要素"，目的是希望明确智慧教育必须包括这些最基本的阶段和要素，以期对实践更具指导性。但是，在具体的教育教学中，这些"阶段""要素"都不是彼此孤立的，不一定是严格按顺序出现的，而是和谐融合的。也就是说，在同一时间，可能发生不同阶段的行为，或者在同一时间里，同时进行着知识的习得、思维的训练和人格的提升等。

结合"四阶段""三要素"，可以归纳地说，智慧教育就是要引导学生善于吸收知识，善于运用和扩展知识，善于思维，善于"从善"。

智慧教育的出发点是人的提升，其根基是人文关怀。关注学生智慧生成的教育，就是对学生个体关注的教育，是将对人的关注贯穿于整个过程的教育。智慧教育是以人的和谐发展为目标的教育，指向学生的素质的整体提高与和谐人格的建构。智慧超于知识、思维、智性。教育不仅要给学生智性智慧，还要开启学生的理性智慧和情感智慧，教学需要引导善和美。智性智慧需要全面启动思维和认知，理性智慧需要体验，需要情感、态度、信念等的共同启动。教师要引导学生体验、体验引导学生追求、追求引导学生超越自我[1]。智性智慧、理性智慧、情感智慧与实践智慧不能相互取代，四者和谐融合才能达到最佳的效果。

观点 2：知识习得是基础

知识从信息的形态发展而来，是信息中有价值的那部分。知识按形态可以分为显性知识和隐性知识，显性知识主要是指能够被文字、数字、公式、图片等形式表达出来的知识，其特点是能够被识别、被编码、能够直接被获取；隐性知识主要是指那些存在于大脑中，不可被编码的，不能用某种形式表达出来的知识，包括属于个人的想法，如直觉、预感、经验、心智模式等，其特点是不能被直接识别、难以描述、难于传达[2]。

知识是智慧生成的土壤，指导学生的知识习得，促进个人知识的生成，使学生善于吸收知识，善于运用和扩展知识，是引导学生智慧生成的基础。

---

① 张楚廷.课程与教学哲学[M].北京：人民教育出版社，2003：145-146.
② 赵蓉英，刘卓，王君领.知识转化模型 SECI 的再思考及改进[J].情报杂志，2020，39（11）：173-180.

（1）知识习得的目标

皮连生[①]在研究布卢姆认知教育目标分类中提出，知识分为陈述性知识和程序性知识，陈述性知识是回答"是什么"或者"为什么"问题的知识，程序性知识是回答"怎么办"问题的知识。

如图2-5所示，广义知识包含了可以用言语陈述的知识和不能用言语陈述但可以支配人的行为和思维的知识。安德森最新的布卢姆认知教育目标分类学用"知识"和"认知过程"二维表来描述教学结果，从"知识"维度看，知识包含事实性知识、概念性知识、程序性知识和元认知知识共4种类型；从"认知过程"维度看，包括记忆、理解、应用、分析、评价和创造共6个认知过程[②]。

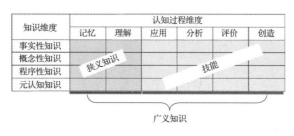

图2-5 广义知识

知识习得，就是学习之后对知识的获得，针对的是广义知识领域，即等于狭义知识与技能之和。作为学习结果，知识习得就是学生掌握知识与技能。

然而，职业院校很多课程教学没有关注学生真正意义上的知识习得，教师讲授表层的显性知识，极少引导学生对蕴含的信息进行探究，更没有引导学生善于吸收知识、运用与扩展知识。按照DIKIW模型看，学习停留在第一个阶段，即信息的积累阶段，尚未进行处理和分析，完全是一种惰性状态的累积，学生大多是机械地模仿、记忆、背诵，较少进行内化而形成个人知识，导致习得效果难以达到目标，更没有引导学生吸收知识、运用与扩展知识。

（2）知识习得的内容。

卢敏玲等认为，学习内容不仅仅是让学生了解概念或理论等狭义知识，还要让学生掌握技能、明确态度或价值。所以，在讨论知识习得的内容中，

---

① 皮连生. 超越布卢姆——试论"知识分类与目标导向"教学中的学习结果测量与评价[J]. 华东师范大学学报（教育科学版），2000（6）：40-49.

② 皮连生. 科学取向的教学论的核心理念及其应用的基本操作程序[J]. 当代教育科学，2012（8）：3-5+30.

要考虑学习活动所指事物的内容，还要思考学生怎样理解它。同时，学习内容有专项属性和一般属性，专项属性是指习得的理性知识或理论知识，亦即直接目标；一般属性是指掌握和发展某种特定的能力，明确某种态度、价值观等，可以称为间接目标。具体到一堂课中，可以细化出预期的学习内容（Intended Object of Learning）、实践出来的学习内容（Enacted Object of Learning）以及学生体验到的学习内容（Lived Object of Learning）等三种学习内容。在理想状态下，这三种学习内容是一致的，但现实中，预期的学习内容与体验到的学习内容存在一定的差异，这和学习内容的关键特征有关[①]。

对于间接目标，贺斌在其博士论文中根据有关学者观点，提出包括学习能力、自我管理能力、技术运用能力、协作能力、沟通能力、研判能力、创新能力、实践能力、问题解决能力等 9 大能力，从智慧教育的角度，可以统称为智慧能力。另外，作为知识习得的结果，还应包括积极的情感体验和健康的价值观[②]。

综合上述分析，结合当前高等教育和职业教育的特点，本书认为前者是为进入学科体系做准备，后者是为进入工作体系做准备。职业教育所要传授的就是这种指导人们"怎么办""如何做"经验性知识以及"怎样做更好"的策略性知识，旨在提高实践活动效能的知识，这是培养技术技能人才的主要途径。因此，职业院校课程内容应该以从业实际应用的经验和策略习得为主，以适度、够用的概念和原理的理解为辅，即以过程性知识为主，以陈述性知识为辅，以"怎样做"和"怎样做得更好"的知识为主，以"是什么"和"为什么"的知识为辅，这是职业院校课程内容选择的标准。

确定了课程内容后，就要研究课程内容如何组织起来，并按照什么顺序施教。本书推荐项目引领、任务驱动的模式，即将知识依据学习情境和完成任务并获得工作成果，需要打破和重构，在任务驱动的行动体系中被重新排列，凸显课程的职业教育特色。

（3）知识习得的指导

"个人知识"是智慧生成的基础，是个人所具有的知识（包括显性的和

---

① 卢敏玲，庞永欣，植佩敏.课堂学习研究——如何照顾学生个别差异[M].李树英，郭永贤，译.北京：教育科学出版社，2006：14.

② 贺斌.智慧教育视域中差异化教学模式研究[D].上海：华东师范大学，2018.

隐性的，包括来自直接或间接经验的），"个人知识"作为一种知识的存在形态和一种知识的形成过程，既是一种静态的"知识"，也是一种动态的"识知"。个人知识也是一种对人生经验的反思性建构，它有助于实现受教育者自身的意义感、体验性、生成性和整体性。

知识是教育实践中最基本的交往媒介，虽然教育开始于普遍的、显性的、明确的公共知识，其目标却不仅仅是让学生掌握公共知识，而是需要引导学生对公共知识进行个人化，即将静态的知识内化为与个体状况及境遇条件相统一的东西，从而实现个体性与普遍性的意义衔接。教育从整体上说，不过是使受教育者做好准备，去迎接生活中的各种直接经历，用有关的思想和恰当的行动去应付每时每刻出现的情况[1]。

皮亚杰指出："每当你告诉一个孩子答案时，你就剥夺了他自己去发现的权利。"[2]智慧的生成必须经过自我"锤炼"和自我建构，不是教会的，是通过智慧引导而生成的，智慧是"我的"智慧，是以个人知识为载体。所以，学生的知识习得要经历"认知—建构—探索"，在每一个环节中引导学生积极体验和互动。

（1）注重建构和探索环节

教师所教的并不一定是学生所学到的，没有引导学生亲自建构和探索的东西，学生永远印象模糊[3]。教师要为学生创设条件让学生感悟建构和体验探索。学生学不到教师所教的内容，从一定程度上说，并不是由于学生能力缺乏，而是教师以特定方式导出的关键属性（特征）之间的关系，没有能够让学生同时关注到。因此，教师在教学中要尽可能以让学生能够关注到关键特征的方式来处理学习内容，这有助于学生系统建构思维的发展，并能有效引导学生的积极探索意识。目前，职业院校许多课程教学仍是"教师中心"，教师设定了教学目标，也设计了内容与活动，并在按照自己所备的课"顺利"完成教学后，理所当然地认为完成了教学目标，没有去考虑学生是否真正达到了预设的目标。要发展学生的个人知识，教师需要引导学生对所学知识进行整理、归类，建构自己特有的"应用系统"，将已经积累的无数语言

---

① 怀特海.教育的目的 [M] 北京：生活·读书·新知三联书店，2002：65-66.

② 蔡春.个人知识：教育实现"转识成智"的关键 [J].教育研究，2006（1）：10-15.

③ WILLIS D. Rules，Pattern and Ords[M].Cambridge：Cambridge University Press，2003：7.

知识点进行"串点成线",再逐渐地"连线成面",同时引导学生灵活运用、创造性学习和自主学习,鼓励学生在探索过程中大胆实践。

(2)注重体验和互动

正如 Willis 所述,所教的并不一定就是所学到的。也就是说,教师教的内容一样,但学生的"获得"各不相同。因为学生有不同的学习基础、学习风格,有不同的日常生活经验,所以学生对于教师所教的内容有不同的理解方式。真正有效的认知、建构和探索都离不开学生积极的体验和互动。要有效引导学生体验和互动,教师必须先体验学生的体验,不了解或脱离了学生的体验和互动的教学一定难以成功。

"不愤不启,不悱不发",让学生发现问题,激发起求知欲,在互动起来后再进行启发、点拨、指导,不但提高了教与学的效果,也和谐了教与学的环境。目前的职业院校教学,往往是学生不愿意听了,教师仍然拼命地讲,完全没有了互动,这种没有融入学生积极体验的情境无疑是不和谐的。当然,互动还发生在学生与学生之间、学生与其他人之间、学生与资源之间。

 观点 3:思维训练是关键

张楚廷先生曾提出"5I 课程方案",包括信息(Information)、兴趣(Interest)、质疑(Inquiry)、智慧(Intelligence)、直觉(Intuition),并强调课程应当给学生"5I",或者说"5I"构成课程[①]。其中,兴趣是主动行为的"引子",对学生进行思维训练,首先要考虑的是如何激发学生的兴趣,如果兴趣没有被激发出来,一切的努力都可能事倍功半。如果有了兴趣,学生才有对各类信息的自觉思考,才产生内化或质疑。可以说,兴趣是智慧得以生成的重要源泉,不仅要从唤起学生的兴趣入手,而且,兴趣的激发和保持要贯穿始终。质疑是创造性思维的方法和手段,质疑导致智慧的生成,直觉是智慧的一部分,隐喻不仅是一种修辞手法,而且是一种重要的认知和思维方式。所以,对学生兴趣的激发、质疑的鼓励、直觉和隐喻的发展等,需要贯穿教育的全过程。

---

① 张楚廷.课程与教学哲学 [M].北京:人民教育出版社,2004:136-151.

（1）思维及思维训练

斯滕伯格提出，智慧思维不是教师可以提纲挈领出能让学生原原本本照抄的原则或决定，而是学生自己需主动接受、内化和掌握的。这就从一个侧面说明了智慧教育中的思维训练之重要性。思维有广义和狭义之分，广义的思维是人脑对客观现实概括的和间接的反映，反映的是事物的本质和事物间规律性的联系，包括逻辑思维和形象思维。广义的思维包括很多种类，如创新思维、直觉思维、发散思维、隐喻思维、系统化思维等。而狭义的思维专指逻辑思维。本书所指"思维"是指广义的思维。学生的思维训练是智慧教育的基本要素之一，在课堂教学中，采取创设思考性的课堂学习环境，使学生的隐性思维过程外显化，让学生明白其思维过程和方式，有助于其思维能力的进一步提升和发展，通过将思维训练和知识习得整合起来改善学生的思维质量和学习成效。加强学生的思维训练，根本的目的是使学生提升思维能力，学会思维，善于思维，发展智慧。

（2）思维训练的现状

发展学生的思维，是智慧生成的关键。当前职业教育课程教学并不重视思维训练，而是以机械地模仿、记忆、背诵为主，让学生处于"低级"学习状态，限制了其思维的活跃，阻碍了其智慧的生成。许多学生失去了学习的兴趣，处于"被学习"状态，这样的心理导致了一种认识的产生：学习是一件"费时间、费精力，又难以学好"的事情。这无疑影响着学生的学习质量和学习幸福感。关注学生思维发展的教与学，是一个良性的循环，其各要素是相互促进的，再加上对学生人格养成的引导，让学生的智慧自然生成，而变智慧了的学生，更会学习，更善于思考。

有研究表明，大部分职业院校，尤其是有些专业，不注重学生思维培养和智慧开启，通常是单一的知识传授和技能训练，学习方法更多的是机械模仿、记忆和背诵，隐没了学生的兴趣和质疑，导致毕业生的思维明显处于较低水平。

（3）思维训练的方式

本书认为，目前职业院校课程教学，最需关注的是对学生兴趣的激发、质疑的鼓励、直觉的引导、隐喻的提升。每一门课程，都需要关注学生的思维训练，只是不同的课程，在训练的视角、方法、内容上可能不一样。只有发展学生学习思维方式和养成思维习惯，才能让学生真正具有生命的价值。

一是激发兴趣。兴趣对动机有决定性影响，兴趣在创造中拥有特殊的地位，可以说，没有兴趣，就无所谓创造。教师忽视学生的兴趣，也就忽视了创造教育。当前，职业教育教学改革遭遇的重要问题就是，没有改变中学教育的方式和方法，学生普遍感觉学习的枯燥、乏味、"弱智"，处于一种"被学习"状态，甚至产生了厌学情绪。要成为学生兴趣的引导者，教师需要引导学生呈现趣、发现美、创造新。"呈现趣"是指呈现内容之趣、形式之趣，需要教师指导、帮助学生整合、补充资源，选择"所学内容"，指导学生的学习方式和思维。"发现美"是指在组织信息、传递信息等过程中体现美，引导学生自觉发现美、创造美，注重引导学生感受意境之美、思维散发的直入主题之美、文化展示的新奇之美、专业特点的丰富之美、教学组织和任务设计之美、师生关系上的精神之美、课堂氛围蕴含的和谐之美等。"创造新"是指引发学生积极思维和创造感，教师开发新的信息，或以新的方式呈现信息，在最自由的状态下才富于创造性，领悟到创造性信息带来的新意和创造感。

二是鼓励质疑。巴尔扎克有句名言：打开一切科学的钥匙毫无异议的是问号，大部分的伟大发现应归功于"如何"，而生活的智慧大概就在于逢事都问个"为什么"。质疑是创造性思维的方法和手段。质疑是一种品质、一种思维方式，更是探索的起点和创新的前提，是生成智慧的重要途径。质疑能力，首先是敢于向权威质疑，包括教师和书本知识，其次是乐于发现和提出问题，以及能够发现和提出问题。质疑能力是优秀人才，尤其是创造型人才不可缺少的素质。张楚廷先生提出的"5I课程方案"中提到，质疑具有相伴性、本体性、开放性——在教育实施的整个过程，质疑都是不可或缺的。学习提问是学问的组成部分，教学包括引导和培养学生的发问、质疑。教师留给学生思考的问题，更多应是开放性的，而非总是指向标准答案的收敛性问题。质疑使教育获得开放性，教育的真谛是使学生处在质疑之中。然而，当前职业教育最缺乏的，应该是对学生质疑精神的引导。教师带给学生的绝大部分是确定性的知识，学生则机械模仿、记忆，毫无质疑的意识和空间。没有了质疑的条件，学生的质疑意识难以生长，质疑能力无法培养。在教育教学中，对确定性、逻辑性和绝对性的过分依赖会导致消极影响。教师需要帮助学生建构知识体系，促进个人知识生成，引导学生不断地质疑，才能帮助他们转识成智。引导学生的质疑，需置于教育教学的整个过程。在职业院校教学中，教学目标的适切度，教师教学内容的难易度，以及教学活动、教学评估，还有教师等待的时间等都有可能引导学生的质疑或泯灭学生的发问。

三是提升直觉。直觉是不经过逻辑、不经过有意识的推理而识别或了解事物的能力。直觉包含认知、情感和行为等成分。直觉是一种普遍的生命存在，是生命本身的重要内容，不仅是人走进生命深处的工具和方法，更是心理能力高度发展的表现。所以，直觉是智慧的一部分，而且是非常重要的一部分，尤其是人文方面，要培养学生直觉而促进直觉多方位的发展。然而，当前职业院校的教与学，不重视学生直觉能力的提升，影响了学习的兴趣、学习的信心，增加了学习的压力，降低了学习的成就感。当然，职业院校课程教学不只是关注学生的直觉，应该以发展学生的情感为突破口，引导学生直觉的全方面发展，提升整体直觉思维，即凭借直觉而进行的快速直感、顿悟性的思维。教师要重新审视直觉的价值，理解直觉体验的普遍性，感悟生命的冲动，在教育过程中激发、尊重学生的好奇心，捕捉学生的兴趣点，拓展学生的视野，发现学生的探究精神，引导学生愉快地直觉体验，使学生敢于创造，乐于创造，善于创造，提高创新能力，使学生通过心灵的体验来把握生命、理解生命、发展生命，使生命的活力充分展现出来，获得美好的生命过程。

四是发展隐喻。隐喻不仅是一种修辞手法，更是一种重要的认知和思维方式。一个成功的隐喻是思维的典型认知过程，其蕴含着丰富的想象与活跃的创新思维，是一种思想创造。隐喻是学生认知与思维方式的一个重要手段，是人类认识世界的强大工具。利托莫（Littlemore）指出，隐喻能力是一种松散类推和发散性思维的心理过程。隐喻类推需要把各种信息进行比较，通过发散思维、想象找出两种事物的相似之处[1]。王寅指出，隐喻能力即人们理解隐喻、解释隐喻有效性、在特定的情境中生成恰当的隐喻，以及评价隐喻表达是否恰当的能力，其既包括能够识别、理解和创建跨概念域类比联系的能力，也包括能够创造性使用隐喻的能力和丰富的想象力与活跃的创新思维的能力[2]。

---

① LITTLEMORE J. Individual Differences in Second Language Learning[D]. London：Thames，Valley University，1998：76–81.

② 王寅，李宏.语言能力、交际能力、隐喻能力"三合一"教学观——当代隐喻认知理论在外语教学中的应用 [J]. 四川外语学院学报，2014（6）：140–143.

观点 4： 人格养成是根本

但丁认为，道德常常能填补才智的缺陷，而才智却永远填补不了道德的缺陷[①]。人格是智慧的灵魂，缺乏品德修养的人，不管其拥有多么渊博的知识，也不管其具备多么强大的思维能力，都不能以智慧称之。人格的养成，是一个人智慧生成的根本。

（1）人格养成教育现状

任何课程都有责任也有能力对学生进行情感、信念、价值观等的整体引导。学生的人格养成离不开教师的"智慧"引导，需要教师开发多元信息、创设人文与和谐，这更需要教师自身智慧的发展。

当前，在职业教育课程教学中，认为人格引导属于教育范畴，不属于教学，而且只关注了广义上的人格引导（教学目标中一般意义上的情感目标），没有涉及课程特点相关的人格引导，主要表现为浅化人格养成、误解人格引导。

一是浅化人格养成。近几年来，随着职业教育的"人文性"和"工具性"之争的出现，相当多的教师在教学中开始关注对学生的"人文引导"。然而，当前的人文引导，可以说"泛"且"浅"，没有紧密结合职业教育的特征对学生人格养成进行更具专业特点的引导。当前，职业教育课程教学基本上是以项目、任务展开的，比较扣紧职业和岗位，涉及时间观念、专业学习、教育理念、感恩情怀、名利态度等，就是用教学目标上的情感目标，引导学生的情感、态度、价值观，这对学生无疑是最好的教育，充分体现了课堂育人。然而，课堂育人对学生人格养成的引导一定不止于此，应当更加重视当前和未来的文化现象、更深意蕴或结构外的信息，更加重视对学生的思想意识、伦理道德、文化态度的培养。

二是误解人格引导。一些教师认为指导学生对课程知识的把握、理解和运用是课程教学最基本的工作，关注人的思想、心理、健康等是辅导员的事情，将其置于课程教学之中，会得不偿失。实际上，对内容的精选、对任务的合理设计、对教学方法的灵活运用，对学生思想火花与疑问的适时巧妙引导等，就是对人的关注，就是引导其非认知的发展，不仅影响其心理健康

[①] 李宏斌.论社会主义荣辱观的三个伦理向度[J].学术论坛，2006（7）：91-95.

发展，还影响其身体的健康发展。还有一些教师在课堂上会停下知识和技能传授、思维训练，专门高谈阔论人生理想价值，其实应该是在知识传授和能力培养的过程中，随时关注其思维的训练，以及态度、价值观的启发、引导，在最恰当的时候，进行最适宜的点拨，而不是专门进行思维训练或人生态度、信念的教育。课堂蕴含的思维训练和人格引导，应该是一种"水到渠成"的效应。

（2）人格养成教育内容

人格养成教育的内核是思想价值观，与社会交际、行为准则、人际关系、动力和动机之间是支配与反映的关系。教育部印发的《高等学校课程思政建设指导纲要》（教高〔2020〕3号）明确指出，培养什么人、怎样培养人、为谁培养人是教育的根本问题，立德树人成效是检验教育一切工作的根本标准。落实立德树人根本任务，必须将价值塑造、知识传授和能力培养三者融为一体、不可割裂。全面推进课程思政建设，就是要寓价值观引导于知识传授和能力培养之中，帮助学生塑造正确的世界观、人生观、价值观，这是人才培养的应有之义，更是必备内容①。

目前职业教育课程分为思政课、通识课和专业课。其中，通识课和专业课都要承担好育人责任，守好一段渠、种好责任田，使其与思政课程同向同行，将显性教育和隐性教育相统一，形成协同效应，构建全员全程全方位育人大格局。

本书所述人格养成，实际上就是通识课和专业课的思政教育，应当紧紧围绕坚定学生理想信念，以爱党、爱国、爱社会主义、爱人民、爱集体为主线，围绕政治认同、家国情怀、文化素养、宪法法治意识、道德修养等重点优化课程思政内容供给，系统进行中国特色社会主义和中国梦教育、社会主义核心价值观教育、法治教育、劳动教育、心理健康教育、中华优秀传统文化教育。

一是推进习近平新时代中国特色社会主义思想进教材进课堂进头脑。坚持不懈用习近平新时代中国特色社会主义思想铸魂育人，引导学生了解世情国情党情民情，增强对党的创新理论的政治认同、思想认同、情感认同，坚定中国特色社会主义道路自信、理论自信、制度自信、文化自信。

---

① 教育部关于印发《高等学校课程思政建设指导纲要》的通知 [Z]. 2020–05–28.

二是培育和践行社会主义核心价值观。教育引导学生把国家、社会、公民的价值要求融为一体，提高个人的爱国、敬业、诚信、友善修养，自觉把小我融入大我，不断追求国家的富强、民主、文明、和谐和社会的自由、平等、公正、法治，将社会主义核心价值观内化为精神追求、外化为自觉行动。

三是加强中华优秀传统文化教育。大力弘扬以爱国主义为核心的民族精神和以改革创新为核心的时代精神，教育引导学生深刻理解中华优秀传统文化中讲仁爱、重民本、守诚信、崇正义、尚和合、求大同的思想精华和时代价值，教育引导学生传承中华文脉，富有中国心、饱含中国情、充满中国味。

四是深入开展法治教育。教育引导学生学思践悟习近平全面依法治国新理念、新思想、新战略，牢固树立法治观念，坚定走中国特色社会主义法治道路的理想和信念，深化对法治理念、法治原则、重要法律概念的认知，提高运用法治思维和法治方式维护自身权利、参与社会公共事务、化解矛盾纠纷的意识和能力。

五是深化职业理想和职业道德教育。教育引导学生深刻理解并自觉实践各行业的职业精神和职业规范，增强职业责任感，培养遵纪守法、爱岗敬业、无私奉献、诚实守信、公道办事、开拓创新的职业品格和行为习惯。

（3）人格养成教育策略

对人格养成的关注，使学生不仅仅明确了态度和伦理，更获得了基于这两点的横向和纵向的广深人格发展。但是，教师还需自身"智慧"，有意识地将学生的人格引导贯穿于教育教学的整个过程。

一是开发多元信息。在信息化时代，教师需提升掌握、利用和搜索信息的能力；需明白如何科学有效地获取信息和筛选整合信息，熟悉通过合适的途径、手段与学生分享其最需要的信息等。教师要智慧地开发信息，还需把握住信息中的"泛"，在丰富并精选信息、发现并创生信息的基础上，机智传递信息。

二是追求人文与和谐。教师是学生人文素养提升和情感、态度、价值观形成，以及和谐发展的主要引领者之一。党的十九大和《国家中长期教育改革和发展规划纲要（2010—2020年）》对教育的描述和希望赋予教师引领学生和谐发展的使命。教师对人文与和谐的追求，促成师生智慧的共同发展。教师对人文与和谐的追求主要体现在教育教学理念、内容、方法上，体现在一种"默契"的师生关系上。这种追求的过程与结果就是对学生整体人格养成的极好引导。教师关注学生的每一个点滴，就是给学生传递一个又一个信息，学生会获得知识或思维或情感的触动，或者兼而有之，与其"境遇"融合，便提升了知识、思维和人格。

三是发展自身智慧。教师的智慧是引导学生智慧生成的原动力。"智慧"的教师是一个生动的榜样，对学生人格生成有着极大的影响。斯滕伯格在论述智慧教育的方法中强调，教师要成为智慧的典范，才能引导学生走向智慧。所以，引导学生智慧生成的教育需要教师的智慧，而教师智慧的发展，需要教师教育理念的创新、知识能力结构的完善、教育智慧的提升。

第三章

全新视角：以知识管理为导向

知识属于过去，智慧属于未来。

——Cooper，V.

信息技术，尤其是云计算、物联网、大数据、智能技术和移动互联技术等（云、物、大、智、移）新一代信息技术为无处不在的学习提供了坚实的基础。然而，对于学生来说，体验海量的学习资源、教育网站、学习工具、虚拟学习社区等优势的同时，也对其在运用信息工具及网络功能的能力、主动获取与善于处理信息的能力、与他人交流和合作的能力、对信息的评估和融合能力等方面提出了较高的要求。在教育领域，知识管理是以知识为核心和基础，通过对学生的知识学习、分享、应用、创新等活动，使其知识不断累积发展，上升成为智慧，使其应变与创新能力不断得到提升[①]。

一、知识管理及其内涵分析

知识管理，最基本的理解就是"知识的管理"，其中涉及的对知识的学习、应用、创新，都因循于人们对知识含义的理解。而且，随着人们对知识的理解发生变化，知识管理的模式和特征也会随之发生明显的改变。因此，对知识管理的内涵分析，应从人们对知识和学习谈起。

讨论 1：知识与知识观的发展

在"现实诉求：为了学生智慧生成"部分涉及了一些知识的内容，但是还不够深刻，在探讨知识管理之前，先深入探讨知识是什么。因为知识观是人们对"知识"根本看法的综合，涵盖"什么是知识"以及"什么样的知识最有价值"这两个基本问题，所以本书探讨知识观及知识观的嬗变，解释知识是什么的问题。

（1）知识观的嬗变

知识观是指怎样理解知识，对知识抱有怎样的态度。对知识的态度影响着学习和教学过程，学生自己的知识观、学习观是其学习活动的内在背景。日本学者野中郁次郎（IkujroNonaka）指出，自古希腊时期以来，哲学史可以被视为寻找"知识是什么"的答案的过程[②]。很多学者认为，知识观经历了

---

① 刘省权.教育领域的知识管理——一场正在兴起的研究革命 [J]. 现代教育技术，2007（5）：20–22.
② 盛小平，曾翠.知识管理的理论基础 [J]. 中国图书馆学报，2010（9）：14–22.

古代知识观、近现代知识观和后现代知识观三个发展形态。

一是古代知识观。古代知识观认为知识与道德紧密联系在一起。古希腊时期，智者学派认为，所有知识都来自个人的经验。由于每个人的感受不同，对知识的理解也不同。苏格拉底认为，德性即知识；柏拉图将其发扬光大，认为善是知识和真理的源泉，比二者更高贵；我国儒家文化中将做学问，即"追求知识"与修身养性，做品德高尚的人联系在一起。这种把品德视为知识的观念显然有其巨大的历史局限性，无法回答"知识究竟是什么"，也无法描述知识的特征，可以看出此时并没有绝对意义上的知识[①]。

二是近现代知识观。随着自然科学的复兴与发展，尤其是两次科技革命（18 世纪 60 年代的第一次科技革命和 19 世纪 70 年代的第二次科技革命），科学改变了人们的认识论，科学实验与数学的研究方法受到前所未有的重视。人们形成了"先验真理"和"理性逻辑"的理性主义知识观，普遍认为真正的知识是客观的，是与个人无关的，是能够经得起实践检验的。客观性、普遍性、绝对性和静态性是近现代知识观的主要特点，只有那种超越人类经验的、不以人的意志为转移的东西才被视为知识。这种知识观长期占据人们的观念，其影响至今。这种科学知识观对漫长的人类社会生活实践，尤其在认识自然、改造自然方面发挥了重要的作用，但这种系统化、抽象化了的知识从一开始就脱离了人们熟悉的日常生活，人们把知识视为一种外在工具，竞相去追求它、保存它。为此，人们把学习和工作变成死记硬背、机械劳动，拼命地将外在的知识移植到自身，为我所用[②]。

三是后现代知识观。20 世纪以来，人们重新去评估近现代的知识观，在解构旧知识观的同时，一种新的关于知识的看法逐渐形成，这就是所谓的后现代知识观。后现代知识观打破了知识的客观性、普遍性及绝对性等特征，开始关注知识与个人、知识与社会的关系。赖欣巴哈、卡尔纳普、大卫·布鲁尔、罗蒂、利奥塔等哲学家都对知识的主观性、非确定性问题进行过深入研究。英国物理化学家和哲学家波兰尼在进行科学研究的过程中，逐渐意识到这一过程并非纯科学的，其中寄托了科学家大量的热情、兴趣、信念等，没有这些，就不可能有科学研究的成功，由此提出了自己的知识观，并于

---

① 北京大学哲学系.西方哲学原著选读（上卷）[M].北京：商务印书馆，1981：54.

② [英]罗素.人类的知识——其范围及其限度[M].张金言，译.北京：商务印书馆，1983：9.

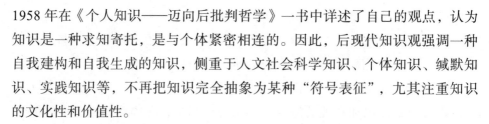

1958 年在《个人知识——迈向后批判哲学》一书中详述了自己的观点，认为知识是一种求知寄托，是与个体紧密相连的。因此，后现代知识观强调一种自我建构和自我生成的知识，侧重于人文社会科学知识、个体知识、缄默知识、实践知识等，不再把知识完全抽象为某种"符号表征"，尤其注重知识的文化性和价值性。

（2）什么是知识

从知识观的嬗变来看，人们对知识概念的解释是一部人类认识世界和改变世界的历史，与人类文明发展进程是完全吻合的。纵观这段历史，人们对知识的定义是以当时社会的生产方式和社会文化为背景依据的，更确切地说是与当时的物质资料生产方式紧密相关的。如果这些知识赖以生存的依据发生变化，人们对知识的认识和解释也就随之发生变化。自然地，知识在被应用时的方法和价值体现也会有所不同，而随之引发的便是人们对世界和社会的变革和改造。遵循这样的规律，人们不断激发出对知识及其应用、范畴、创新的新思考。随着人们认识水平的不断提高，知识理论的不断发展，尤其是在知识经济的当下时代，知识的价值和重要性日益被凸显和重视，这是人类社会发展和认识发展的必然结果。

中国现代学术界对知识的解释、定义，由于现代科技文化传播的影响，依循着近现代西方"知识学说"的观点。《现代汉语词典》（2002 增补本）对知识的释义是："人们在改造世界的实践中所获得的认识和经验的总和[①]。"这一释义是目前与国外知识定义在语境上最接近的，而且与知识管理中的知识内涵也非常吻合。因此，本书就据此"知识"定义，作为知识管理研究的基本概念，并提出以下观点。

知识是存储在一定的媒介中，包含信息、经验、价值观，可以对个人或组织起作用的能力。从类型划分来看，知识可以分为隐性知识和显性知识，自然科学知识和社会科学知识，理论知识、实践知识和创造知识，事实性知识、概念性知识、程序性知识。根据"所有权"不同，知识可以分为个人知识和组织知识。根据利用目的不同，知识可以分为知道是什么的知识、知道为什么的知识、知道怎样做的知识和知道谁能做的知识，前两种容易被编码

[①] 中国社会科学院语言研究所词典编辑室 . 现代汉语词典（2002 增补本）[M]. 北京：商务印书馆，2002：1512.

成为显性知识，后两种是隐性知识。

知识具有动态性、资本性、情境性、可复制性、生长性、导向性、增值性等特征，它能直接指导人类的行动，可以通过复制转移到其他场所并进行再利用，并且可以通过不断学习、交流而无限延伸发展。具体来说具有以下几个方面的特征。

一是隐含性。从本质上讲，知识是作为认识主体的人对客观事物的认识，是难以模仿的、难以交流的，储存于个人的头脑中。知识的隐含性主要体现在知识主体和知识客体之间的不可分割性。

二是共享性。知识不具独占性，不在共享中具有潜在的竞争性与冲突性。这是因为，拥有知识的主体将其知识与他人分享后，还将继续拥有该知识；同时，知识复制后还可以再利用，不会因为分享而消耗，反而还可能因为互动而充实、延展、增加和丰富。

三是资源性。在知识经济时代，知识资本、人力资本、结构资本和关系资本是四种重要的资源。知识作为一种独特的生产要素在经济增长中的作用能够得到充分体现，成为关键的核心要素，且占有的比重与创造的价值正呈上升趋势。

四是二相性。通常来讲，知识被个人所拥有，知识的积累需要个人的努力，知识的识别、储存等问题是基于知识的实体性。此外，在对知识进行创造、应用的过程中，知识具备了动态过程的性质。概括地说，对知识进行识别、分类、组织时，知识具有了实体性质；在知识的共享、创造、学习、运用中，知识成为一个动态变化的过程。实体知识和过程知识的辩证统一，构成了知识的"二相性"

🌿 讨论2：学习与建构主义学习

学习是人类社会得以延续和发展的必要条件之一。最初的学习是口耳相传、直接模仿等形式的知识传授，学生获取的大多是直接经验；人类出现了语言、文字以及分工后，学习与教学的方式发生了巨大的变化，书本与讲解成为知识传授的主要形式，学生开始获取大量的间接经验。可以看出，人类的学习活动和学习能力经历了一个由简单到复杂、由低级到高级的漫长发展过程，人们对学习的认识同样经历了一个由片面到全面、由现象到本质逐步

深化的过程，具有从客观主义到建构主义、从个体研究到共同体研究、从无情境到有情境的发展趋势。

（1）什么是学习

哲学认为，学习是人类最基本的社会实践活动；教育学认为，学习是人们掌握知识与能力的一种特殊活动；心理学认为，学习是使相对持久的变化在经验引起的潜在行为中发生的过程。无论从哪种角度来分析，有一点是确定的，即学习存在于人类生产和各种活动中，无时无刻不在进行着适应环境变化的过程。学习是自我完善的理论机制和不竭动力，个人可以通过学习提高能力并优化自身的心智模式，这不仅关乎个人愿景，而且彰显出深刻的时代特征。马克思指出，哲学家们只是用不同的方式解释世界，而问题在于改变世界[①]。学习之所以具有生命力，是因为它与实践有密切联系，是解决客观世界实践问题的重要途径。应该说，每个时代都有自己面临的新任务、新课题，对既有理论的审视、充实和完善，准确分析、把握并解决实践产生的新问题，推动人类社会向前进步发展，是时代发展的需要。

因此，可以认为，学习是受到认知（态度）、情感（情绪）以及精神活动影响的过程[②]，是收集新知识、新技能、新态度、新体验以及它们之间的关系，进而影响个人行为的过程，具有主体性、目的性、目标性、活动性和过程性等特征。目的性是指，学习能够引发主体行为的变化，该行为变化必须是持久的、由后天努力得来的，包含知识获取、智能提高、素质优化、态度转变等方面[③]；目标性是指学习是为了获取知识或经验、理解并巩固知识或经验而进行的自觉、主动、有目的的活动。主体性是指学习有明确的主体，可以是个体，也可以是群体，学习包括个体学习、团队学习、组织学习和组织间学习。活动性是指学习既是人类特有的心理活动，也是人类认知与知识生产的主要方式。过程性是指学习是一个过程，即满足需要和实现目标的过程。

（2）知识与学习

知识是学习的内容，也是学习的目的；学习是知识得以传播与再创造的动力。学习与知识密不可分，知识离不开学习，又反过来促进学习。

---

① 中央编译局.马克思恩格斯全集（第三卷）[M].北京：人民出版社，1972：3-6.

② 尤劲.组织职能机制对我国企业知识共享行为的影响及其实证研究[D].上海：上海交通大学，2007.

③ 黄健.造就组织学习力[M].上海.上海三联出版社，2003：33-34.

　　一方面，知识是学习的内容，也是学习的目的。无论是个人的学习活动，还是组织内各层次的学习活动都是以获取和应用知识为直接目的。要想实现这个目的，必须在了解知识特征的基础上，遵循知识与学习相互转化的客观规律。在教育界得到认同的建构主义学习理论，尤其重视知识的作用并致力于探讨获取和认识知识的方法，它强调知识是学生主动行为的对象。人们用自己的思维方式主动去观察、去推理、去探究、去验证，对已有知识进行修正、否定、批判并不断探索未知、认识未知、吸收未知、积累未知并掌握未知知识的过程，是知识从无到有的积累与创造过程，也是人们进行学习实践的过程。可见，知识贯穿整个学习过程，是学习的内容与目的。

　　另一方面，学习是知识得以传播与再创造的动力。知识只有被接受和运用才可以发挥作用和体现价值。但是，这个过程不可能自动地完成，必须通过学习来实现。学习能够促进知识的积累、流动和应用，促进知识共享和知识管理，促进组织构建知识体系。按照学习的层次，可以将学习分为个人学习、团队学习、组织学习和跨组织学习，围绕知识进行的组织学习根据知识的不同类型可能有不同的学习形式。不同形式学习的共同作用能够促进个人创造并积累隐性知识，再将隐含经验的知识转化为可以理解和表述的知识，通过群体共享来实现隐性知识的传播，以及隐性知识转化为显性知识。接下来，这些知识被应用到实践中并循环下去，这些过程的完成必定要经历学习的过程。总的来说，学习是组织获取知识的重要手段。

　　（3）建构主义学习

　　建构主义是一种关于知识和学习的理论，强调学生的主动性，认为学习是学生基于原有的知识经验生成意义的过程。建构主义理论不同于传统的学习理论和教学思想，强调学生在学习过程中的主体地位与知识的建构性，强调学习的社会性与合作性，具有知识建构性、学习分为多个层级、合作学习更有效等特征。

　　一是学习具有知识建构性。古宁汉（D.J.Cunningham）认为，学习是建构内在的心理表征的过程，学生并不是把知识从外界搬到记忆中，而是以已有的经验为基础，通过与外界的相互作用来建构新的理解[①]。学生从选择性注

---

① 张军华.守住课堂教学的底线——从激进建构主义的局限性谈起[J].继续教育研究，2005（5）：143–145.

意开始，选择需要注意的信息，排除自己认为不必要的信息，将保存在长时记忆中的相关信息与新信息相互作用与加工，并进行意义建构。如果意义建构不成功，学生将会重新选择新知识的相关信息或重新提取长时记忆中的其他相关信息进行信息加工，直至意义建构成功。

二是学习分为多个层级。认知灵活性理论认为，学习分为初级知识获得与高级知识获得两种。初级知识是指结构良好领域的知识，具有规律可循，能够直接套用去解决问题；高级知识是指结构不良领域的知识，需要学生对概念复杂性深入理解，并能够应用到具体的情境中。乔纳森（D.H.Jonassen）在此基础上，提出了初级知识获得、高级知识获得和专门知识学习这三个阶段呈"塔"状排列[①]，由低到高分别是初级知识建构阶段、高级知识建构阶段、专门知识建构阶段。初级知识建构阶段学习的对象是结构良好领域的知识（概念），通过练习获得；高级知识建构阶段学习的对象是结构不良领域的知识，要求学生从多方面、多角度地对概念建立丰富的理解；专门知识建构学习阶段的对象是不同情境中的复杂问题，要求学生运用逐步掌握的大量图示化模式及其之间的联系解决具体情境中的具体问题。

三是合作学习更有效。每个学生都是不同的，体现在不同的认知结构、认知能力、背景知识、文化背景等方面。不同学生在学习同一知识时往往都是以自己原有知识经验为基础进行知识建构。不同学生所习得的对同一知识的理解，会因为背景经验的不同而不同。合作可以使学生对知识的理解更加丰富和全面[②]。特别是在不良领域知识的学习方面，合作学习显著地体现了知识的建构性与情境性，受到了建构主义的广泛重视。在向同伴学习方面，有时同伴对学生认知水平提高的作用并不比教师差，因为他们比教师更了解自己的学习伙伴。

讨论3：知识管理定义与研究

知识管理研究的逻辑起点是基础理论，逻辑终点是实践应用。在理论构

---

① 曹一鸣，秦晓红．基于D.H.Jonassen建构主义学习环境设计模型的探索研究[J].数学教育学报，2005（4）：29-31.

② 李宝敏，官玲玲．合作学习对学生学习成效的影响研究——基于国内外54项实验研究和准实验研究的元分析[J].教育发展研究，2019，39（24）：39-47.

想和实际需要的纯粹思辨基础上，知识管理已步入应用研究的崭新阶段。在丰硕的学术成果中，学界探讨了知识管理的含义、内容、制度、机制、模式、方法、策略等，具有鲜明的现实针对性和实效性。

（1）知识管理的基本定义

知识管理（Knowledge Management）最早的研究与实践起源于管理学、工商企业界和信息管理领域[①]，是以组织知识创新为核心目的，对组织知识进行识别、获取、开发、分解、使用和存储[②]。

在教育领域，知识管理是应用技术工具和程序来处理存储知识和智慧，并通过信息技术使整个教育领域的知识和经验得到传播、共享和访问[③]。在学习中，学生面临着浩瀚如海的信息与知识往往不知所措，如何获取、管理、利用、分享新的学习资源是每一个学生不可回避的一个问题。知识管理用技术帮助个人有效地管理，它为那些零散的、随机的信息转换成系统可利用的和可扩展的个人知识提供了一种策略[④]。

上海师范大学黎加厚教授从社会和教育信息化发展的角度提出，知识管理是研究人类获取、传播、共享、利用和创新知识的活动规律，管理有关知识的各种连续过程，以促进经济和社会发展的理论与实践[⑤]。

（2）知识管理的思想演进

知识管理被看作一个新生事物，但作为人类社会的一种实践活动，知识管理却伴随着人类的始终，经历了四个阶段。

一是原始社会时代，传递经验阶段。原始社会，生产力虽然极低，但人们为维持生存和繁衍，年长的氏族成员总是将狩猎、剩余猎物饲养、农作物栽培等一些生存技能教给氏族的未成年者，这在本质上其实已经属于一种最朴素的知识管理，是人类生活的一种基本需要。当然，人们当时并未意识到经验传递隐含知识的作用，因为人们将注意力集中在那些能使他们填饱肚子的自然资源上。

---

① 柯平.知识管理学[M].北京：科学出版社，2007.

② 郁义鸿.知识管理与组织创新[M].天津：复旦大学出版社，2001.

③ JEREMY G.Knowledge Management Technology in Education：An Overview[J].Educational Technology，2000（5）：28-33.

④ 甘永成.虚拟学习社区中的知识建构和集体智慧发展[M].北京：教育科学出版社，2005：99-102.

⑤ 黎加厚.知识管理对网络时代电化教育的启迪（上）[J].电化教育研究，2001（8）：54-57.

二是农业经济时代，文献管理阶段。漫长的奴隶社会和封建社会以农业经济为主要特征，生产力得到一定程度的发展，人们开始借助一定的工具传承劳动人民智慧的结晶，如奴隶社会出现的竹简、木简、帛书等，直到造纸术和印刷术的发明，知识的归纳和传承开始成为一种较为普遍的现象，如《易经》《孙子兵法》《天工开物》《本草纲目》等是对不同领域知识的系统总结。在国外，同样出现了大量记载史实与智慧的著作。这一时期，无论官方还是民间，人们已经逐渐意识到知识的作用，对知识的管理主要是对文献的梳理和传承。

三是工业经济时代，知识从属阶段。18世纪60年代爆发的世界范围内的工业革命，使人类步入工业经济时代，机器的使用拓展了人类的生存空间，人们征服自然的能力也大大增加，除了对土地、劳动力的需求，社会生产还要依靠资金、自然资源、机器设备等，对知识的需求程度也相对增加了，家族企业的商业智慧世代相传，工艺大师们呕心沥血授艺于徒。虽然，资本对经济发展起主要作用，知识仍处于从属地位，然而"知识"成为企业关键的生产要素之一，而"知识型工作者"将取代传统的劳动工人，为企业创造更多的效益①。

四是知识经济时代，主动管理阶段。20世纪90年代中期，人类跨入了知识经济时代，知识的重要性越来越突出，人类对于知识作用的认识也从原来朴素的"知识就是力量""知识就是金钱"，进一步上升为"知识就是资源"，企业为了取得和保持竞争优势，越来越依赖于企业对知识资产的创造、转移、利用和保护的能力，也就是知识管理能力，越来越多的企业主动出击，将主动知识管理作为企业管理的战略之一。

1986年，"知识管理"的概念首次在联合国国际劳工大会上被提出，随后，在理论研究上，知识管理开始获得蓬勃发展。1991年，《财富》发表知识管理的第一篇文章《脑力》。自此，对知识管理的研究不断深化，关于知识管理的文章陆续被发表。从20世纪80年代末到90年代初，知识管理理论进入了快速发展的新时期。

1989年，美国Chaparral Steel公司联合会实行了一项管理知识资产的试验项目，哈佛商学院的Leonard-Barton教授就此进行了案例研究。同

① 李兴森，石勇，张玲玲. 从信息爆炸到智能知识管理 [M]. 北京：科学出版社，2010：121.

年，国际知识管理网络（The International Knowledge Management Network，简称 IKMN）成立，促进知识管理理论的研讨和传播。此后，《哈佛商业评论》（Harvard Business Review）、《斯隆管理评论》（Sloan Management Review）、《组织科学》（Organizational Science）等学术刊物和《财富》杂志先后刊发了一批重要的知识管理研究论文。日本学者野中郁次郎在深入研究日本企业的知识创新和知识管理经验的基础上，提出了著名的知识创造转换模式，成为知识管理研究的经典基础理论[①]。

2000 年，由国际商业和金融界发起倡议和批准，2000 年被确认为知识管理年。从此，知识管理作为一种新的管理思潮获得蓬勃发展，作为一种思想，开始在许多组织中获得认可；作为一种理论，知识管理在学术界不断获得新的研究成果；作为一种实践，知识管理开始被许多组织实施。

（3）知识管理的主要观点

日本学者野中郁次郎是知识管理领域被引述最多的学者，被誉为"知识管理理论之父""知识管理的拓荒者"[②]。野中郁次郎高度重视隐性知识的作用，认为它比显性知识更具有创造价值，应该充分挖掘和利用，在《知识创新型企业》一文中，野中郁次郎通过对松下、本田、佳能等创新型企业的知识创新案例逐一分析与研究，得出了知识螺旋理论，构建了图 3-1 所示的 SECI 模型，核心内容包括知识转化、知识螺旋和场（Ba）理论[③]。

一是知识转化。图 3-1 中社会化（Socialization）是隐性知识向另一隐性知识的转化过程，外化（Externalization）是隐性知识向显性知识的转化过程；组合（Combination）是显性知识向另一种显性知识的转化过程，内化（Internalization）是显性知识向隐性知识的转化过程。

二是知识螺旋。这是指个人的隐性知识，经四种转换模式，在组织内部实现转移、创造，成为较高层次的知识本体，并促使组织所拥有的知识呈螺旋上升趋势，内隐知识和外显知识互动的规模随着知识本体层次的上升而扩大。组织知识的创造就是一种螺旋过程，由个人的层次开始，逐渐上升并扩大互动范围，在某些部分适度重叠，以创造共同的认知基础，并简化冗余的

---

① 张润彤，曹宗媛，朱晓敏. 知识管理概论 [M]. 北京：首都经济贸易大学出版社，2005：35-39.

② 林榕航. 知识管理原理 [M]. 厦门：厦门大学出版社.2005：56-58.

③ 野中郁次郎，绀野登. 知识经营的魅力——知识管理与当今时代 [M]. 赵群，译. 北京：中信出版社，2012：140-143.

内隐知识。

三是场理论。 "场"指一种群体共享的环境状况，即知识创造和应用、知识资产配置过程中的基地或平台，是以虚拟性的、心理上的或物理性的场所为存在母体的一种互联关系网。所谓互联关系网指的是组织和单位中的个人聚集的场所，或信息交换的场所（可以是物理空间，也可以是虚拟空间，如会议室、报告厅或虚拟网络等），场是 SECI 转化的媒介和催化剂。与 SECI 模型相呼应，每一个知识转化阶段都存在一个场，包括创始场（Originating Ba）、对话场（Dialoging Ba）、系统场（Systemizing Ba）和实践场（Exercising Ba）。

图 3-1　SECI 模型

讨论4：知识管理的哲学意蕴

知识管理作为一种思想，同任何其他思想一样，是受到某种特定的哲学思维指导的，认识知识管理中的哲学意蕴，尤其是客观性和辩证性两个方面的特征，有助于进一步认识知识管理。

（1）知识管理的客观性

许多人听到"知识管理"一词，总以为这是一个新鲜事物，是外国企业管理理论的舶来品。其实不然，从知识管理的演进历程来看，人类对知识的管理由来已久，它伴随人类社会的始终，从原始社会"传递生产生活经验"到农业经济时代的"文献管理"，再到"信息管理"，进而演进到"知识管理"，这一过程始终以人类对知识的管理为主线，也是人类知识的传承方式。可见，人类对知识的管理是客观存在的，它是人类生活的一部分，不以人的意志为转移，正如胡塞尔所言："生活世界始终是在先被给予，始终是在先存在着而有效的，但不是出于某种意图、某个课题，不是根据某个普通目的而有效的，任何目的都以这个生活世界为前提"①。

（2）知识管理的辩证性

20 世纪末至 21 世纪初的知识管理，克服了人们以往对知识管理的随意性、偶然性的认识，体现出更好的系统性、完整性，在管理理念上凸显了辩证统一性，主要体现在以下几方面。

一是显性知识和隐性知识的辩证统一。受后现代知识观的影响，20 世纪末期的知识管理与传统知识管理最大的区别就是不仅重视显性知识的管理，而且高度关注隐性知识的管理。但显性知识和隐性知识却是一种对立统一的辩证关系。首先，显性知识与隐性知识是相互矛盾的，是两种不同的知识类型，在有些情况下，隐性知识可以转化为显性知识，如个人将自己某方面的经验通过口述、著述或言传身教等示以他人，但这些隐性知识一旦转化为显性知识，即丧失了其作为隐性知识的本质而不能再称其为隐性知识。因此它们是相互矛盾的，互不相容的②。其次，显性知识与隐性知识是统一的，二者可以互相转化，显性知识植根于隐性知识，不能离开隐性知识的存在而单独存在；隐性知识可以转化为显性知识，显性知识也可以转化为隐性知识。

二是关于时间和空间的辩证统一。管理注重其有效性，对知识的管理也是如此。有意识、有计划的管理能够克服知识流动、知识更新的随意性、盲目性，可以加快知识的流动速度和更新速度，即知识管理关注知识流动的时间。一方面，技术革命、产业变革，给企业带来的最直接效应就是速度，知识管理活动要求组织必须迅速、及时、果断地对知识做出反应，这是重要资源和运作成本的最主要构成③。另一方面，知识管理关注知识在何种空间内得以产生、存储、流动、共享和创新，这是知识管理的空间性特征，野中郁次郎用"场（Ba，Place）"的概念来表示知识创造的空间，如在线学习可以看作一种知识交流的空间。

---

① 胡塞尔.欧洲科学的危机与先验现象学——现象学哲学导论 [M]// 胡塞尔全集（第 6 卷）.海牙：马蒂努斯·尼伊霍夫出版社，1976：189.

② 王韬.知识管理中哲学问题的几点思考 [J].河南图书馆学刊，2003（2）：70.

③ 野中郁次郎，纮野登.知识经营的魅力——知识管理与当今时代 [M].赵群，译.北京：中信出版社，2012：136.

三是关于技术理性和人文理性的辩证统一。技术的发展使得知识大爆炸，人类善于捕捉对己有利的信息成为组织生存发展之道，又使得对知识更有效的管理成为可能。知识管理不同于管理史上诸如科学管理、信息管理等管理思想，知识管理离不开技术，但又不完全依赖技术。知识的载体是人，对知识的管理实质上是对人的管理，从理念上来讲，知识管理把人看作组织最重要的资源，是以"人"为中心的管理；其次，知识管理是一种柔性管理，知识管理者意识到，要想最大限度地激发、共享、创新员工的知识，就必须满足员工多方面的需要，尊重知识、尊重人才，为人才的成长创造制度、环境、激励、薪酬等配套的一系列措施。技术是基础，人文是核心，知识管理是技术理性和人文理性的高度整合和统一。

二、知识管理在教育中的发展

在知识经济时代，所有的组织都需要知识管理，必须让掌握不同知识的人团结在一起，共同创造绩效。可以说，知识管理已经成为未来组织的管理趋势之一，知识管理也引起了教育领域专家学者的关注，应该会成为未来学校管理的重心，并尝试在教育领域应用知识管理的理念和方法，来促成教育管理的变革与发展。

分析1：教育领域中知识管理的应用

1991年，日本学者野中郁次郎发表《知识创新型企业》后，1999年，英国剑桥大学学者哈格里夫斯在《英国教育研究集刊》上发表《知识创新型学校》，被认为是目前国外研究教育领域的知识管理最直接而重要的一篇文献。2000年，哈格里夫斯又发表《教师和医师的专业知识之生产、媒传及应用：一项比较分析》，首次将研究的视角切入教师的专业知识管理方面，又一次引起人们的广泛关注。同年，世界经合组织（OECD）下属的教育研究与创新中心出版了《学习社会中的知识管理》论文集，该论文集收录了关于教育领域的知识管理研究方面的一些重要研究论文，有力推动了教育领域的知识管理研究。

我国台湾地区教育知识管理的研究成果目前在国际上处于领先位置。

2000 年，台湾学者王如哲发表《教育领域的知识管理》一文，把教育知识管理研究推向成熟，在文中直接聚焦于教育与学校情境的知识管理，在区分私人组织与公共组织知识管理异同的基础上，阐述了教育领域知识管理的内涵特征，认为教育与传递、转化知识有关。知识存在于资格、技术或能力之中，教育领域的知识管理的主要任务是关于知识间的计划性聚合，是一个体系而非个人的过程，不仅要将知识学习视为这种社群内部过程，更重要的是关于不同类型社群之间的交流互动①。这一认识奠定了台湾地区教育知识管理研究的基本范畴，并对教育知识管理的实施开展，从组织（社群）的关系上做了明确阐述。我国其他地区对于教育知识管理的研究，尽管在成果上不及台湾地区，但在对教育知识管理的认识和定位方面的研究是基本一致的。随着刘毓于 1998 年在《教育评论》第 6 期上发表《学校"知识管理"探微》一文，而后相关论述开始逐渐增多。

黎加厚认为，从社会和教育信息化发展的角度来看，教育领域的知识管理是研究人类获取、传播、共享、利用和创造新知识的活动规律，管理有关知识的各种连续过程，以促进经济和社会发展的理论与实践②。

詹青龙、刘光然认为，教育领域的知识管理就是利用现代信息技术捕获教育或与教育相关的各种来源的信息进行加工、处理、组织、创造，进而转化知识和智慧，并通过网络传播以促进全球教育知识共享和知识创新的理论与技术③。

刘省权认为，教育领域的知识管理是指通过运用知识管理的理论和技术，并辅之以学习型组织理论与信息技术，对教育领域的所有显性和隐性知识进行管理，从而提升教师的素质、教育行政人员的效能，提升整个学校乃至整个教育组织的优势与竞争力，最终给予学生最好的教育④。

总体来看，目前教育领域的知识管理研究仍处于探索阶段，个别高校已展开知识管理技术的应用，但目前尚未形成普遍认可的成熟理论和实施模式。但是，知识管理进入教育领域的发展趋势是完全可以肯定的，教育知识

① 王如哲.教育领域的知识管理 [C]// 第四届教育技术国际论坛论文集.北京：电子工业出版社，2005：115-131.

② 黎加厚.知识管理对网络时代电化教育的启迪 [J].电化教育研究，2001（8）：54-57.

③ 詹青龙，刘光然.教育知识管理：教育技术学研究的新视角 [J].现代教育技术，2002（2）：22-25.

④ 刘省权.教育领域的知识管理——一场正在兴起的研究革命 [J].现代教育技术，2007（5）20-22.

管理已经成为教育管理学界跃跃欲试的新领域。知识管理思想对知识和人才的重视与尊重，与教育领域由传统至今的知识观念不谋而合。教育对于社会发展的推动力量和促进作用，在现代人类文明中不断得到认可，甚至被认为是不同国家和社会未来发展竞争的核心力量[①]。同时，教育正好是人类社会发展历史中一贯以知识学习和知识传递为宗旨的社会活动形式，其对知识的尊重和应用，迄今为止在社会各种活动形式中也是首屈一指的。尤其是当今高校人才文化资源、科研技术能力凸显，教育的知识形象更是深入人心。同样出于对人类知识的尊重和应用，知识管理与教育必然会不谋而合，由此引发教育管理的改革和发展方向。

分析2：智慧教学中知识管理的必要性

随着知识经济时代的深入发展，个人知识管理正在受到越来越多的人的关注，不仅仅是逻辑层面的概念，还包括一系列具有实际操作性的一套解决问题的技能与方法[②]。在智慧教学中，学生需要具备较高的知识获取、整合、表达以及交流共享的能力，需要对个人知识进行有效管理。

（1）知识在智慧教学中具有本体论地位

智慧教学是一种以学生为中心，以现代信息技术为基础，以科学数据为依据，以创造驱动组织学习，形成智能化、个性化、多样化和立体化的智慧环境，实现学生知识创新与智慧生成的新型教育。从知识论的角度上讲，知识是智慧教育的核心资源，是其核心价值创造。学生在学习中是以建构主义学习理论为支撑，将教学理念由注入式教学、接受式学习转变为引导式教学、创造驱动学习，任务是创设智能化、个性化、多样化和立体化的环境，终极目标是促进学生知识的创新和智慧的生成[③]。因此，各项工作都是围绕知识来开展的。

（2）知识管理是促进个人发展的内在要求

随着信息技术的发展和科学管理的应用，决定个人发展的因素是个人

① 柳海民. 当代教育理论专题 [M]. 长春：东北师范大学出版社，2002：215.

② 储开琦. 移动学习个人知识管理的策略研究 [D]. 京华：浙江师范大学，2017.

③ 李祎，王伟，钟绍春. 智慧课堂中的智慧生成策略研究 [J]. 中国电化教育，2017（1）：108.

素质、工作能力以及对自身的深入认识。个人知识管理的意义一般都认为是为了提高个人竞争力。这是因为在知识经济时代，个人知识管理能够帮助个人对知识进行高效运转，也就意味着个人竞争力的提高。个人知识管理的现实意义在于，它是个人专业知识和实践能力提高的基石，为以后的个人能力的提高和事业发展打下坚实基础。没有一个时代像知识经济时代这样让个人更为明显地成为知识的消费者。个人追求知识的最大意义在于将知识转化为行动的力量，发展个人和组织的能力。知识管理既是个人的事，也是组织的事，组织实现知识管理能否成功的关键因素就在于个人的参与程度和个人知识管理的水平。

（3）智慧教学客观上要求个人知识管理

智慧教学是一种开放式学习的过程，需要把个人的隐性知识转化为显性知识，以供他人交流分享，激发集体思考。对个人知识进行管理有利于发现个人隐性知识，并利用各种手段将其显性化。同时，学生无论从事何种工作，都必须把握住社会发展前沿的知识和信息，在工作中不断学习，成为具备自主学习和协同学习能力的终身学生。个人知识管理的过程如知识的获取、存储、交流共享等，为学生终身学习提供了方法和途径。知识管理是由知识获取与加工、存储与积累、共享与交流、使用和创新这四个环节构成，这四个环节是紧密联系、相互依存的。其中知识的共享与交流是关键所在，直接制约着知识的创新，更关系到知识管理的效果，是衡量知识管理的标准。知识的生命在于流动，知识也只有在交流中才能得到发展，实现增值。

分析3：智慧教学中知识管理的可行性

从学生来看，根据智力认知假说，学生的智力结构除了一般的智力，如观察力、记忆力、思维能力等有大的发展，其认知能力和认知策略以及良好的认知结构也初步形成了，特别是元认知能力、认知策略和认知结构为智慧教学进行个人知识管理提供了可能。

（1）知识管理理论提供理论参照

从理论看，知识管理理论对智慧教学知识管理提供了较为成熟的理论参照。知识管理理论特别是日本学者野中郁次郎关于隐性知识的管理理论，为智慧教学知识管理提供了一种较为系统和完备的理论参照：SECI 模型为隐性知识显性化提供了很好的转化路径；知识螺旋上升的模型可以看出知识管理将会带来的价值；场理论可以看出对智慧教学进行知识管理，需要提供各种时空条件，促进知识的流动、转化、累积和升华。在实践上，成功的管理组织、流程、体系、技术、策略等各方面都可以提供参考。

（2）管理对象特点提供实践支持

传统管理对象五因素说（人、财、物、时间、信息）的内容逐步拓展，关系、危机、技术、知识等已成为当今时代组织中的重要资源，并自然而然地成为管理对象。尤其是随着新技术革命的兴起和知识经济的崛起，知识成为个人和组织赖以生存的关键资源，已经超越了传统的土地、机器、人力等资源，成为核心竞争力的根本。个人和组织要适应资源环境的变化，要提高自身在市场中的竞争能力，就必须把管理的重点转向组织的知识管理，知识成为重要的管理对象之一。传统的教学管理主要局限于对显性知识的管理，学生实践性知识绝大部分属于隐性知识，对其进行管理存在难度，应该逐渐意识到，必须把无形资产开发作为管理的重点[①]，其对个人发展的作用也越来越明晰化。许多学校已在进行智慧教学的知识管理活动，为教学提供交流的"场"，促使学生自主发现自己已有的、但并未意识到的隐性知识，并使这种发现逐步由无意识转为有意识。这也说明，智慧教学的知识管理在实践上是行得通的，关键在于探究出管理方式和策略，使得对知识的管理不是偶然的、随意的，而是有计划、有目的地进行的。

（3）现代信息技术提供技术保障

从技术看，现代信息技术的发展为知识管理提供了技术上的保障。传统教学很难为知识管理提供技术支持，使隐性知识只能长期停留在自然、缓慢的发展状态。而现代信息技术的发展却能为知识管理提供技术上得天独厚的保障。知识管理不仅需要管理理念、组织和流程等方面的创新，更需要技术上的大力支撑，主要包括知识的获取技术、发展技术、编码技术、传递技术、利用技术和评价技术等，而现代信息技术的发展为这些提供了资源管理、资源下载、资源检索等支持。传统上的讲授、示范和训练为主的教学，由于受时空等条件的限制已经逐渐失去作用，现代信息技术的发展以更加灵

① 滕平. 学校知识主管：校本研修推进的新角色 [J]. 上海教育，2006（4A）：32.

活多样的方式为隐性知识的显性化提供了途径，使得知识的显性化不再受时间和空间的限制，以其方便性、及时性、趣味性等方式拓宽了实践性知识显性化的空间，为教师知识管理提供了巨大的技术支持。知识的共享是知识管理的最终目的，共享意味着知识能够在师生、学生之间，甚至是不同对象之间流动、转化、累积和升华。E-learning学习方式的出现、网络学习社区的形成，以其方便、快捷的特点，满足了现代人非正式学习和偶然性学习的需要，为知识的共享创造了条件。

三、基于知识管理的智慧学习构建

职业教育的"跨界"本质，需要有跨越职业场和教学场的课堂[①]，决定了职业教育智慧教学更为复杂，要整合信息技术，通过任务或问题情境驱动，调动学生的原有思维经验和知识基础，通过抉择、构想、发现、归纳和评价的过程，实现智慧生成的目标，满足学生持续的、全面的、个性化的发展需求。因此，急需重新界定智慧学习的功能价值，构建科学的管理模型和智慧学习过程。

设计1：　知识管理模型构建[②]

1998年，美国学者C.W.Holsapple和M.Singh[③]从组织内的知识和组织核心竞争力的关系出发构建了图3-2所示的知识链模型，认为知识链管理是基于知识流在不同主体间的转移与扩散，实现知识的获取、选择、组织和创新，具有价值增值功能[④]。传统课堂处于相对稳定的教学环境中，属于"纵向一体化"的教学管理模式。然而，这种"纵向一体化"无法快速响应学生需

---

① 姜大源.工作过程系统化：中国特色的现代职业教育课程开发 [J].顺德职业技术学院学报，2014（7）：1–11+27.

② 欧阳波仪，程美.职业教育智慧课堂知识管理模型构建 [J].中国教育技术装备，2019（10）：33–35+38.

③ CLYDE H，KIKU J. Exploring Secondary Activities of the Knowledge Chain[J]. Knowledge and Process Management, 2005（12）：15–19.

④ 张亦学.论图书馆知识链管理的机制和模式 [J].情报杂志，2004（9）：21–23.

求，不利于学生开展协作学习、知识建构和智慧发展。姜大源[①]认为，职业教育教学不是搭建一个存储知识的仓库，而是构建一个应用知识的过程，课堂不是关注显性知识的复制和在线，更多着眼于蕴含在行动中的隐性实践知识。因此，职业教育智慧课堂应注重行动能力的提升、行为智慧的生成，其模型构建是以企业知识链管理模型为原型。

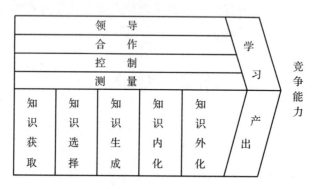

图 3-2　知识链模型

（1）智慧教学知识管理模型设计

在企业管理界，图 3-2 模型不断被优化，张悟移在分析企业收益改善主要来源的基础上，增加了基本过程、支持资源和驱动要素，强化驱动要素与供应链的影响和反馈，使模型成为闭环系统[②]。这一理论对于职业教育智慧课堂的知识管理模型构建有很强的指导价值。

建构主义理论强调学生的主动性，认为学习是在社会文化互动中完成的。这一理论在职业教育界应用非常广泛，对职业教育教学改革有很强的指导意义。基于此，本书认为职业教育课堂智慧生成，不是来源于资源优化或流程自动化过程，而是把解决问题的知识交付给学生的过程。在智慧课堂中，建立学习共同体，围绕学习项目（任务），对内外知识进行选择、收受、整理、转化和创新，学生与外部环境之间、个体与个体之间、个体与团队之间被无形的知识链条所连接，形成无限循环的知识流动过程，构建成的管理模型如图 3-3 所示。

---

① 姜大源 . 工作过程系统化课程的结构逻辑 [J]. 教育与职业，2017（13）：5-12.
② 张悟移 . 供应链企业知识链管理模型研究 [J]. 经济问题探索，2006（12）：52-56.

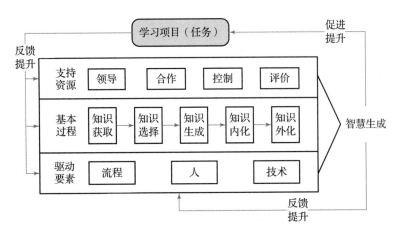

图 3-3　知识链管理模型

图 3-3 中的基本过程包括知识的获取、选择、生成、内化和外化，五个环节组合成一个螺旋上升的闭环，即图 3-4 所示的"知识链轮"。知识获取是指学习团队围绕学习项目（任务）开展以显性知识为主的收集活动；知识选择是将获取的显性知识进行分类、整理等综合化的过程，为知识生成服务；知识生成是利用综合化的知识开展项目（任务）活动，在完成过程中发现和引申新知识、新技能；知识内化是将已获得、选择和生成的知识进行整理和"存储"，把外部显性和隐性知识转变为内部显性知识或个人的隐性知识；知识外化是把隐性知识表达成为显性知识，使知识需求者能够得到所需的知识。

图 3-4　知识链轮

图 3-3 中参照企业活动，对项目（任务）学习过程设计了领导、合作、控制和评价四类支持资源。"领导"不是"领导人"，是促进知识管理的机制；"合作"是学生在学习活动中的合作管理，以学习共同体的形式将合适资源

提供给需求者;"控制"是使知识的质量和数量满足要求;"评价"是评估知识资源、知识生成、知识创新的价值。

智慧课堂知识管理是将人员、流程和技术等三大驱动要素同步的过程,其中"人"是知识链管理的核心因素;"技术",特别是信息技术,是十分重要的角色;"流程"则是学习和管理得以顺利实施的基本保证。

反馈用于解决外部和内部不确定性,一方面确保知识传递准确、知识增值顺利、知识创造可行;另一方面是对实施中的问题进行审视,适时修改目标、方法和手段,确保准确地识别和传递隐性知识。

(2)知识管理模型的驱动要素

如图 3-5 所示,人、流程和信息技术是知识管理模型的三大驱动要素。知识拥有者的人,需要通过有效活动和工具,引导分享学习项目(任务)所需的"隐性"知识和经验;流程决定了所需的知识,同时知识管理又是流程改进的核心。信息技术的广泛应用,为学习流程和知识管理提供了支持,成为一种支持工具。

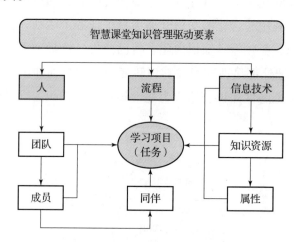

图 3-5　知识管理模型驱动要素

人是知识的主要载体,需要在吸收和消化显性知识的基础上,创造新的隐性知识。智慧课堂要创造环境和条件,让学生将隐性知识转换为显性知识,实现隐性知识的共享。

如图 3-6 所示,基于知识流设计工作流,促进显性知识的编码和隐性知识的外化,按照知识管理的识别、处理、共享、再利用和创新的流程,通过流程驱动知识创新。

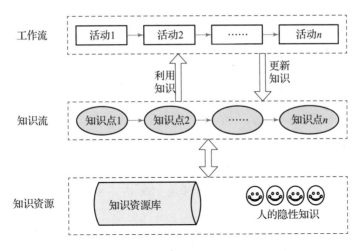

图3-6 学习流程中知识流和工作流的集成

信息技术为智慧课堂提高传播速度、突破时空界限、产生行为数据、提供决策依据。从功能上看，有社会化技术、外化技术和转换技术。社会化技术是快速定位"谁有知识"，为隐性知识交流提供互动机制；外化技术主要是提供交流平台，促进隐性知识的共享；转换技术是利用人工智能、机器学习与大数据技术开展统计、分析和推介等。

与传统课堂学习相比，智慧课堂的信息技术支撑，为知识流动提供了覆盖范围广、获取途径多、信息质量高的优势，覆盖了从个体、团队及同伴的所有交流；协作开展学习使得知识获取渠道众多，促进知识的广泛流动与分享。

设计2：智慧学习过程重构

学生的智慧学习，经过设定知识目标，通过知识鉴别获取学习资源与材料，利用学习工具对获取的学习材料进行组织，利用学习工具对学习资源进行分析、加工、学习从而形成对知识新的理解与建构，分享自己及他人的学习成果和学习经验，反思及评价自身的学习过程与学习成果等阶段。在智慧学习中，以知识客体转化为视角，按照学生学习过程中知识的不同状态，可以将个人的学习过程分为知识获取、知识组织、知识利用和知识共享等四个阶段。

（1）知识获取阶段

知识获取是知识管理流程的第一步，是知识组织、知识利用和知识共享的基础。个人知识获取是为了提高个人知识水平，增强个人竞争力。在知识经济发展的今天，人类知识成几何级数不断出现，形成知识爆炸的局面。研究表明，在农业经济时代，一个人学习 8 年可满足终身需求；在工业经济时代，一个人学习 17 年大体能满足终身需求。而在知识经济时代，知识与信息总量迅猛增长，知识日新月异，据统计，一个人在学校里学到的知识仅占其一生所需知识的 10% 左右，而其余 90% 左右的知识是在以后工作和生活中不断学习和获取的[①]。很显然，这个时代更新知识已经成为人们的终身需要。因此，除教育途径外，个人通过工作实践，从个人行为中获得知识，通过主动阅读、查询书籍、数据库等获得知识等非正式学习方式逐渐成为人们获取知识的主要方式。

在知识管理视角下，知识获取主要是指学习资源的获取，指学生作为知识的接受者，从知识拥有者（教师、专家、供应商、学校）获取外化的人工制品（学习资源）。这是建构个人新知识的预备阶段，该阶段是学习资源的收集阶段，重视学生获取学习资源的全面性与适合性。全面性要求学习资源丰富而完善，适合性要求学习资源符合学生的要求，能够帮助学生实现学习目标。

（2）知识组织阶段

知识组织是通过知识表示、知识重组、知识聚类和知识存检等手段，对知识进行加工、整理，使之有序化的一系列过程。知识组织是知识管理的基础[②]，经历了从文献组织到信息组织，从信息组织再到知识组织的发展过程，是为了解决人们需要的能够解决具体问题的知识，而知识存储的分散化和无序化，制约人们获取所需知识的能力。

当前，大量的、无序的学习资源是无处不在的，但是对于学生来说，面对海量无序的信息，学习资源的获取却困难重重。产生这种现象的原因并不是核心知识的快速增长，而是围绕着核心知识的外围信息和虚拟知识大量增长导致的。人的阅读、吸收和消化能力是有限的，因此需要对知识进行组

① 任国升，王建亚 . 信息素养训练 [M] 保定：河北大学出版社，2011：13.

② 游春山，狄九凤 . 信息组织理论与实践 [M]. 北京：北京大学出版社，2006：447.

织，使知识存储有序化并且可获取。运用有效方法处理知识的存储，使那些在知识获取方面受到物理限制的人能够对知识加以利用[①]。

在知识组织阶段，知识转化过程主要是涉及学生将获取的人工制品（显性知识）转化为一个有序化、可管理的知识系统，并进一步为自己创建学习内容。学生通过网络在获取到相关的学习材料后，需要对它们进行必要的组织与管理。有效组织信息的目的是建立学生自己的知识库，便于以后对学习资源与材料进行分析与利用。

（3）知识利用阶段

知识利用是指在有序的（经过组织的）、大量的信息中分析、归纳、综合出有价值的知识。通过可以开发或应用已有的模型，使用电子数据包、统计软件、数据挖掘等软件来分析数据，找出它们的内在联系，从而实现知识的迁移与转化[②]。可见，知识利用是将学习活动的客体由学习内容转换为学生个体建构的新知识，对学生来说就是利用学习资源进行意义建构。

该阶段是学生建构个人新知识的核心阶段，知识转化过程涉及知识螺旋理论中的学生个体知识建构的社会化（隐性知识到隐性知识）、外化（隐性知识到显性知识）、组合（显性知识到显性知识）、内化（显性知识到隐性知识）所有四种知识转化过程之间复杂的转化关系，转化的复杂程度与转化的次数与学生确定的学习内容的难度有着密切的关系。知识的社会化帮助学生从共同体中获取学习伙伴的经验以及教师的指导；知识的外化与组合可以使学生在共同体小组活动中与学习伙伴沟通交流、相互协作，共同建构新知识；通过共同体的学习活动与个体的学习活动，学生的知识不断得到内化，最终建构新知识。

（4）知识共享阶段

知识共享是一种沟通的过程，是知识拥有方与知识需求方的互动，目的是使知识从个体拥有到群体拥有[③]。在这个过程中，群体知识得到了扩展，个体知识得到了检验和升华。

知识管理视角下网络学习过程中的知识共享是指学生将自己的学习成果

---

① 周宁. 信息组织 [M]. 武汉大学出版社，2004：432.

② 邱均平. 知识管理学概论 [M]. 北京：高等教育出版社，2011：6.

③ 徐如志，杨峰. 基于本体的虚拟组织知识共享 [M]. 北京：中国财政经济出版社，2010：27.

及学习经验分享在网络上，其他学习伙伴可以浏览、评论、下载。知识转化过程主要涉及学生将个人新建构的知识外化为学习成果。在该阶段，学生的知识达到了一个新的高度，新的知识已经纳入了（同化或顺应）学生的知识体系中，并为下一轮的知识转换奠定了基础。学生对学习成果的反思以及学习伙伴关于学习成果的评论是对学生学习过程最好的反馈，不但能够即时修正学习过程中不正确的地方，还能够帮助学生对学习内容形成丰富的理解，从而达到对学习内容更加全面而深入的认识。与此同时，通过知识共享，学习成果还可以成为学习伙伴的学习资源，学生也从学习资源的消耗者变为了学习资源的生产者。

正如知识螺旋理论一样，知识获取、知识组织、知识利用、知识共享四个阶段是相互依赖、相互联系的，知识的转化过程是连续的、螺旋上升的。知识转化的周期与频率取决于学生自身制定的知识目标粒度。对于粒度较小、知识结构相对简单的知识目标来说，知识转化及建构的周期比较短；而对于粒度较大、知识结构相对复杂的知识目标来说，知识转化及建构的周期会比较长。

设计 3： 个人学习模型构建

个人学习是在不同的情境中，应用不同的学习工具及学习资源解决各种问题的过程中获取知识。这种以工具作为中介、目标作为导向，以参加集体活动作为组织的学习观是学习活动理论的基本原则。考虑智慧学习与个人学习活动相关的主体、客体、工具、规则、共同体、分工六个要素之间的关系，构建图 3-7 所示的个人学习模型。核心活动将由学习资源获取活动、学习资源组织活动、意义建构活动、知识共享活动四部分组成。此外，个人学习还具有开放性，能够与其他个人学习以及互联网上的学习社区进行通信与数据交换。

（1）学习资源获取活动

学习资源获取活动阶段是学习过程的基础阶段。在资料获取活动中，客体是主体为实现目标而必需的学习资源。学习工具主要有鉴别与获取两个方面，这两个方面紧密联系，不可分割。学习资源的鉴别可以由学生本人自主完成，也可以在教师的指导下或者学习伙伴的帮助下完成。学习资源获取途径主要是正式的教育机构（如学校）、学习服务供应商（如学习网站）、数字图书馆（如学术性期刊网）、学习社区、学习论坛等。

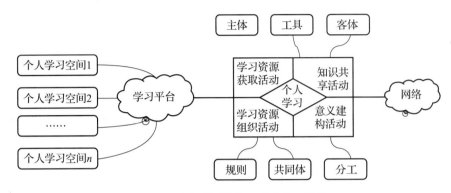

图 3-7　知识管理视角下个人学习模型

在学习资源获取阶段，学生根据个人的需要、兴趣以及知识背景制定学习目标。学习目标作为导向，利用资源获取工具获取与学习目标相一致的学习资源。在这个过程中，共同体发挥着帮助学生鉴定学习资源、推荐学习资源、提供学习资源等作用。

（2）学习资源组织活动

学习资源组织活动的客体转化目标是将学习资源转化为有序化的学习内容。在客体转化过程中，主体与共同体均是实施者，二者遵循同样的学习资源加工标准。主体作为共同体的一员，享受共同体对学习资源加工、整理而生成的有序化的学习资源，同时主体也是有序化学习资源的生产者。

知识组织主要包括知识表示、知识重组、知识聚类、知识存检等方面，需要组织的学习资源主要包括人员的组织、机构的组织和学习材料的组织三个方面。人员组织的内容主要包括教师、学习伙伴、专家等，主要标识记录人员的类型、学科特长、学习经历、通信方式、通信记录等内容；机构组织的内容主要包括教育机构、学习网站、学习社区、学术性资源网站等信息，主要记录机构的名称、性质、可获取学习资源特点及类型等内容。

（3）意义建构活动

意义建构活动是网络环境下个人学习过程的核心阶段，是学生建构新知识的重要阶段，其目标是将有序化的学习内容转化为学生个体的新知识。

知识管理视角下个人学习意义建构活动分为学习管理与意义建构两个方面。学习管理方面主要包括学生制订学习计划、确定学习内容、选择学习方式、控制学习过程、监控学习进度、评价学习结果等内容。意义建构方面包括学生与共同体确定经典教学范例、经典学习路径、设置脚手架、建立讨论区等内容，个体通过协商、会话、参与学习活动等方式与共同体不断地相互作用，最终实现个体新知识的意义建构。在意义建构活动中，学生的主体地位得到了充分的体现，是整个学习过程的拥有者与控制者，同时也是学习过程的主要监控者与评价者。学生借助思维工具、学习资源管理工具实现学习的自主管理与意义建构，通过协作工具实现与共同体的协作与交互，接受共同体对学生个体意义建构的指导与促进。

（4）知识共享活动

知识共享是网络环境下学习过程中具有重要价值的一个阶段。在知识共享阶段，学生主体将建构的新知识转化为显性的学习成果。知识共享平台是学生与共同体知识共享的场所，学生既是知识共享的提供者，也是知识共享的接收者。在个人学习的体系中，以促进知识共享和提高共同体整体知识水平为目的，主要支持共同体的协作、学习资源的管理、学习工具的管理、开放 API 四个方面。学生能够及时发现并下载共同体其他学习成员关于自己共享学习成果的意见和建议，并在此基础上与其他成员进行深入的交流，帮助反思自己的学习过程，完善对学习内容的理解，促进对新知识的意义建构。

第四章

关键举措：创新智慧教学模式

新型教学结构的创建需要通过相关教学模式来实现。

——何克抗

随着以物联网、云计算、大数据为代表的新一代信息技术的发展和成熟，所有东西都在被感知化、互联化和智能化①，城市、医疗、交通等都变得更加智慧。在教育领域，"智慧"成为新的诉求、新的引领。以支持教与学过程的智能决策、智能实施与智能评价为标志的智慧课堂快速风行于整个教育领域。智慧教学是智慧课堂的中心环节，是实现智慧教育的重要载体。作为教育活动核心的教学活动如果不在教学模式上进行相应的创新和变革，智慧课堂也只能是一个平淡无奇的网络多媒体教室，智慧教学更是一个伪命题。

一、教学模式内涵

"模式"一词自20世纪80年代以来开始受到我国教育界的关注，办学模式、人才培养模式、教学模式等相关的模式研究也越来越多。澳大利亚学者J.P.基夫斯认为，自20世纪60年代早期开始，在教育研究领域，运用模式和建立模式的情况日益增多，尤其是对因果模式的使用，主要得益于计算机的应用，借助于大量计算测量教学与因果模式的定量关系。这些发展也归因于其他领域的研究成果，尤其是社会和行为科学②。因此，需要对模式以及教学模式的内涵做统一的界定，便于深入开展研究，使论述更科学。

问题1：何谓模式

"模式"的词义源于"模型"，本义是指一种用实物做模的方法，引申后有模范、模仿之意。在《辞海》中，"模式"一词亦译为"范型"，一般指可以作为范本、模本、变本的式样。在社会学中，模式是研究自然现象或社会现象的理论图式和解释方案，同时也是一种思想体系和思维方式③。在《现代汉语词典》中，"模式"解释为某种事物的标准形式或使人可以照着做的标

---

① 祝智庭.智慧教育新发展：从翻转课堂到智慧课堂及智慧学习空间[J].开放教育研究，2016，22（1）：18-26+49.

② 托斯顿·胡森，等.国际教育百科全书[M].贵阳：贵州教育出版社，1991：236-242.

③ 夏征农.辞海（缩印本）[M].上海：上海译文出版社，2000：596.

准样式①。在《英汉大辞典》中，"Model"一词有模型、原型、样式、模范、典型、榜样、款式等多种解释②。在《国际教育百科全书》中，模式被描述为对任何一个领域的探究都要有一个过程③，认识事物要求人们找到一种能表达假说与其变量的关系等形式。模式就这样应运而生。

我国学者查有梁从科学方法论的层次提出，模式是一种重要的科学操作与科学思维方法，是为解决特定的问题，在一定的抽象、简化、假设条件下，再现原型客体的某种本质特性，作为中介，可以更好地认识和改造原型、构建新型客体的一种科学方法；从实践出发，经概括、归纳、综合，可以提出各种模式，模式已经被证实，即有可能形成理论；也可以从理论出发，经类比、演绎、分析，提出各种模式，从而促进实践发展。模式是客观实物的相似模拟（实物模型），是真实世界的抽象描写（数学模式），是思想观念的形象显示（图像模式和语义模式）④。在概括自然科学和社会科学的有关定义的基础上，哲学在更高抽象层次上对模式进行定义：模式是人们为了某特定的目的而对认识对象所作的一种简化的描述⑤；美国学者比尔和哈德格雷夫认为，模式是一种再现现实的理论性的简化的形式⑥。

模式研究发展到现在，已经成为现代科学研究领域的一种常用的研究方法。模式是事物存在的一种形式，是对从整体了解、把握该事物的一个角度，对于理解事物的内部构造和该事物与其他事物之间的关系具有很好的方法论作用。模式不仅仅是一种样式或范式，还是一种重要的科学操作与科学思维方法，为人们认识问题以及解决问题提供了一条有效途径。

问题2：何谓教学模式

教学模式的思想在我国可以追溯到孔子，在西方同样可以上溯到夸美纽斯、赫尔巴特、杜威等人。我国古代伟大的教育家孔子在其长期教学实践

---

① 中央社科院语言室.现代汉语词典（修订本）[M].北京：商务印书馆，1998：894.

② 陆谷孙.英汉大辞典[M].上海：上海译文出版社，1993：1153.

③ 托斯顿·胡森，等.国际教育百科全书[M].贵阳：贵州教育出版社，1991：236-242.

④ 查有梁.课堂模式论[M].南宁：广西师范大学出版社，2001.

⑤ 李时彦.模型与模型化方法[J].哲学研究，1984，28（9）：45-51.

⑥ 冯克诚，西尔枭.实用教学模式与方法改革全书[M].北京：中央编译出版社，1994.

中，把学、思、习、行视为教学活动的四大要领，这基本上是我国最早的教学模式思想。《中庸》里将教学活动归结为"博学之、审问之、慎思之、明辨之、笃行之"五个步骤。朱熹更是将这五个步骤作为他主持白鹿洞书院教学规程的一部分。从某种程度上来说，我国古代的教学模式主要是开展德行修身教育。现代教学论的诞生，特别是夸美纽斯的《大教学论》的出版标志着教学模式的出现。但真正把教学模式化的是赫尔巴特，他在《普通教育学》一书中建立了教学形式"四阶段论"，后来赫尔巴特学派创建了"五段教授法"。

1972年，美国学者乔伊斯（B.Joyce）和韦尔（M.wei）等人在其著作《教学模式》中最早提出了"教学模式"的概念，认为教学模式是指导教学活动的一种范型或计划，并认为"教学模式就是学习模式"，认为教师在帮助学生获得信息、思想、技能、价值、思维方式及表达方式时，教师也在教学生如何学习[7]。这标志着教学模式研究已经发展成为一种系统的教学理论，并开始真正走入人们的视野，为人们所重视。从此以后，对教学模式进行研究的学者也越来越多，但人们对教学模式的概念的界定并没有达成一致。综观国内外学者对教学模式的界定，目前大致有方法论、过程论、结构说等观点。

（1）方法论

方法论将教学模式等同于教学方法，或者把教学模式归属为教学方法的范畴。如美国学者保罗认为，教学模式是为完成特定的教学目标而设计的具有规定性的教学策略[8]。高笑天在《教学方法与教学模式》一文中认为，教学模式是教学形式或方法的稳定化、系统化和理论化，教学模式俗称教学的大方法[9]。

（2）过程论

过程论将教学模式等同于教学过程，或者说将教学模式归属于教学程序的范畴。如《教育大辞典》指出，教学模式是在一定思想或教学理论指导下建立起来的、较为稳定的教学活动结构框架和活动程序[10]。吴立岗认为，教学

---

[7] BRUCE J. 教学模式 [M]. 北京：中国轻工业出版社，2002.

[8] 保罗·D.埃金，等.课堂教学策略 [M].王维诚，等译.北京：教学科学出版社，1990：11.

[9] 高笑天.教学方法与教学模式 [J].教育探索，1996（1）：41-43.

[10] 顾明远.教育大辞典 [M].上海：上海教学出版社，1997：4.

模式是依据教学思想和教学规律而形成的在教学过程中必须遵循的比较稳固的教学程序及其方法的策略体系，包括教学过程中诸要素的组合方式、教学程序及其相应的策略^①。

（3）结构说

王策三等人认为，教学模式是在一定教学思想、教学理论的指导下，教学活动诸要素依据一定教学目标、教学内容及学生认知特点，所形成的一种相对稳定而又简约化的教学结构^②。吴也显认为，某种活动方案经过多次检验和提炼，形成了相对稳定的系统化和理论化的教学结构，就是教学模式^③。李如密认为，教学模式是指在一定教育思想指导下和丰富的教学经验基础上，为完成特定的教学目标和内容而围绕某一主题形成的、稳定且简明的教学结构理论框架及具体可操作的实践活动方式^④。冯克诚等人认为教学模式是"在一定教学思想或教学理论指导下建立起来的、较为稳定的教学活动结构和活动程序"^⑤。

上述定义尽管对教学模式的表述存在着差异，而且侧重点各不相同，但是普遍认为教学模式是正确反映教学的客观规律，在一定的理论指导下，对教学进行有效指导实践而形成的一种稳定的范式。本书认为，教学模式就是在一定教学思想和教学理论指导下，为形成学生的人格和能力而设计、构建的相对稳定的教学结构框架和实施策略。

问题3：教学模式由哪些要素构成

任何一种教学模式都是一个完整的结构，都是由不同的要素组合在一起的。关于教学模式的结构，目前学术界有"四要素说""五要素说""六要素说"等，但是大多赞成"五要素说"，本书也支持这一观点。根据国内外学术界对教学模式结构的论述，一个完整的、科学有效的教学模式（如图4-1所示），通常包括特定的理论基础、明确的教学目标、有效的实施条件、相

---

① 吴立岗.教学的原理、模式和活动 [M].南宁：广西教育出版社，1998：179.

② 王策三.教学认识论（修订本）[M].北京：北京师范大学出版社，2002.

③ 吴也显.课堂教学模式浅谈 [J].教育研究与实验，1988（1）：12-15.

④ 李如密.关于教学模式若干理论问题的探讨 [J].课程·教材·教法，1996，15（4），25-29.

⑤ 冯克诚，西尔枭.实用课堂教学模式与方法改革全书 [M].北京：中央编译出版社，1994.

对固定的教学程序和科学的教学评价 5 个要素。各个要素在教学模式中有着不同的地位和作用，它们相互之间既彼此联系又有所分别，共同构成了一个完整的统一体。但是由于在不同的教学实践过程中，会受到各种因素和实施条件的影响，所以教学模式的各要素的具体内容也会有所不同，因此在此基础上构建的教学模式也会有所不同。

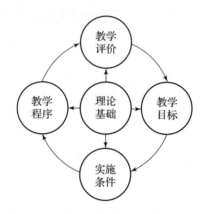

图 4-1　教学模式构成示意图

（1）理论基础

从某种程度上说，任何一种教学模式的建立与发展都需要以一定的教学思想或教学理论作为其理论基础和理论核心，它是教学模式的灵魂和精髓。没有了教学理论或者教学思想作为基础，教学模式就失去了根基。教学模式是否科学、成熟和教学效果如何，首先就取决于该教学模式建立的理论基础。教学思想或教学理论在教学模式中一方面作为独立因素而存在，另一方面又渗透于其他因素之中，对其他部分有着制约作用。教学模式所依据的理论基础主要包括哲学、心理学、教育学、管理学、社会学等方面的相关理论和思想。而且，不同的教学思想或者教学理论，往往形成不同的教学模式，如建立在现代认知心理学理论基础上的布鲁纳的概念获得教学模式，建立在人本主义心理学基础上的非指导性教学模式，建立在信息加工理论基础上的加涅模式，等等。

（2）教学目标

教学目标是人们对教学模式所能达到教学效果的期望，以及对受教育者产生影响作用的预判，这是教学模式的核心因素，对操作程序、评价标准和尺度等因素起着制约作用。明确教学目标是教学模式成败的关键，而教学目标是否科学也直接关系到教学模式的效果，没有了教学目标，教学模式就失去了方向，二者是内在统一的。每一种教学模式的构建都是为了完成某种教学目标。如启发式教学模式的目标在于培养学生的自学能力、独立思考能力、创新思维能力和正确的价值观念；讨论式教学模式的目标是通过问题的思辨来促进师生之间的思想共识，锻炼学生的多种思维能力；情感式教学模式的目标是培养学生的情感才能，促进师生之间的知情共进，促进学生的智能、情感和人格的全面发展；发现式教学模式的目标是培养学生探索知识、发现知识的能力等。

（3）**实施条件**

任何教学模式的顺利实施都需要一定的实施条件，只有满足特定的条件，教学模式才能顺利实施，才能顺利完成教学任务和既定目标。教学模式的实施条件包括教学对象、教学方法、教学资源、教学载体、教学环境等客观条件，也包括教学态度、教学情感等主观条件。当然，每一种条件因素在教学模式中的作用是不相同的，重要性也有所分别，因此，在实施教学模式过程中，必须合理调配各种条件，有利的条件能使大多数学生很好地进行学习，并能从学习中获得满足[①]。如合作学习模式需要个体积极地相互依靠、个体有直接的交流、个体必须都掌握给小组的材料、个体具备协作技巧和群体策略等；案例教学模式需要建立案例资料库；现象分析模式要求最好有音像辅助设备等；巴特勒学习模式要求设置一定的课堂环境并且教师必须掌握一定的学习策略等。

（4）**教学程序**

任何教学模式都是由不同的教学环节构成的系统，它具有一套独特、完整、复杂的操作程序和步骤。教学程序是为完成教学任务和实现教学目标进行的具体的操作方法和实施过程，其具体表现就是教学策略，它规定了教学活动中每一个步骤的具体实施顺序和操作方法，这是教学模式中最具有操作性的部分，也是最容易被机械模仿的。由于教学过程的实施具有灵活性，要因人而异、因时而异、因事而异、因地而异，因此，人们提出教学活动的基本阶段及其逻辑顺序也往往不同，所以教学程序只是相对稳定的，不是一成不变、按部就班的，教师在教学活动中应根据不同的教学情境适时改变。如

①吴文侃.当代国外教学论流派[M].福州：福建教育出版社，1990：248.

奥苏贝尔教学模式的基本程序是"提出先行组织者—逐步分化—综合贯通"，讨论式教学模式的基本程序是"准备材料，设计问题—课堂讨论，解决问题—交叉拓展，深化问题—过程回顾，体验评价"，专题式教学模式的基本程序是"调查学生—设置专题—准备材料—专题导入—开展研究—汇报研究报告—教师讲评—教学总结"，等等。

（5）**教学评价**

教学评价是指按照一定的标准和方法，对在某种教学模式下完成的教学任务和内容进行一定的测量和评判，以确定教学任务完成的满意度和教学模式的运行是否科学合理，它是教学模式的一个重要构成因素。在教学活动中，当教学主体按照某种教学模式的操作程序完成教学后，需要通过教学评价来不断调整和优化教学活动，力求达到最满意的教学效果。每一种教学模式都有自己特定的教学任务和教学目标，而且它们实施的条件和教学程序也各不相同，因此，评价的方法和标准也就不同。一般来说，每种教学模式都有自己规定的评价方法和标准。如布卢姆的掌握教学模式采用的是结构化评价方法，采用的标准是效标参照性标准；自学—辅导式教学模式采用的是价值评价方法，采用的标准是效能标准。目前，一些比较成熟的教学模式都已经有了一套自己的评价方法和标准，但是还有一大部分教学模式没有形成自己独特的评价方法和标准。

 问题4：教学模式有何特点

虽然随着教学实践的不断推进，而且由于时代背景和地域文化等因素的影响，形成了各种各样的教学模式，但是从教学模式的构成因素来说，教学模式一旦形成就有了一些共同的特点。

（1）**指向性**

任何一种教学模式都是教师围绕着一定的教学目标设计的，都有明确的教学任务，而且都有独特的实施条件和范围，反映了教学活动的具体规律，因此不存在普适性的教学模式。只要教学活动选择和运用得当，能有效地解决问题，任何一种教学模式都不能以好坏来评价。

（2）**整体性**

作为教学理念和教学实践的统一，任何一种教学模式都是以一定的教学目标为主线，包括了一整套完整的教学结构、运行条件和操作程序，在这些因素的共同作用下，通过某种固定的方式形成了一个有机的整体。在教学活动中，教师必须按照这个完整的教学程序实施，否则就会影响教学效果。

（3）操作性

作为一种具体化、操作化的教学思想或教学理论，教学模式产生于教学实践，是对抽象理论的具体化，也是对教学实践活动的概括化，但又可以指导教学实践，它规定了教师的教学行为和教学程序，一目了然，很容易操作，也很容易被模仿、掌握，但是不能因此而模式化。

（4）简约性

教学模式是根据一定的教学理论，对复杂教学现象和教学框架以简洁明了的语言、具有某种象征意义的符号或图像进行概括性的解释或者表达出来的。一般来说，教学模式虽然是通过这种符号、图像或语言对教学的不同环节进行简略的总结，但也能够很好地表达教学程序和教学结构之间的逻辑关系，使模式高于教学实践，而且容易传播和交流。

（5）稳定性

教学模式最大的特点是稳定，它是依据一定的理论或思想，在长期的教学实践中形成的，是对大量教学实践活动的抽象化，揭示了教学活动的普遍规律，对教学有着普遍的参考作用。因此，任何一种教学模式一旦形成，就会对教学实践起着长远的指导性作用。但是，这种稳定性只是相对的，不是绝对的，这种普适性也只是在一定范围内具有，在特定的教学环境中对特定教学对象的教学模式选择总具有相对稳定的特性。同时，作为一定的社会产物，教学模式总是受到社会政治、经济、文化、科技、历史等因素的制约。

（6）灵活性

正如上面所说的，教学模式受制于社会因素的影响，因此，它不是一成不变的。虽然教学模式一经形成，就形成了基本稳定的教学结构和教学程序，但在具体实施过程中，它还是会受到教育思想、教育理念、教育政策的影响而不断发生改变，同时也因为教学外部环境和条件的改变、课程的特点不同、教学内容的变化、学生特点的异动等因素的影响，在教学实践中不断修正和完善，从而变得不断充实、丰富。因此，教师在具体的教学实践中应该根据情况的变化，适时调整实施方案，灵活运用，确保教学效果达到最优化。

问题 5：教学模式有何功能

信息技术推动教学模式的形成途径发生变化，从原先关注于"教什么"逐步向"怎样教"过渡，改变了传统的单一教学模式"一言堂"的局面，更加关注多种教学模式交替使用的情况，使教学模式的发展由"一元化"走向"多元化"，在实践中发挥了重要作用。

（1）发挥桥梁中介作用

在教学活动中，教师不能只凭经验和感觉教学，需要将教学理论应用于教学实践，这就需要一个沟通理论与实践的桥梁。教学模式来源于教学实践，体现了设计、实施、调控、评价教学活动的一整套教学方法体系，能有效地将教学活动的各环节有效地结合在一起，能让人们在教学理论与教学实践之间找到中介环节，使人们重新审视教学活动中的各要素和环节，从而在教学实践中不断创新，突破原有的教学理论框架，不断探索发展新的教学理论体系。

（2）发挥示范引导功能

教学模式一旦形成就具有了稳定性，是可以模仿和操作的、较为完备地规范教学理论运用于实践的操作程序。有了规范的教学模式的示范引导，教师能够比较迅速地掌握独立教学的能力，减少对教学活动不断盲目摸索和尝试错误所浪费的时间和精力。因此，教学模式的特点决定了其具有示范引导功能，能让教师在教学活动中迅速熟练地掌握教学的"基本套路"，教师也可以根据具体的教学条件或情境灵活地变通，探索新的教学模式，促进教师的创造性的发挥，促进教学工作的规范化。

（3）发挥诊断预见功能

在教学活动中，教师可以对照教学模式不断发现教学活动中存在的问题，并对其进行有效诊断，从而不断改进教学活动，促进教学规范。由于教学模式揭示了教学活动中的规律性联系，也就是说，如果使用某种教学模式，必须具备教学模式实施的条件，否则不会出现教学模式预期的目标。因此，教学模式还可以帮助教师有效地增强对教学过程的控制和调节，确保教学取得预期的效果。

（4）发挥系统改进功能

教学模式的运用能够有效地促进教学活动不断优化，成为一个有机的系统。在教学活动中，教学目标与教学条件、教学程序等因素是相互适应的，一旦不能适应新的教学目标，就需要不断改进教学活动中的其他因素，或者对教学模式不断进行创新，直到有一种更有效的、更完善的教学模式适应了新的教学目标，从而促进教学改革，达到满意的教学效果。

除实践功能外，教学模式作为某种教学理论的概括和简化，在实践中被不断证明，已经具有一套相对稳定的教学结构和教学程序，具有可操作性，容易被人们掌握和运用。教学模式是通过简洁明了的语言文字或者具有象征意义的图像符号来对教学理论进行阐释，比较容易传播和普及，因此，教师可以比较迅速地掌握其实质，从而用来指导教学实践。同时，通过对教学模式的运用，教师能够从教学模式的不断实践和检验中探索新的问题，促进教学理论的发展，提高教学水平与能力。

二、主要理论依据

改革探索需要有相关理论指导，本书对建构主义学习、联通主义学习、多元智能、学习模型构建、技能与思维相关等理论进行探讨，为智慧教学模式设计提供理论依据。

理论 1：建构主义学习理论

建构主义是行为主义学习向认知主义学习的新发展，也是目前教学实践中应用比较广泛的学习理论。

建构主义学习理论的起源，典型代表是皮亚杰的儿童认知发展理论，这一理论认为学生是在"平衡—失衡—新的平衡"的"自我构建"过程中不断发展并建构认知的。在该理论基础上，很多学者进行了不同视角与不同维度的发展与深入研究。科尔伯格从认知结构的性质发展条件进行了研究，斯滕伯格和卡茨等人从个体主动促进建构认知结构发展进行了探索，维果斯基认为学生所处的社会文化历史背景影响认知过程，并提出了"最近发展区"理论[①]。

---

① 陈威.建构主义学习理论综述 [J].学术交流.2007（3）：175–177.

本书从知识观、学习观和教学观三方面分析建构主义学习理论。一方面，知识不是对现实的准确表征，是认知主体在意义建构过程中提出的某种假设或解释，因此知识会随人类认知的增加而扩容，也随着学生个体学习经验、阅历、情境等增长而更新；另一方面，学生并不是从零开始建构知识，而是在原有认知基础上，通过被动接收或主动接纳的方式获取信息，主动进行主体意义建构，在这一过程中，知识并不是简单的累积、存储，而是建立新旧知识之间的关联，不断更新与拓展。此外，由于知识是通过学生主动建构的，因此教学就不是简单地将知识传递给学生，而要通过适合的教学方式与活动，对知识进行转换与处理，教师帮助学生完成意义的建构，积极培育学生的主动性与创造性。

从上述分析可知，建构主义学习理论对智慧教学模式具有很强的启示，主要表现在三个方面：一是建构主义学习理论强调的是在一定的情境下，借助人际间的协作活动而实现的意义建构过程，因此需要为学生创设丰富的、真实的学习情境，促进学生的意义建构；二是建构主义知识观认为知识不是对现实的准确表征，是认知主体在意义建构过程中提出的某种假设或解释，因此可以采用任务驱动，或者问题驱动的教学模式与方法，让学生亲历探究、发现、归纳、评价的过程进行主动的意义建构；三是智慧教学需要教师实施的策略从替代性策略走向生成性策略，建构主义学习理论的学习观与教学观为生成性教学策略提供理论依据。

理论2：联通主义学习理论

2004年，加拿大学者乔治·西门思系统提出了联通主义的思想[1]，认为学习是连接信息源的过程，不局限于一个人的学习活动。2006年，乔治再从知识观和学习观两方面系统阐释了联通主义。乔治认为，在联通主义的知识观下，信息时代的知识不再是中心明确、层次清晰静止的结构，伴随学生学习过程中不断动态建立、动态发展、动态完善的网络结构，学习是学生持续建立知识网络的过程。基于对知识的理解，乔治认为如何获得知识比掌握知识更重要。

---

① 贾林祥.认知心理学的联结主义理论研究 [D].南京：南京师范大学，2002.

乔治认为，学习与知识建立于各种节点以及关系之上[1]，学习过程中要激活不同节点并让不同节点建立关联，进而构建个体的知识体系。智慧教学，涉及学生具有检索意识、检索活动、关联分析、判断归纳等，需要良好的学习生态，包括丰富的资源与工具，可以支持非正式和非结构化的学习，具有高度开放化特点，保证学习时时发生，信息能共享，支持不断更新和创造[2]。同时，在智慧教学中，学习活动发生于庞大数量的节点所构成的错综复杂的关系过程之中，学习过程中要激活不同节点并建立关联，进而构建针对个体的知识网络体系。检索意识、检索活动、关联分析、判断归纳等是智慧教学中学生的经历，需要学生亲历抉择、构想、发现、评价、归纳，是学生充分自主的过程，应根据学生不同学习特点因材施教，促进个人知识体系的形成。

理论3：多元智能理论

霍华德·加德纳认为，传统智力概念太狭窄，学生的很多才能都被忽略。因此在1980年，加德纳提出，人的智能是一个复杂的综合体，包括语言智能、空间视觉智能、运动智能、音乐智能、数理逻辑智能、人际关系智能、自我认知智能、自然观察者智能、存在智能等，不能用单一标准衡量智力水平[3]。加德纳提出了以下8种智能类型。

（1）言语—语言智能

言语—语言智能侧重于学生掌握与灵活运用语言的能力，包括有效使用语言表达自己的能力、用语言作为记忆信息方式的能力。

（2）逻辑—数理智能

逻辑—数理智能指通过数理运算和逻辑推理进行思维，并科学地研究问题的能力，即指运算和推理的能力，表现为对事物间各种关系的类聚、推理、计算、假设、判断和检验。

---

① 张乐乐，黄如民.联通主义视域下的移动学习环境设计 [J].现代教育技术，2013（2）：115-119.
② 孙永强.高中语文阅读网络学习空间设计研究 [D].长春：东北师范大学，2015.
③ 俞昕.多元智能理论的研究综述及对高中数学教学的启示 [J].中国数学教育，2016（8）：2-4+9.

（3）视觉—空间智能

视觉—空间智能指在头脑中形成一个外部空间世界的模式，并能运用和操作这一模式的能力，表现为对线条、形状、结构、色彩、空间关系等视觉要素的敏感程度，以及通过图形、图像、空间表征的能力。

（4）身体—运动智能

身体—运动智能侧重于学生对四肢和躯干驾驭的能力，具体表现为学生能够较好地控制自己的身体行为，反应比较快捷，能够借助于身体语言表达思想与情感。

（5）音乐—旋律智能

音乐—旋律智能侧重于学生对音乐的感受、辨别、记忆与表达，具体表现为学生能够敏感体验节奏、音调、音色和旋律的发生与变化，能够借助于作曲、演奏、歌唱等形式表达思想与情感。

（6）人际关系智能

人际关系智能侧重于对他人的理解以及交际能力，具体表现为能够敏感观测他人情绪、情感和意图，并做出适当的回应。

（7）自我认知智能

自我认知智能侧重于学生对自我的认识与反思，具体表现为能够准确体会并捕捉自己的真实情绪与意图，并能够对自己的行为与意识进行很好的控制与管理。

（8）自然观察智能

自然观察智能侧重于学生对自然及人造系统的观测与洞察，具体表现为能够识别不同物种与群体，能够分析其关系。

智慧教学强调为不同学生提供多条学习路径。多元智力理论强调学生智力的个体差异性，与智慧教学的理念不谋而合，需要根据学生的个体差异，根据8大智能的差异为学生提供适切的学习内容、学习过程、学习资源等。多元智能理论指出了智力的实质是实践能力和创造能力，并将"智力"从学校教育的领域拉回到了现实生活中，避免了学校教育与现实生活的脱节[1]，为智慧教学的情境创设、任务布置、扩展延伸等环节提供了理论依据。

---

[1] 孙永强，高中语文阅读网络学习空间设计研究 [D]. 长春：东北师范大学，2015.

理论 4：学习模型构建理论

学习模型是依据一定的学习或教学理论，基于一定的价值取向，由若干要素及要素之间关系组成的可以指导学习或教学过程实施、策略制定、实践应用等的概念集合体，其描述对象主要涉及学习的目标、过程、内容及条件等方面[①]。在信息技术与教学融合的背景下，学习模型的科学性，直接影响教学的实施效果，以及技术环境对于教学的支撑效果，对教师引导以及学生自主学习起到极为关键的影响。

乔伊斯认为，最基本的教学模型包括教学目标、学生当前水平分析、教学过程以及相应的评价，其主要结构随着不同教学理论的支撑，会演化成不同的部分[②]。苏联学者巴班斯基研究提出，学习理论及学习目标的不同会对学习模型构建维度产生重要影响，学习模型具有一定程度的特殊性[③]。

智慧学习模型构建，需要从学科或课程分析入手，力图在促进学生思维及能力提升的基础上实现智慧型人才培养。智慧学习模型构建，需要结合学习目标、过程、内容及条件等，分析智慧学习过程及关键要素的特征，决定智慧学习模型的基本框架及内涵。

理论 5：技能与思维相关理论

知识习得、思维训练、人格养成是智慧教学的价值取向，实现的过程取决于对教学过程中各要素的理解，以及能力与思维属性的理解。问题解决能力的重要体现是思维方式和能力，由此可以分为新手型学生和专家型学生[④]。前者的学习行为是点状，往往只关注强关联的知识；后者的学习行为是

---

① 拉尔夫·泰勒.课程与教学的基本原理 [M].北京：中国轻工业出版社，2014：150-161.

② 布鲁斯·乔伊斯.教学模式 [M].北京：中国人民大学出版社，2014：6-10.

③ 尤克·巴班斯基.教学过程最优化：一般教学论方面 [M].北京：人民教育出版社，2007：131-142.

④ LINN M C，EYLON B S. Science Education：Integrating Views of Learning and Instruction[M]// ALEXANDERPH W. Handbook of Educational Psychology（2nd）. NJ：Lawrence Erlbaum Associates，2006：360-380.

网状，在知识组织方面有很好的适应性，能挖掘弱关联或潜在关联的知识结构[①]。另外，两者在解决问题中，特别是策略制定方面存在差异。新手型学生往往采取手段与目标相结合的方式，根据目标的属性去回忆所学的知识，决定采取什么样的手段及路径去实现，这样的方法面对复杂性问题时往往显得毫无举措；专家型学生在处理复杂性问题时常常善于分解并推理问题之间的联系，尝试进行相似性比对，从而能够快速解决问题。

鉴于思维的复杂性，目前学界对思维的本质仍然存在不同的认识，本书遵从布卢姆的思维分类，认同思维具有低阶与高阶之分。智慧教学旨在通过先进的技术来促进学生智慧的培养，根据定义很难对智慧教育的价值取向有一个把握，所以很多学者都将智慧落脚到能力、思维等实际存在并可研究的方面。技能与思维分类对智慧学习过程的理解提供了一个很好的可行及实现途径。在教学方面，技能与思维分类能指导智慧学习模型落地并进行实际教学的应用；在技术支撑方面，技能与思维分类能提高技术支撑策略的针对性。

三、新型教学结构

北京师范大学何克抗教授曾指出，在教学内容、手段和方法的改革探索中各级各类学校都做出了很大的努力，取得了较显著的成绩，但是这些改革没有带来实质性的变化。其原因是，教学内容、教学手段和教学方法的改革都不一定会触动教育思想、教学观念、教学理论和学习理论这类较深层次问题，要真正触动改革，需要构建新的教学结构。何克抗在 2001 教育技术论坛上做了题为"E-learning 与高校教学的深化改革"的大会主题报告，全文于 2002 年发表在《中国电化教育》上[②③]，文中对教学结构进行了定义，引

---

① ZIMMERMAN C.The Development of Scientific Reasoning Skills [J].Developmental Review，2000（20）：99–149.

② 何克抗 . E-learning 与高校教学的深化改革（上）[J]. 中国电化教育，2002（2）：8–12.

③ 何克抗 . E-learning 与高校教学的深化改革（下）[J]. 中国电化教育，2002（3）：11–14.

起了学术界争论。邱崇光 ①② 、余胜泉 ③④ 等先后撰文争论"教学结构"与"教学模式"的定义、异同和关系。

探讨 1：教学结构的概念与特性

何克抗指出，教学结构是指在一定的教育思想和教学理论、学习理论指导下，在一定的环境中展开的教学活动进程的稳定结构形式 ⑤⑥ 。简单地说，教学结构决定教师按照什么样的教育思想、教学理论与学习理论来组织教学活动进程，是教师、学生、教学媒体、教学内容等教学系统四要素相互联系、相互作用的具体体现，具有依附性、动态性、系统性、层次性、稳定性等特性。

（1）依附性

教学结构强烈依附于教育思想、教学理论和学习理论，即用不同的教育思想、教学理论和学习理论指导就必然形成不同的教学活动进程结构。

（2）动态性

教学结构是"教学活动进程"的稳定结构形式，这里强调的是"进程"，即必须是在教学活动进程中表现出来的稳定结构形式才是教学结构，脱离"进程"即无所谓教学结构。

（3）系统性

教学结构是教学系统中四个要素（教师、学生、教材、教学媒体）在教学活动进程中相互联系、相互作用而形成的稳定结构形式，四个要素缺一不可。所以教学结构是教学系统整体性能的体现，而不是系统局部性能的体现，更不是某个要素的个别特性或某几个要素的若干种特性的体现，

---

① 邱崇光."教学结构"和"教学模式"辨析——与何克抗教授商榷 [J]. 电化教育研究，2002（9）：10–13.

② 邱崇光.对我国教育技术学科研现状的冷思考——从"教学结构"与"教学模式"争论谈起 [J]. 电化教育研究，2004（7）：20–23.

③ 余胜泉，马宁.论教学结构——答邱崇光先生 [J]. 电化教育研究，2003（6）：3–8.

④ 余胜泉，陈玲.论教学结构的实践意义——再答邱崇光先生 [J]. 电化教育研究，2005（2）：21–26+43.

⑤ 何克抗.教学结构理论与教学深化改革（上）[J]. 电化教育研究，2007（7）：5–10.

⑥ 何克抗.教学结构理论与教学深化改革（下）[J]. 电化教育研究，2007（8）：22–27.

教学策略与方法则可以只与其中的部分要素相联系，而不必同时与四个要素相关联。

（4）层次性

由于教学结构是由四个要素相互联系、相互作用而形成的，其中"教材"（教学内容）与课程密切相关，在不涉及具体内容的场合，可以讨论不同课程共同遵循的"教学结构"，也可以讨论同一课程内不同教学单元中的"教学结构"，或某个教学单元内的某一节课的"教学结构"，从而表现出教学结构的层次性。

（5）稳定性

尽管教学结构具有动态性，但它不是随意变化、不可捉摸的，而是一种稳定的结构形式。具有这种稳定性，显然和教学结构强烈依附于某种教育思想、教学理论、学习理论有关。

 探讨2：教学结构与教学模式辨析

余胜泉教授[1][2]认为，教学结构中教师、学生和教材（教学内容）、教学媒体四个要素之间具有彼此相互作用的关系，这些关系是在教学过程中动态展开的，又有固定的关系特征。

教学模式是开展教学活动的一套计划或模型，是基于一定的教学理论而建立起来的较稳定的教学活动的框架和程序，也就是各种教学活动有机地连接在一起而组成的具有动态性的过程。从微观教学活动的角度看，教学模式具有变化性；从宏观过程的角度看，教学模式又具有比较稳定的过程形式。一种教学模式由几种教学策略或教学方法实施的教学活动组成。教学模式是教学理论在某个具体领域的具体化，同时又直接面向和指导教学实践，具有可操作性，是教学理论与教学实践之间的桥梁。

"策略"是指行动的指导方针和工作的方式、方法，方法是指解决问题的计划、窍门与程式。教学策略就是在教学过程中，教师和学生为实现教学

① 余胜泉，马宁.论教学结构——答邱崇光先生 [J].电化教育研究，2003（6）：3-8.

② [1] 余胜泉，陈玲.论教学结构的实践意义——再答邱崇光先生 [J].电化教育研究，2005（2）：21-26+43.

目的、完成教学任务而采取的方法与技巧，具体体现在教与学的相互作用的活动中。

何克抗认为，教学结构和教学模式之间有很密切的关系。因为任何教学结构都要通过某种教学模式才能实现，新型的教学结构则要通过全新的教学模式来实现[①]。

教学结构、教学模式与教学策略是处于三个不同层次上的概念。教学结构处于较为宏观的层次，用于反映一定教育教学理论中四个核心要素在教学中比较稳定的作用关系，不依赖于具体的教学内容与教学对象；教学模式则是教学结构在具体的课程中教学过程中展开的体现，同一教学结构在不同的教学内容、教学环境与教学对象中展开，可衍生多个用于指导具体教学进程展开的教学模式；教学策略是最下位的概念，指教学过程中所使用的技巧，在某个教学模式中，可以采用多种教学策略，同时，一个教学策略可用于多种教学模式中，三者关系可用图 4-2 表示。

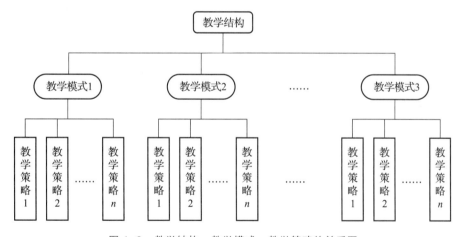

图 4-2 教学结构、教学模式、教学策略的关系图

探讨 3：三种典型的教学结构

关于教学结构，目前学界普遍认为有以教师为中心的教学结构（简称教师中心教学结构）、以学生为中心的教学结构（简称学生中心教学结构）、

① 何克抗.教学结构理论与教学深化改革（上）[J].电化教育研究，2007（7）：5-10.

教师主导—学生主体的教学结构（简称"主导—主体"教学结构）^①。

（1）教师中心教学结构

以教师为中心的教学结构已经存在了几百年。从 17 世纪 30 年代捷克的夸美纽斯发表《大教学论》，提出班级授课制度，开创以教师为中心的教学结构以来，经过历代众多教育学家、教育心理学家的努力，这一领域的实践探索得以不断深入，教学理论研究成果也层出不穷。比较突出的有：19 世纪德国赫尔巴特的"五段教学理论"（预备、提示、联系、统合、应用）；20 世纪苏联凯洛夫的五段教学论（激发动机、复习旧课、讲授新课、运用巩固、检查效果）；赞可夫的"发展观"（教学不仅应当为掌握知识和技能服务，还应当为促进各个方面发展服务）；巴班斯基的"最优化"理论（选定最佳教学方案，按照实施中的反馈信息及时调整教学活动进程，以期达到最大效益，并使每个学生都能得到最合理的教育和发展）；布卢姆的"掌握学习"理论（只要能正确运用"掌握学习"的教学策略，绝大多数甚至90%以上的学生都能很好地达到教学目标的要求）；加涅的"联结—认知"学习理论和"九段教学法"；20 世纪后半叶奥苏贝尔的"学与教"理论。

由图 4-3 所示的教师中心教学结构可以看出，教师是知识的传授者，是主动的施教者，是教学的绝对主导者，监控着整个教学活动的进程；学生是知识传授的对象，是外部刺激的被动接受者；教学媒体是辅助教师教的演示工具；教学内容基本由教材决定，教材是学生的唯一学习内容，是学生知识的主要来源。

图 4-3　教师中心教学结构

以教师为中心的教学结构的优点是有利于教师主导作用的发挥，便于教

① 余胜泉，马宁 . 论教学结构——答邱崇光先生 [J]. 电化教育研究，2003（6）：3-8.

师组织、监控整个教学活动进程，有利于系统的科学知识的传授。其严重弊病则是，完全由教师主宰课堂，忽视学生的学习主体作用，学生与教师之间以单向交流为主，教材、学生和媒体之间都是弱关联，不利于培养学生的创新思维和创新能力。

（2）学生中心教学结构

进入 20 世纪 90 年代以后，随着多媒体和网络技术的日益普及（特别是基于 Internet 的教育网络的广泛应用），以学生为中心的教学结构逐渐发展起来，其理论基础主要是建构主义学习理论。在以学生为中心的教学结构中，教学媒体除了包含传统的投影、幻灯等传统教学媒体，还包括多媒体计算机、网络技术等多种现代电子媒体。教学内容这个要素也要加以扩充，不再仅仅局限于传统的教材，还包括与当前学习主题相关的录音带、录像带、CAI 课件、多媒体课件以及可以从因特网上获取的各种信息资源。

由图 4-4 所示的学生中心教学结构可以看出，学生是信息加工的主体，是知识意义的主动建构者；教师是课堂教学的组织者、指导者，是学生建构意义的帮助者、促进者；教学媒体是促进学生自主学习的认知工具；教材不是学生的主要学习内容，通过自主学习，学生主要从其他途径（例如图书馆、资料室及网络）获取大量知识。

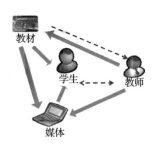

图 4-4　学生中心教学结构

学生中心教学结构注重在学习过程中发挥学生的主动性、积极性，相应的教学设计主要围绕自主学习策略和学习环境两个方面进行。前者是整个教学设计的核心——通过各种学习策略激发学生主动建构知识的意义（诱发学习的内因），后者则为学生主动建构创造必要的环境和条件（提供学习的外因）。这种教学结构由于强调学生是学习过程的主体，是知识意义的主动建构者，因而有利于学生的主动探索、主动发现，有利于培养其创新意识与能力。但是，这种教学结构由于强调学生的"学"，往往忽视教师主导作用的发挥，忽视师生之间的情感交流和情感因素在学习过程中的重要作用。另外，由于忽视教师的主导作用，当自主学习的自由度过大时，学生的学习容易偏离教学目标的要求，尤其不适合我国已经习惯了以教师为中心教学结构的广大教师和学生。

（3）"主导—主体"教学结构

教师中心教学结构的问题，过于强调教师的指导作用；学生中心教学结构完全让学生自由去探索，忽视教师、教材的作用。对此，提出学教并重的教学结构（"主导—主体"教学结构），吸收了上述两种教学结构的优点，其核心在于既要发挥教师的指导作用，又要充分体现学生的主体作用。在这一教学结构所形成的教学活动进程中，学生是信息加工的主体和知识意义的主动建构者；教师是教学过程的组织者、指导者、意义建构的帮助者和促进者；教材（教学内容）所提供的知识不再是教师灌输的内容，也不是学生知识的唯一来源，而是主动建构意义的对象之一（建构意义的对象还包括其他教学资源）；媒体也不再是帮助教师传授知识的手段，而是用来创设情境、进行协作学习、讨论交流，即作为学生自主学习和协作式探索的认知工具与情感激励工具。显然，在这种场合，教师、学生、教学内容与教学媒体等四要素和传统的以教师为中心的教学结构相比，各自有完全不同的作用，彼此之间有完全不同的关系。

由图 4-5 所示的"主导—主体"教学结构可以看出，教师要对学生及其学习过程中的教学内容及教学媒体进行总体的指导和把握，教师要根据学生的特点为其选择、设计特定的教学内容、教学媒体和交流方式，教师是教学过程的组织者、学生知识意义建构的促进者，是学生良好情操的培育者；学生拥有大量的经过教师选择、设计并控制的学习资源，是学习活动的主体，是信息加工与情感体验的主体，是知识意义的主动建构者；教学媒体既可以是辅助教师教的演示工具，也可以是促进学生自主学习的认知工具与情感激励工具；教材不是唯一的教学内容，通过教师指导、自主学习与协作交流，学生可以从多种学习对象（包括教师、同学以及社会上的有关专家）和多种教学资源（图书资料及网上资源）获取多方面的知识。

"主导—主体"教学结构表现出六种关系。一是教师和学生之间存在双向的强交互关系。教师是学生学习的帮助者、促进者，是学生学习活动的组织者和实施者，时刻关注学生的学习过程并为其提供指导和反馈；学生在教师的帮助下学习，与教师进行不同形式的交流，汇报自己的学习成果，获得教师的反馈，提出疑难问题等。二是学生从教材和各种学习资源处得到巨大的支持，获得大量的知识信息；同时，学生可以对教材和各种学习资源进行重组、挑选，从不同侧面找到与主题相关的内容，二者是双向强交互关系。三是学生依赖教学媒体和学习环境来获得信息，教学媒体为学生创设了适合的学习情境和与他人交流、协作的情境，将大量知识内容蕴含于其中；同时，学生可以根据自己的兴趣选择不同的学习工具、调节媒体呈现的形式和内容，可在一定范围内调节学习的进度，二者是双向强交互关系。四是教师要开展大量的教材、教学内容、教学资源的收集和整理工作，要为学生的学习提供内容，教师与教材是强交互关系；教材和教学内容是教师设计教学活动要考虑的重要因素，教师的教学活动依赖于相关的教学内容，从教材到教师也是强交互关系。五是教师要为学生的学习选择教学媒体，对教学媒体的呈现形式及呈现内容进行设计和组织，对相关的学习情境进行设计，因此从教师到教学媒体是强交互关系；教学媒体为教师多种教学形式的开展提供强有力的支持，为教师的教学提供不同类型的工具，从教学媒体到教师也是强交互关系。六是教学媒体和学习情境的选择与设计要依赖于教材和教学内容；教材和教学内容通过教学媒体和学习情境呈现出来，因此二者是双向强交互关系。

图 4-5　"主导—主体"教学结构

在"主导—主体"教学结构中，学生处于开放式的、互动的学习环境中，拥有大量的经过教师选择和设计、剔除掉冗余信息的资源，有利于其主动性和积极性的发挥，有利于创新思维和实践能力的培养。教师通过对教学内容、教学媒体、学习活动等的设计，使学生在学习过程中既有很大的自主权，又能保证其学习不会发生质的偏离，能在适当的时候得到教师或专家、伙伴的指导。

四、教学模式构建

教学模式是一种教学范式，是人才培养模式的重要组成部分。新时代，不仅要求职业教育要培养社会需要的技术技能人才，更要培养出全面发展的社会主义建设者和接班人。为满足更高层次的培养要求，有必要用人的全面发展思想，改革"主导—主体"教学结构，推行自主、探究、合作的学习方式，创新智慧教学模式。

讨论1：智慧教学模式创新的原则

教学模式的构建是一项富有创造性的工作，没有也不应有一个固定格式，总体来说需要遵循主体性、动态性、交互性、体验性、创造性等原则。

（1）主体性原则

马克思认为，人的需要是人的内在本性，需要是人活动的基本动力和个体积极性的源泉，是人类心理结构中最根本的东西，是人类个体和整个人类发展的原动力[①]。因此，教学模式改革需要以对人的研究为基础，分析学生的需要，探究学生的思想、动机和行为的社会根源和心理生理根据，要突出和保障学生的主体地位，要留给学生思考问题的时间和空间，要调动学生动脑、动手、动口的积极性，讲究教师要服从学生，教案要服从课堂，进度要服从效果。智慧教学要坚持以人为本，关注学生的思想观念和精神需要的变化，提供精神关怀和积极的引导，尽量满足学生合理的需要，同时要根据学生不同的需要采取针对性、差异化教学。同时，人有自尊的需要，智慧教学中要尊重学生的人格，坚持以情动人，以理服人，情理交融，充分认识学生的价值，激发其树立崇高理想和远大目标，提高教学的实效性。智慧教学不仅是对学生进行知识教育，更要培养学生树立正确的价值观、世界观和人生观，实现人自身的回归，不断健全自身的人格，促进全面发展。因此，智慧教学模式必须根据社会实际不断创新，充分调动学生的积极性，促进其能力、自由个性的充分发展，积极发挥其主体性，满足自我需要，实现自我价值。

---

① 余胜泉，马宁.论教学结构——答邱崇光先生 [J].电化教育研究，2003（6）：3-8.

（2）动态性原则

课程是静态的，学习是动态的。在学校教育中，学习的过程不是静态的接受过程，而是一种动态的实践活动，不仅是一种被动的行动，更是一种主动的参与过程，也就是在一个群体中不断调整社会关系、体验组织角色、寻求他人认可的过程。职业教育教学不仅是职业技能的传播，更是文化传承、发展与革新的过程。

一是思维的动态性。传统的教学模式大多强调形象思维和逻辑思维，重视思维的整体性、集中性和连续性，忽视思维的动态性与复杂性。传统的课堂教学没能充分重视学生思维的动态训练，只关注学生对知识技能的接受程度和记忆的持久性，教学过程呈现出射线型，教师如同一个发射塔，学生只是接收器，学生只需要遵守规则地接收信息，而不需要反馈和加工信息。这样的教学过程使学生的思维处于相对的静止状态，学生的知情意行没得到充分的发展，更谈不上全面发展了。职业院校学生的思维动态性重点表现为，在技术知识学习中，有思维的碰撞，有新旧知识技术和技能的矛盾和同化，价值的判断等，技术知识学习的过程中思维是在不停地运转的，始终捕捉课堂中的信息，进行反应、辨别和加工。因此，职业教育智慧教学要注重课堂动态性，要以问题为导向、以任务为驱动，围绕技术知识体系构建而展开课堂教学活动。这里的"问题"不是传统教学中的试题，而是任务训练和知识创新中具有内在复杂性和社会实践性，重视培养学生的真实问题。任务具有开放性，可能是一个方案、一个项目或是一个人际交往中的难题，并没有绝对正确的答案，可以接受殊途同归的解决方式，使学生的思维始终处于运动的状态，在思维的动态过程中接受了知识和技能。

二是身体的动态性。传统的课堂教学中学生被强迫坐在固定的位置上，不能随意讲话，不能随意挪动，不能东张西望，主要的工作就是眼睛看着教师，耳朵听着教师，这样的教学方式不利于学生的全面发展。职业教育教学主要是社会实践活动，需要各类成员的参与和交往，不仅仅是师生之间的交往，还有生生之间、学生与专家之间的交往，在解决问题的过程中，展开知识和技能的交流、碰撞、道德伦理的评判。因此，职业教育智慧课堂是动态的课堂，学生可以在一定时间和空间中用眼睛看，用嘴巴讲，用手去操控，用心去体验和观察，充分调动身体的各部分机能，通过参与、体验、互动、交流达到获取知识、提高技能，增强素质的目的。

（3）交互性原则

教学模式的交互性原则来源于 20 世纪 70 年代的交互式教学。交互式教学主张教师不再是知识的提供者，学生也不仅仅是知识的接受者，知识的获取有多种途径，其中包括师生之间，也包括生生之间的多重交互作用。交互式教学将学习建立在师生、生生交流需求的基础之上，要求师生双方积极接收或传递促进双方发展的信息。

因此，在构建智慧教学模式时，要遵循交往性原则。师生之间、生生之间、人机之间在交互的过程中，实现以教师为中心的传统教学模式向以学生为中心的现代教学模式的转换，以保证学生成为学习的主体，使其在课堂上充分发挥学习主体的主观能动性，并通过师生、生生之间多元、全面、深层次的积极交往与互动，促进学生全面和谐的发展。

著名哲学家胡塞尔的"主体间性"理论为交互性原则提供了理论基础，"主体间性"揭示了两个主体之间不是对立的关系，而是彼此依赖、共同进步、相互统一的关系。学生作为主体，是具有一定社会性的。在学习过程中，学生也是生活在某种社会关系中，总要和他人发生一定的联系。个人主体是在与他人的交往中凸显自我的，不存在不与他人交往的个人主体。因此，交互性原则首先要打破传统的课堂教学格局，由教师主体向学生主体转移，突出学生的主体、平等地位，确立教师与学生之间的主体与主体之间的关系。教师在课堂中不再是霸主地位，而是和学生享有平等的地位。其次，交互性原则要求学生的学习是合作学习，是指通过师生、生生之间的具有建设性的合作互动完成教学目标，实现学生个体性与群体性的全面发展。合作学习不仅有利于促进学生主体性的发展，还有利于培养学生的社会适应性，促进学生的互动和交往，达到信息及时平等交流的目的。同时，还要注重多元交互，使信息能够平稳、通畅地交流，师生、生生和人机之间的信息获取有了对等性，打破了传统教学信息交流的单边性和不可逆性。于是学生在交往中形成价值判断，获得多方信息，提高交往能力，促进全面发展。

（4）体验性原则

智慧教学模式构建的体验性，是指以引发学生的情感认知体验为核心，通过学生学习体验的生成来构建促进学生全面发展。学习体验来自生命的体验，教学模式构建中，应当把学生当作是有情感、有价值判断、有道德标准的人。学习体验是一种伴随学习活动生成的学习经历，是对学习过程的反思，在学习中"得到情感体验、人格提升、个性张扬，生命活力得以焕发，生命价值得以提升的过程"[①]。体验是一种个体的内心形成物，在对学习过程的不断反思中，获得学习的意义、情感的体验、能力的提升和品行的锤炼。

职业教育教学就是通过让学生体验解决实践性的职业问题，在亲身经历和实践参与过程中引发内心体验，在体验的发生与发展过程中带动实践性思维提升的一种教学活动，通过这种教育活动提高学生的实践能力，促进学生精神与生命的成长。

（5）创造性原则

教学的核心是学生的知识构建与再创造，创新意识和能力培养是智慧教学模式的关注重点，主要通过学生的动手探索、动口交流、动脑思考等方式培养学生的创造性思维。教师应该善于自我调控，与学生平等对话，站在学生的角度去思考问题，让每一位学生都感受到被关注和重视。于是在和谐、平等的学习氛围中，学生必然会逐渐产生情感的迁移，进而"亲其师，信其道，乐其学"。同时，教师应加强学法指导，帮助学生学会学习，让学生自主独立地思考问题、探究问题、解决问题，引导学生自学、训练、互动、展示、评价等，充分发挥出学生学习的创造性。

讨论2：智慧教学模式创新的策略

策略是为了创新教学模式而采取的一系列行为。智慧教学模式创新策略包括内部调控策略和外部辅助策略。内部调控策略主要指学生和教师的调整和控制，外部控制策略则是指影响外部因素的辅助策略。

（1）以学生需求为动力

学生在学习中有交往的需要，有体验的需要，有自我发展的需要。马斯洛的需要层次理论和自我实现理论表明，只有人自身的内在需要才是人的行为的真正动机。个体发展的需求更加彰显了个性，这是人的本性需求，不是外在力量强加于人，个体会尽己所能去满足这种需要，使个体自身趋于完美。

---

① 赵奇志，王尔茂，贡汉坤. 高等职业教育课程结构体系设计的研究与实践 [J]. 教育理论与实践，2012，53（18）：24–26.

调研发现，职业院校的学生更喜欢形式多样、氛围轻松活泼的课堂教学形式，不满于单一的教学模式，因为单一的教学模式不能为个体发展需求提供平台，难以发挥学生自身特长，学生会用自己的方式抵制单一教学模式的消极影响，因此会出现一系列学习问题，包括上课迟到、不认真听讲、不遵守纪律、成绩不理想，甚至不尊敬教师等行为。这些行为背后可能隐藏了对教学模式的不满情绪，这种不满情绪往往会推动教学改革。

职业院校的学生不仅仅需要从学习中获取专业领域的技术技能，还需要具备广博的生存能力，包括适应职场需求的专业知识、专业技能、专业态度等，适应科技与社会的资讯应用、创造思考、问题解决、终身学习等能力，精神层面的人文素养、情绪管理、正确价值观等，融入企业的团队合作及沟通与表达等能力，以及耐力、体力和强健体魄等能力。单一的教学模式很难支持学生获得以上知识和能力，必须更新传统教学模式，通过改变教学方式和形式，加强学生的体验和交往。

（2）以教师反思为拉力

反思是教师用来衡量和检验教学目标与教学效果之间关系的手段和工具，也是教师自我发展过程中必备的能力。教师要能对自己的教育观念及教学实践进行理性的审视、分析和判断，对教学目的、教学内容、教学手段进行加工整理，而使之系统化，促进教学行为的变革。范梅南[1] 提出将教师反思性实践分为三种不同的层次：第一种层次是反思性实践与教学实践关系，需要在课堂教学中恰当地选择与使用教学策略、教学方法等；第二种层次是对课堂实践中的潜在假设的特殊策略、课程等实施结果反思，教师在教学实践中运用教育标准来做出个人判断；第三种层次是批判性反思，要求对直接或间接与课堂教学相关的道德、伦理以及其他标准质疑和审视，包含了对正义、平等以及满足人类重要目标的关切，参与这一层次反思的教师，不仅要对学生的长远发展做出有利决定，还必须超出课堂之外，为教育政策做贡献。

由于职业教育课堂教学情境的复杂性，职业院校的教师要成为教学实践的研究者和监督者，更要勤于思考，善于发现问题，把自身反思内化为实践性知识技能，再指导自己的教学实践，不断总结、归纳更适合职业教育教学

---

① 罗祖兵，从"预成"到"生成"——境遇性教学导论 [D]. 武汉：华中师范大学，2007.

特点的教学模式，形成良性循环。

教师反思是有预期的意识指向，虽然教育发生的细节、过程甚至模式并不是完全按照事先规定的策略进行，却使得教育总是不断有新的可能性创造，伴随着生成性而进行。教师的反思行为作为一种意识，接收来自各方面的信息，一旦与曾体验的情境相遇，所有视域都会调动起来，意识马上就能与当下的教学经验建立起意义联系。当教师对教育、对学生、对事业都充满热情和喜爱，对教育意义有深刻的理解时，教师的反思意识就会更加自觉、敏感，教师在教育实践中就能够更加恰当地运用教学模式，恰当地启发和引导学生。

（3）以教学研究为推力

教学实践中蕴含着宝贵的教学思想和创新，充分体现了实际的教学情境，但往往由于缺乏理论的指导，在学术上达不到一定的高度，需要深入开展教学研究，提供理论支撑和支持。

教学模式是教学理论的具体化，是理论和实践结合的桥梁，在教学中有非常重要的作用。教学研究在构建教学模式的推动力实质上是理论的演绎，能进一步推动教学改革。教育理论的实践特性要求教学研究深入实践之中，从实践中提升理论并能结合实际运用理论。教学研究除了要尊重教学实践的发展过程，还要时刻观察教育实践，包括学生、教学环境和教学技术变化，通过实践中去鉴别哪些理论更适合于教学实际。教学研究回归教学实践就是推动教学改革的过程，是推动教学模式构建的过程，要在教学实践中寻找研究的问题，建构理论，衡量和判断理论的实践价值，探究教育教学的重要意义。

讨论 3：智慧教学模式创新的路径

模式是理论的"缩本"，是经验的"概括"，是做事的"门道"。为了更好地引导智慧教学"落地"，改革新型教学结构，需要创新教学模式，研究并创设教学模式的路径和条件，实现预期目标。

（1）树立现代化教学观念

目前，一些职业院校对人才培养目标和教学改革价值取向的理解不深，过度强调职业技能的培养，导致在办学理念的确立、培养目标的实现、价值取向的明确等方面出现了偏差，忽视了职业教育作为一类教育应该贯彻全面发展的教育方针，没有将价值塑造、智慧培育、思维培养等非技能教育纳入培养体系。在培养目标上，过度强调对岗位技能的精通与熟练掌握，忽略人文意识和人文精神的塑造，淡化了对学生全面发展的培养。

职业院校在教学改革中，要贯彻全面发展的教育方针，摒弃功利主义教育价值观，彻底转变职业教育就是"技能教育"的狭隘认识，充分认识人文素养教育的重要性，确立技术与人文融合的理念。教学模式不仅仅趋向于技术能力取向层面，还必须着眼于人的全面发展，如此才能满足经济社会发展对技术技能人才的要求，要以提高学生的职业能力为核心，以促进学生的全面发展为目标，提升知识、情感、道德、品质等在教学中的地位，培养健全的人格，把学生培养成既有技术技能又有情操文化、既有科学精神又有人文素养、既有职业能力又有职业操守、既能工作又懂生活的全面发展的人。

（2）构建智能化学习环境

学界通常将具有情境识别、广泛联通（联结学生、资源、老师、家长、专家等）、自然交互、无缝联结和学习分析与辅助决策功能的高级智能化学习环境称为智慧学习环境，它是能够感知学习情境，识别学生特征，提供合适的学习资源与便捷的互动工具，自动记录学习过程和评测学习成果，以促进学生轻松、投入和有效学习的学习场所或活动空间[1][2]。智慧学习环境在社群联结（包括教师社群和学生社群）、学习跟踪、数据保存、智能分析、资源推送和决策建议方面提供重要支持，让教师从繁重的重复性、低价值的机械性劳动中解脱出来，将有限的精力投入教学设计、学习指导、答疑解惑、教学活动组织和个性化评估等创新性活动之中。在教师的针对性指导和智能化、生态化学习环境的助力之下，学生将更加专注于创意设计、任务协作、知识表达、作品展示、学习反思和核心知识网络建构等高价值活动。

一是构造线上线下相结合的智能学习空间。利用线上线下相结合的智能学习空间记录学生在学习、娱乐、实践等不同活动中的过程性数据，形成适配性、个性化的数据库。基础数据为智能环境识别学生特征、教师及在线平

---

① 黄荣怀，杨俊锋，胡永斌.从数字学习环境到智慧学习环境——学习环境的变革与趋势[J].开放教育研究，2012（1）：75-84.

② 黄荣怀.智慧教育的三重境界：从环境、模式到体制[J].现代远程教育研究，2014，132（6）：3-11.

台提供合适的学习资源与便利的互动工具提供了依据。在学习过程中，依据基础数据预测出的学生特征，利用线上平台提供课程、数据等，同步定向推送学习资源。同时，智能学习空间为学生提供基于在线平台的学习社群、教学社群等，建立"学生—教师—信息—环境"等多极之间的相互作用。

二是利用智能技术提升学习环境的沉浸体验。在实习实训环境设计中，充分利用 AR/VR 等智能技术，增强学生的沉浸式体验。尤其在航空航天、土木工程、桥梁建造等相关专业的实践中，教学资源强调直观性和可视化，思维培养强调空间想象的设计思维，这类专业对于智能技术变革学习环境的需求较为旺盛，应当在设计与实施中着重考虑学习环境的沉浸式体验。此外，搭建电子书包环境，同步整合云计算、学习分析技术等，创新构建智能交互、沉浸体验的智能化学习环境、实践场景，增强立体化学习资源、虚拟教具、多维互动、电子档案袋等在个性化学习、个性化科研、个性化实践中的支持作用，推动智能技术对学习环境的变革与创新。

三是基于多模态数据提升学习环境的交互功能。学习环境承担着创新与实践的双重属性，因此，包含的信息量加大、学生与环境之间的交互成本较高，如需要处理物理、虚拟等不同类型的数据。在基于智能技术设计学习环境时，强化多模态数据的利用，增强学生对学习环境、实践环境的感知识别能力，从而匹配相应的态度、知识、技能等。例如，为学生提供场景切换能力较强的智能手环、智能可穿戴设备，实时收集实验室仪器设备、实践场所等的物理环境信息、认知加工信息等，为进一步的人工信息处理或机器智能处理奠定数据基础。

（3）开展智慧化学习活动

学习活动是智慧教学的关键，引导学生应用智能化学习环境，发展智慧能力、获得良好体验，完成教学任务的要求、实现教学目标。

智慧化学习活动比传统学习活动更强调学生的主体地位，是一种学生通过亲身体验获得直接经验，不断反思、概括，实现知识应用和迁移的连续性学习过程。因此在设计学习活动时，要结合活动理论，充分思考活动设计的要素和流程，以保证学习活动的可行性、可操作性及活动效果。本书提出图 4-6 所示的智慧学习环境下智慧学习活动设计流程，包括学习内容、学习者、学习目标三个方面的前端分析，确定活动任务后对学习情境、活动形式、体验式学习资源与工具、活动规则、活动序列以及学习评价进行设计。

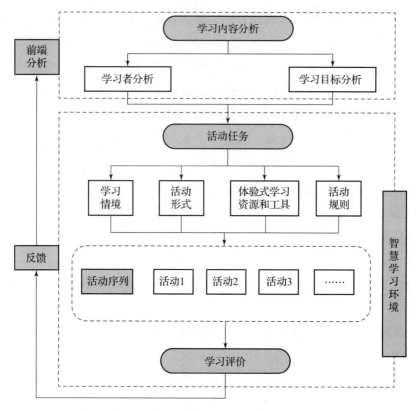

图 4-6　智慧学习活动设计流程图

（4）整合适应性学习资源

新型教学模式的建立要综合利用各类教学资源。所谓教学资源从狭义上理解就是指教学的材料，是各种教学活动的媒介，包括了教师教学行为中所利用的一切手段和素材。

新型教学模式所需的教学资源呈现多维性的特征，按载体的不同可分成纸质类，比如教材、辅助教学指导书、教师编写的单元方案和学案等；媒体类，如 AR/VR、视频、音频、图片等；实物类，如模型、标本、设施设备等。教师要能根据教学内容和学生的特点选择多样性的教学资源丰富课堂教学内容，以逻辑式组织和心理式组织相结合的原则，按照弹性方式有效地组织。逻辑式组织是一种较为传统的教学资源组织方式，其主要特点是按照学习内容的逻辑特征，从成人的思维观点出发，按由浅入深、由难入易的顺序安排，按照章、节、目的顺序编辑，纲目井然，有条不紊。心理式组织是进步主义教育流派倡导的教学资源组织形式，其特点是以学生为本位，按照学生的需要和学习兴趣组织教学资源。此种组织方式的倡导者认为，呈现给学生的教学资源未必需要按照由易而难的原则安排，如果学生有需要，有学习的兴趣，虽然难学生也会愿意接受；反之，如果教学资源没能满足学生的心理需求，没能引发学生的学习兴趣，那么虽然容易学生也不愿意去学习。弹性组织方式综合了上述两种组织方式的特点，不趋于极端，根据具体的教学目标、教学内容和学生的情况而定，既顾及了学科体系的完整性，也照顾到了学生的学习需要和学习兴趣。

（5）创新弹性化管理机制

教学活动是师生共同参与的互动过程，教师是主导，教师个人的教学智慧、教学激情、教学风格是课程教学效果的最关键影响因素。但作为一个系统工程，教学模式的变革，需要多方努力和参与，需要处理好社会与学校、课程与课程、教师与学生的多重关系，需要在历史与现实、单体与整体间建立联系，需要改变刚性统一的管理机制，建立教学互动、评价激励、管理创新等弹性多元的管理机制。

一是建立教学过程互动机制。教学过程的实质是师生双向互动和学生的自我建构过程，因此教学要促进师生交往，调动师生双方的教学积极性。教师要为人师表、严谨治学、从严执教，但不能凡事亲力亲为地包办，为此要在教学过程中"从旁指引"与"在前牵拉"，更要转换角色，要感染、熏陶和帮助学生，而不是将自己的想法和意志强加给学生。学生应充分认识自身的主体性，树立主人翁意识，张扬个性，不唯书、不唯上、要唯实，变依附为主体，主动学习、主动了解、深入研究、身体力行。智能时代，信息量激增，获取知识的方法远比获取的知识更加重要，能够将知识转化为智慧则显得更加重要，因此，教师已经不再是知识的权威，而是知识的援引者和学生，应提倡平等民主的学习，要有宽容的心态，教学相长，互相学习。从教学管理的角度出发，调动师生教学的积极性就是要通过政策的激励，调动教师参与教学模式变革的积极性，要改变教学组织和安排，为师生积极投身教学模式改革与实践尽可能创造机会和条件。

二是教学评价激励机制。智慧教学评价应充分利用信息技术优势，改变传统上无差异、单向度、学生评价为主的评价体系，实现多元化、科学化、多样化、制度化的"四化"机制，即评价主体多元化，让学生、同行、领导、督导都参与进来，倾听多方意见，全方位、多角度开展评价；评价指标科学化，既评教师"教"的有效性，又评学生"学"的有效性，既评知识、能力等近期显性目标，又评意志、实践等远期隐性目标，既评教学内容、教学手段、教学方法等教学内部因素，又评环境、政策、学风等教学外部因素；评价方式多样化，问卷、调查、访谈多管齐下，线上线下调查结合，同时更多地深入课堂获取第一手资料，采取灵活评价方式；评价反馈制度化，既评结果，又评过程，变终结性评价为形成性评价，形成"评价—反馈—改进"的良性互动机制，同时注重对评价结果的合理运用，完善激励反馈机制，提高评价的信度和效度。在具体的课程考核方式上，改变"一考定终身"的考核方式，实现考试方式多样化，重在考核学生的智慧生成。

教师是教学质量保障的中心力量，对于智慧教学模式变革这样的新事物，教师有极大的积极性和创造性。要采取有效激励机制予以调动，认可教师进行教学模式改革的相关工作，将其等同于甚至高于传统教学，这是学校最需要给予的支持。与此同时，学校要以课程开设而不是课程建设为牵引，修建一条鼓舞人心的道路，如此一来，教师在教学模式实践的过程中所收获的不仅是喜悦，还有兴奋。

三是教学管理创新机制。推进教学模式变革，首先要转变观念，在充分认识其价值、坚定改革信心的同时，从开课模式、管理机制、支持系统等方面努力探索。课程建设要多样化，在建设主体方面，要充分挖掘本校师资潜力，同时聘请知名专家开课，大力引进知名教师开设的优质课程为我所用，丰富课程选择，探索以课程开设带动课程建设的改革路径，确保课程的"生成"品质和改革推进。开课模式方面，既可以采取教师单独开设的传统模式，也可以尝试教师"组合"开课的模式，或者"老教师＋新教师"的连带模式等。课程安排方面，进一步推进理论教学与实践教学一体化模式、传统教学与网络教学"翻转"的模式，探索全程在线教学的课程辅助教学模式，等等，为学生提供多样化的学习选择和方案，支持其个性化发展需求。管理机制方面，建立弹性的教学管理机制，鼓励教师进行教学模式改革，如对教师的教学工作量、课酬、课程建设经费、教学质量考核等采取灵活的管理，体现政策倾斜，扶持其发展。对课程的教学质量进行过程控制，做好传统教学与改革教学任务的协调，制定课程学分的认可政策，等等。建设弹性而富有激励的管理机制，是教学模式变革得以制度化和长效发展的基础。支持系统方面，要将支持系统扩大化，学校要认识到教学改革的成功与强大的社会支持密不可分，应充分发挥多主体优势，逐步形成政府主导、购买公益服务与市场提供个性化服务相结合的资源共建共享机制，要鼓励企业和社会力量投资、参与教育信息化建设与服务，形成多渠道筹集经费的投入保障机制，促使管理在教师信息素养标准建立和信息化素养培训、考核和认证方面负起责任。

五、典型模式探讨

近些年来国内外学者对智慧教学模式展开积极探索，将管理探索与实践应用相结合，构建了一系列典型模式，创设实现与智慧教育相吻合的教学结构，通过教学结构变革提高智慧能力、增强学习体验、提高学业成绩，并取得了一定的实践成效。

典型 1： 个性化教学模式①

个性化教学是指根据学生的兴趣、需求、认知水平等个体差异，为学生提供个体所需的最适切的学习方法和策略，以促进个性和能力最大化发展的教学方式。传统的大班制教学，重统一轻个性，"互联网＋"教学以其能承载媒介多元化、打破时空和人数限制、突破教学内容和方式等优势，改善了这一局面，为个性化教学提供了契机，立足于学生自身的特点和学习需求，以丰富的教学资源和学习环境为基础，以多样化的学习路径和教学策略为手段，融入多元发展性评价来组织、实施教学，最终实现学生个性和能力的最大化发展。

当前，教学模式可以分成线上模式、线下模式和线上线下相结合模式，这三类习模式都存在各自的缺陷。线上教学模式，虽有较好的学习体验、较低的学习成本，但过于强调学生的个人主动性和探索能力，大部分学生难以坚持学完课程并获得与传统教学模式同等水平的教学效果。线下教学模式，因学习效率和效果问题，不适应当今教育改革发展需求。线上线下结合模式，可以解决线上教学模式在教学支持和教学效果方面的问题，但对教学场

---

① 颜正恕，徐济惠.线上线下一体化"互联网＋"个性化教学模式研究 [J].中国职业技术教育，2016（5）：74-78.

所、学习人数有一定的要求，虽然没有线上教学模式那么方便和应用广泛，但其教学质量和教学效果比较接近传统教学。本案例借鉴了翻转课堂、慕课（MOOC）模式的优势，重新设计了线上线下相结合的教学模式，立足个性化和协作化相结合的教学方式，既尊重个体的学习习惯、学习兴趣，又能根据不同的认知能力构成协作小组，既能让学生根据自身能力进行分层递进式学习，又能让学生在合作中取长补短，促进学生间情感交流，将学习动力进行内化，实现主动学习，获得适合自己需求的教学体验和知识能力。教学模型如图 4-7 所示。

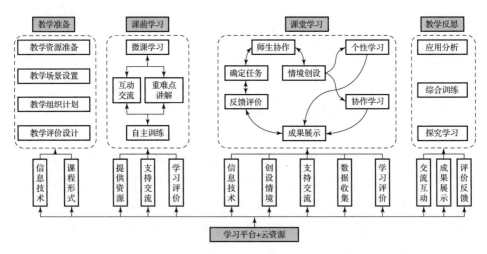

图 4-7 "互联网 +"教学的个性化教学模式

（1）教学准备

在教学准备中，教师组建课程教学团队，对团队成员进行合理分工，完成课程的教学设计、内容准备、资源整合，构建教学场景，设计学习任务、设计线上线下教学组织形式，确定评价方式和内容。在教学设计上，要有明确的教学目标并体现个性化教学要求，考虑学生间的差异；教学内容具有足够的广度、深度、以及先进性和时效性；要区分线上线下教学资源的区别；教学过程要有趣味性和启发性[①]；所制作和挑选的教学资源要适合网络平台的技术要求；线下教学以讨论、实践、应用和探究为主，关注参与线下学习的学生个体，注重面对面的交流；设置合理的答疑环节，及时反馈和解决学生问题，组织线上线下的交流和互动；为学生开发多样化的考核评价手段。

---

① 申仁洪，黄甫全 . 合作活动学习刍论 [J]. 教育研究，2004，25（10）：60-63.

（2）课前学习

在课前自学中，学生可以通过智慧学习环境明确了解课程的学习目标、学习任务和学习内容。在网络虚拟教室中，学生利用教师事先录制的视频学习理论知识，进行练习和自测，并以自组织的形式参与到网络讨论中，总结出有探究意义的问题，初步完成对接线下知识应用和创新的准备，教师同步做好线下或者线上虚拟课堂，为协作式和探究式个性化教学的组织做准备。在整个过程中，学生以合作学习为主，获得知识和自主学习体验，建构知识体系与学习经验。

（3）课堂学习

在课堂学习中，教师首先构建完整明确的学习场景，抛出多个与教学相关的学习任务或讨论主题。师生在确立场景和主题过程中充分协商，学生可以选择教师提供的多个主题之一，也可以自主确定相关主题；学生根据自己的学习能力或者教师建议选择独立探究学习或者协作学习，在这个过程中教师给予个性化的指导，记录学生学习的难点，观察学生的总体表现，判断确定教学重点和难点。学生展示学习成果，进行学生间、组间交流，或在平台上提交学习疑问进行线上交流。教师对学习成果进行评价，对重难点进行讲解和答疑解惑。最后，教师可以直接根据学生表现评定学生成绩，也可以通过布置习题或者测试来评测学生知识技能的掌握程度。

（4）协作学习

协作学习由协作小组、成员、辅导教师和协作学习环境组成。协作小组通常为3~5人[①]。成员依据学习成绩、认知能力、认知方式、性格差异等因素异质或同质分组。教师应转变角色，从知识的灌输者变为协作学习的组织者与帮助者，变学生的被动接受为主动求知，给学生更大的自主空间。实施过程如图4-8所示。

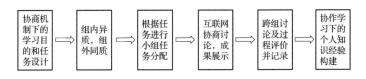

图4-8 基于"互联网+"教学模式的协作组织路径图

---

① 柴少明，赵建华，李克东.基于活动理论的CSCL协作意义建构研究[J].电化教育研究，2010（7）：96~100.

（5）个性化学习

智慧学习环境为学生个性化学习提供平台、模式和资源。在学习前，学生可以进行自我评估；在学习过程中，学生和教师可以依托大数据平台，分析判断学习程度、学习效果，进行补充式的自我学习，通过知识点间的有效链接，获得完成当下任务或者学习当前知识点需要的相关知识，知其然并知其所以然。

（6）探究学习

教师在课后需要布置拓展任务拓宽学生知识面，提升学生的学习能力。任务的形式可以是对知识技能的综合应用，完成大型的项目，也可以选择合适的主题进行探究学习。课后学习活动需要依托学习平台来获得拓展任务，上传过程性资料，进行网上讨论及训练成果的评价。组织实施形式应该多样化、个性化，教师定时进行课后学习的监控和答疑，鼓励学习创新和探索，激发学生的学习兴趣，激励学生独立完成相关任务。

（7）评价反馈

智慧教学评价根据学生的不同特质制定，强调学生的差异性、测试场景的复杂性和有效性，形式多样，注重学习过程的阶段性考评，累积学生个体学习状态和结果数据，通过大数据分析，不断制订学习计划和调整习惯，促进个人学习经验的积累，最终提升自主学习和协作学习的能力，从而完善整个个性化教学模式，提升教学能力，推动教育改革。

典型 2：探究式教学模式[①]

探究式教学模式是指在教学活动中，学生在教师的引导下，开展"自主、探究、合作"的学习方式，并对学习重点进行自主学习、独立探究、协作交流，实现教学目标、提升情感认知的一种教学模式[②]。

BYOD（Bring Your Own Device，自带设备），是指人们利用笔记本电脑、智能手机、iPad 等移动设备接入网络来开展移动办公或移动学习的做

---

① 邓巧妹.基于 BYOD 的高校课堂探究式教学模式的研究 [D]. 重庆：重庆师范大学，2017.
② 秦世虎.科学探究性学习活动建构性特征的研究 [C]// 全面建设小康社会：中国科技工作者的历史责任——中国科协 2003 年学术年会论文集（下），2003.

法。如图 4-9 所示，BYOD 探究式教学模式，通过师生自带的智能手机、笔记本电脑、iPad 等作为移动设备终端来获取知识，利用其便捷性、移动性、可扩展性延伸课堂，创设合理的、生动形象的情境，让学生主动探究、动手实践，对知识进行重组和创造[1]。学生端是学生利用自带设备接入校园网开展学习；教师端是教师利用笔记本电脑跟投影仪进行联网授课；服务器（平台）主要充当教师与学生之间沟通的桥梁和存储资源的作用，教学内容通过平台以数字化方式传输[2]。

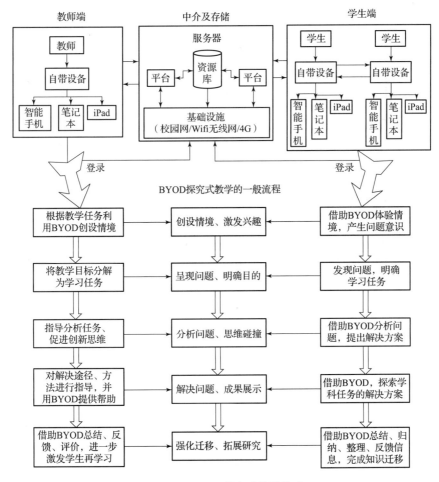

图 4-9 BYOD 探究式教学模式

① 胡晓琼.基于 1:1 数字化学习环境的中小学课程教学设计研究 [D].上海：华东师范大学，2012.

② 李葆萍.基于平板电脑的 1 对 1 数字化学习环境应用效果调研 [J].现代远程教育研究，2016(1)：96–103.

BYOD 探究式教学流程包括五个环节。一是创设情境、激发兴趣。教师利用 BYOD 引用实例以视频、图片、音频等方式创设符合学生水平、易于学生接受、贴近生活的教学情境，学生利用 BYOD 体验教学情境，产生好奇心进而产生问题意识。二是呈现问题、明确目的。教师制定问题，充分考虑学生知识水平的个体差异，调动学生学习的积极性。三是分析问题、思维碰撞。教师通过自带设备跟投影仪进行深入分析、指导，并与学生进行思维碰撞，为解决问题做铺垫；学生利用自带设备分析问题、查找资料、协作交流、思维碰撞，多角度认识事物，探究如何解决学习问题的方案。四是解决问题、成果展示。学生与教师进行沟通、合作、交流，教师听取学生的见解、感受和体验，鼓励学生畅所欲言、多角度全方面地分析问题提出见解，在学生解决问题、成果展示时，教师及时给予评价反馈，引导学生开展更深层次的学习。五是强化迁移、拓展研究。学生利用 BYOD 进行归纳整理，进一步拓展知识，教师利用 BYOD 进行总结、反馈、评价，进而激发学生再学习，引导学生深层次学习，促进学生开展自主探究学习，同时加强师生间、生生间的协作交流学习，提高教学效率[①]。

典型 3：SPOC 教学模式[②]

2012 年以来，MOOC 广泛应用，促进了传统教育理念与方式的深刻变革。然而，从慕课平台数据反映，学生在线学习注册率高、完成率低，有学者认为慕课对学生的自主学习能力要求较高，很难普遍推广，无法反映智慧教育特征，也不能代表信息化教育发展。对此，国内外学者致力于信息技术与教育深度融合的研究，提出了各种模式和方法，SPOC（Small Private Online Course）教学模式是其中之一。美国 edX 总裁阿纳特·阿加瓦尔（Anant Agarwal）教授认为 SPOC 是"Classroom+MOOC"，祝智庭教授称之为"私播课"。

SPOC 教学是以"教师主导＋学生主体"，以建构主义、行为主义、认知主义等理论为指导，利用"实体环境＋虚拟环境"的智慧生态，发挥"传

---

① 徐正涛.移动技术支持的探究式课堂教学设计 [C]// 中国人工智能学会计算机辅助教育专业委员会.计算机与教育：新技术、新媒体的教育应用与实践创新——全国计算机辅助教育学会第十五届学术年会论文集.北京：中国人工智能学会计算机辅助教育专业委员会，2012：5.

② 程美.基于智慧教育生态的 SPOC 教学模式研究与实践 [J].中国教育技术装备，2020（12）.

统教学＋在线学习"的优势，着力提升学生学习能力、核心技能、创造能力等关键能力，其模式构建不同于 MOOC、传统课堂，以及其他形式的教学。

（1）基本架构

SPOC 教学不是将传统教学和在线学习简单相加，而是在遵循科学性、系统性、可行性、开放性、灵活性、趣味性等基础上，更注重以人为本、融合创新和协同合作。以人为本是指以学生能力提升、个性成长为根本目标，设计课程和实施教学；融合创新是指充分发挥智慧教育生态优势，将现代信息技术深度融合教学设计与实施；协同合作是指从多维度出发，注重师生交流、同伴交流，提升协作意识和能力。基于此，本书构建了图 4-10 所示的智慧学习环境下 SPOC 教学模式框架。

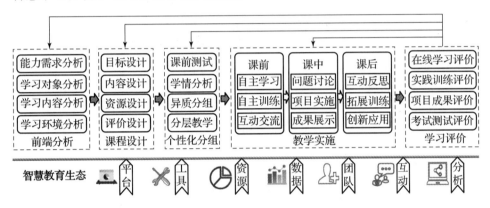

图 4-10 智慧学习环境下 SPOC 教学模式框架

（2）主要内容

SPOC 教学是混合式教学的一种范式，是将线上学习与线下学习混合、课内学习与课外学习混合、自主学习与引导学习混合，其内容涉及比较广，相互关联度高。

一是前端分析。依据智慧教育生态的"云物大智移"等技术，开展能力需求、学习对象、学习内容、学习环境等要素分析，具体为：能力需求分析是依托产教融合平台，分析产业未来发展，企业岗位能力和素质需求；学习对象分析是依托学籍数据、学生管理信息、数字档案等，分析学生个性特点、学习基础和成长需求；学习内容分析是对岗位工作任务、教学标准，以及前续课程学习情况等开展分析；学习环境是 SPOC 教学开展的重要因素，包括学习平台、智慧教室、虚拟实训、教学资源等。

二是课程设计。课程设计是 SPOC 教学的重要环节，包括科学设计目标和内容，合理组织各类资源，优化设计教学评价等，具体为：教学目标设计是依据前端的能力分析，科学设计，培养学生理想信念、实践技能、学习能力、创新能力、团队协作、沟通交流等；SPOC 教学应遵循"先练会、再弄懂"的职业教育教学规律，以项目任务承载相关知识，强调理论和实践相统一，让学生在享受成就感的前提下，兴味盎然地构建知识体系、达成学习目标；学习资源决定 SPOC 教学能否顺利开展，应做到内容丰富、安排有序、形式多样，充分体现可读性、艺术性和趣味性，切忌冗余无效，给学生带来压力；为保证 SPOC 教学质量，应建立科学的评价机制，实施多元评价，突出过程性评价和终结性评价相结合，提升学生参与度，提高教学质量。

三是个性化分组。SPOC 教学是在 MOOC 的基础上，设置一定"门槛"，遴选具有一定基础、符合相关要求的学生开展深度学习。在实际的班级制教学中，通过个性化分组，实施个性化教学、差异化教学。其中，学情分析不同于前端分析的学习对象分析，更注重学生相关知识和技能水平、学习风格，以及在线学习效果，作为异质分组的重要依据。针对不同学习小组和对象，推送任务和资源，实施分层分类教学安排。

四是教学实施。教学实施包括课前、课中和课后三个环节。课前，学生登录学习平台，依据智能系统推介的微课视频、动画、AR/VR 模型、电子书等资源开展自主学习，完成在线自测和自主训练，学习中积极参与互动交流，加强协作学习，提高交流沟通能力。课中，教师依据大数据技术统计分析结果，以问题为导向，针对共性问题开展指导，对个性问题开展辅导。学生应用各类智能工具，分组开展项目训练，并展示项目作品。课后，师生开展互动反思，分享学习收获、讨论存在的问题，开展拓展训练和创新应用。

五是学习评价。依据课程设计，采取在线学习评价、实践训练评价、虚拟实训评价、考试测试评价等多元评价。在线学习评价是通过学习平台自动统计，包括学习行为分析和学习效果检查；实践训练评价是对学生实践训练过程和作品开展评价；虚拟实训主要以平台自动记录为主，实际操作训练为多种方式组合，以成果导向开展评价；考试测试评价通常开展在线考试，系统自动评分。

典型 4：差异化教学模式[①]

贺斌在其博士论文中，在吸收何克抗教授教学结构深层变革理论，以及国际上差异化教学研究成果的基础上，提出了差异化教学模式设计框架。以

---

① 贺斌. 智慧教育视域中差异化教学模式研究 [D]. 上海：华东师范大学，2018.

该设计框架为指导，结合教学经验和学校应用情境，本书设计出智慧教育视域中的"3阶段4—5—6环节"差异化教学模式，让差异化教学模式能够有针对性、分阶段地发展学生的智慧，并将良好的学习体验贯穿其中；同时提出差异化教学模式应用决策模型和策略矩阵，帮助教师在应用差异化教学模式过程中更好地理解和恰当地安排教学策略。

（1）差异化教学模式框架

图4-11所示为智慧教育视域中差异化教学模式框架，总体上沿着对教学结构和操作程序产生直接影响的"三条"主要线索展开，用于指导差异化教学模式的具体设计。

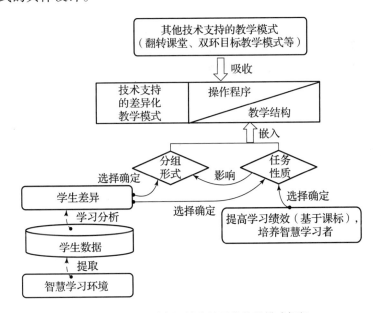

图4-11 智慧教育视域中差异化教学模式框架

第一条线索是从智慧学习环境中提取到多种学生数据，然后分析这些数据得出具体的学生差异（如能力水平、学习风格、兴趣偏好等），再根据学生的个体差异选择和确定合适教学分组形式（如个人、小组、大组或全班）。同时，学生差异也会对学习任务的选择设计产生重要影响，任务性质对分组形式产生直接影响。学生数据是差异化教学由经验走向科学化的重要基础。

第二条线索是承载着提高学习成绩、培养智慧能力和增强学习体验的教育目标层面，会直接影响学习任务的选择设计。

第三条线索是吸收借鉴当前具有重要影响的技术支持的教学模式的优点，如翻转课堂教学模式、双环目标教学模式等。

（2）差异化教学模式设计

以图 4-11 所示的设计框架为指导，结合教学经验和学校应用情境，设计出图 4-12 所示的智慧教育视域中的差异化教学模式，大致包含五个层次：学生数据、学生差异、差异化教学组件、应用目标、操作程序。

一是学生数据。学生数据通常包括（但不限于）学习记录（保存在学习平台中）、交互性练习、观察数据、调查数据、标准测验、项目作业、学生自我报告数据等。学生数据大致可以分为相对稳定数据（变化周期长）和变化较快数据（变化周期短）。比如，通过问卷或者其他方式获得学生的感知风格、认知风格和学习兴趣数据，相对比较稳定，在学习过程中通过测试获取的成绩分数是随时间而发展变化的。智慧教学强调基于数据的精准决策，尤其关注学生在学习过程中的生成性数据，如学习记录、诊断性测量、感知风格问卷调查、学习风格问卷调查、先前知识经验与学习兴趣的手机前测、导学案等。

二是学生差异。学生数据所反映的学生差异主要包括能力水平差异、感知风格差异、学习风格差异、学习兴趣差异等。

三是差异化教学组件。通过对教学内容、教学过程（活动）、教学结果、教学环境等组件进行适当的差异化，以此来适应学生在经验、能力、兴趣、风格等方面的差异。差异化教学模式的操作程序可分为初习、新习和创习三个阶段。比如，在初习阶段，可以提供不同表征类型的学习材料，以适应不同学生的感知风格；在新习阶段，学生可以根据自身兴趣爱好选择不同的学习任务；在创习阶段，可以让学生自主设计项目作品表现方式，以适应他们的学习风格。

四是应用目标。差异化教学模式的应用目标主要是为提高学习成绩、提高智慧能力、增强学习体验。差异化教学模式的预习阶段、新习阶段、创习阶段，分别有所侧重地发展学生不同的智慧。同时，良好的价值体验贯穿于整个学习过程之中。

五是操作程序。操作程序是特定的教学活动程序或者逻辑步骤，是教学模式的核心成分。操作程序吸收借鉴了翻转课堂教学模式[1][2][3]、双环目标教

---

① 张金磊，王颖，张宝辉. 翻转课堂教学模式研究 [J]. 远程教育杂志，2012（4）：46-51.

② 马秀麟，赵国庆，邬彤. 大学信息技术公共课翻转课堂教学的实证研究 [J]. 远程教育杂志，2013（1）：80-85.

③ ROBERT T. Inverting the Linear Algebra Classroom[EB/OL].https://prezi.com/dz0rbkpy6tam/inverting-the-linear-algebra-classroom/.

学模式 ① 以及双轮驱动研创学习模式 ② 的优点，遵循了"由简到繁、由易到难、由良构到劣构"的一般认知规律，展现了完整的学习历程和学习经验，能够发展多种智慧能力。操作程序大致可以分为"三阶段多环节"。三个阶段是预习阶段（以个人自主学习为主）、新习阶段（以小组合作学习为主）和创习阶段（以大组协作学习为主），各阶段可分为多个环节，每一个具体阶段，学生可以根据自身需求，从任一环节开始本阶段的学习。预习阶段是学生在导学案的指导下，学习微课视频，完成交互性练习，处理一些简单任务，为后续学习积累初步经验和基础性认识；新习阶段重点完成对新的知识技能的学习内化，建构核心知识网络（专家知识），通常在课内完成；创习阶段侧重于对这些知识技能的应用创新，旨在进一步应用和拓展核心知识网络，一般可以延伸至课外。

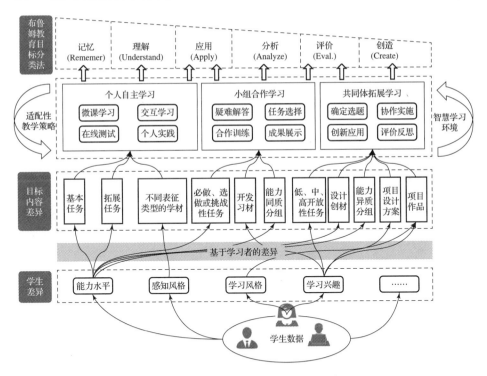

图 4-12 智慧教育的差异化教学模式

---

① 余胜泉，刘军. 手持式网络学习系统在学科教学中的应用模式 [J]. 中国远程教育，2007（5）：64-69.
② 祝智庭. 教育技术前瞻研究报道 [J]. 电化教育研究，2012（4）：5-14.

第五章

动态调整：优化教学目标内容

只有通过经验，才会产生学习，从而才有可能达到教育目标。

——拉尔夫·泰勒

关于课程目标和内容，之前已经略有涉及，尤其已经强调教育的目标是学生的智慧生成。然而，受观念、标准和条件的限制，课程目标与内容的设计仍是教学改革的难点，已经成为制约职业院校课程改革与开发成败的关键，值得仔细审视和深刻反思。

一、阐明三个观点

针对教学目标与内容进行的调研分析发现，目前教学改革存在思路与方法层面的困惑，尤其是针对教学目标和内容"是什么""怎么做"等问题，有三个观点需要重新认识。

 观点 1：不应将教学目标等同于教学目的

教学目的是为实现教学理想，给教师提出的一种概括性的、总体的要求。教学目标则指通过教学后，学生在知识与技能、过程和方法、情感态度和价值观等方面发生的预期变化。然而，相当多的教学实践中常将教学目标等同于教学目的，包括一些参考书、教案中将教学目标等同于教学目的。

（1）教学目标与教学目的的区别

教学目的是教学领域里为实现教育目的而提出的一种概括性的、总体的要求，与教学目标有相同之处，都是教学过程的出发点和归宿，都对制订教学计划、组织教学内容、确定教学重难点、选择教学方法、安排教学过程等起着重要的导向作用。然而，教学目标不等于教学目的，两者有区别。

一是注重主体不一样。 教学目标着眼于学生的学，注重以学生为主体进行描述，是对学生学习行为结果的一种规定；而教学目的着眼于教师的教，注重以教师为主体进行描述，是对教师要教什么的说明，是对教师活动的一种期望。

二是指向作用不一样。 教学目标对教师的教和学生的学均有直接的指向作用，既有利于发挥教师的主导作用，也有利于发挥学生的主体作用；而教学目的只对教师的教有直接指向作用，仅有利于教师主导作用的发挥，无助于学生发挥主体作用，难以把教和学两方面的积极性统一起来。

三是表达动词不一样。 教学目标的表达多采用外显行为动词，如"说出、归纳、说明、操作、完成"等，这些表述特定动作的动词，表义具体，深度、广度明确，具有可操作性；而教学目的的表达一般采用内隐体验动词，如"理解、领会、体会""掌握、应用"等词语，比较抽象、笼统、模糊。

四是达成评价不一样。由于教学目标具有可操作性，它是否达到可以直接检测，如对课堂上教学目标进行达成评价，可用随机检测、达标自测题、形成性练习题和单元检测题等，通过测试检查教学目标的达成情况；而教学目的由于说法比较抽象笼统，难以直接检测，只好用一些抽象评语进行定性评价。

可以看出，"理解""领会""了解""认识""欣赏"和"创造"之类动词表述的所谓的"教学目标"，实质上是教学计划中的"教学目的"，其主要特征是概述教学"层次上的计划性学习效果"。目标服从于"目的"，相对于"目的"来说是具体的、可行和易于测量的，这与部分专家提出的"行动目标""外显目标"内涵基本相同。

另外，还存在将教学目标等同于教学任务的误区。所谓教学任务，即指定的必须完成的教学工作，是教学目的的具体体现。教学任务是具体的工作，也指教学中要完成的任务是什么。教学目标就每个个体来讲，更明确地知道应达到什么程度、什么标准，是根据分析了教学任务后才能制定出来的。教学目标应比教学任务更丰富、更细化、更具体。如课堂教学有"基本任务"和"教育任务"之分，"基本任务"是让学生掌握基础知识与基本技能，发展他们的智力，体力，培养其能力；"教育任务"是培养学生形成良好的道德品质和积极的情感态度，树立人文精神和科学精神。当然"基本任务"和"教育任务"应根据具体学科、具体内容作具体表述。依据"基本任务"的分析制定出"基础性目标"，即"知识与技能""过程与方法"的目标；再依据"教育任务"的分析制定出"教育性目标"，即"情感态度价值观"的目标。可见，教学目标不等于教学任务。

同时，教学目标不同于教学要求。教学要求是站在教师的层面，指出教师教学的重难点，描述教师通过什么样的教学之后，学生应该达到什么样的目标。教学目标规定了教学行为方向，指导教学过程，而教学要求是为教学目标的达成而设置的，为教学行为制定了具体步骤，只有按一个个教学要求去做，才能逐步实现一个个教学目标。

（2）教学目标是培养目标的具体化

第一次工业革命前，不存在学校形式的职业教育，依靠传统学徒制培养人才。第一次工业革命后，适应初级工厂制，职业院校开始设置专业，通过专业课程培养适合机器化大生产的初级劳动者。初期，专业课程目标是物化的、机械化的，人作为一种工具、一种物质而存在，是奴役状态的纯粹形式[①]。以技术进步作为手段，出现了集中三种典型的人才培养目标。

一是福特制——专门型技术技能人才。适应福特制企业生产组织方式的人才需求，职业院校人才培养目标定位是岗位技能能手（可称为专门型技术技能人才），普遍强调个体岗位技能，以适应培养流水作业的专门型技术技能人才需求。

二是丰田制——复合型技术技能人才。随着工业化的推进，福特制企业生产组织形式越来越不能适应技术更新与市场多样化的需要，人们认识到流水线生产方式的弊端。20世纪60年代，以丰田公司为首的日本制造业将福特模式与弹性生产方式有机结合，改组为丰田生产方式（也称为精益生产方式），打破生产流水线，用生产岛取代生产线，由若干员工组成的团队被要求完成一件完整产品，把工人从大量的低技能的简单重复工作中解放出来，交由自动化机器设备处理，让工人从事更高技术与知识含量的工作。职业院校的人才培养目标也做出相应调整，由专门型技术技能人才转向复合型技术技能人才。

三是温特制——知识型技术技能人才。20世纪后半叶以来，经济全球化与网络化成为生产组织方式变革的平台，美国出现以顾客满意为宗旨的敏捷制造生产模式，即温特制。这是一种建立在知识和信息的生产、分配、使用基础上的崭新经济形态，是伴随大数据时代到来，数据价值转移到数据拥有者手里，传统的商业模式也被颠覆，改变了市场、组织结构[②]情况出现的。伴随温特制企业生产组织方式兴起，职业院校人才培养目标调整为知识型技术技能人才，这是既具备较高的专业理论知识水平，又具备较高操作技能水平的人员，可概述为"知识＋技能"型人才。

① 马尔库塞.单向度的人：发达工业社会意识形态研究[M].刘继，译.上海：上海译文出版社，2008：28.

② 维克托·迈尔－舍恩伯格，肯尼思·库克耶.大数据时代[M].盛杨燕，周涛，译.杭州：浙江人民出版社，2013：176.

企业生产组织方式历经福特制、丰田制、温特制的变革，分别对应专门型技术技能人才、复合型技术技能人才、知识型技术技能人才培养目标。这些培养目标在产业技术中具体化，就是专业课程目标。从人才培养目标到课程目标还有一段距离，需要一个细化和具体化的过程。专门型、复合型、知识型技术技能人才的课程目标，体现出从低级到高级、从具体到抽象的渐进过程。

观点 2：素质目标维度的素质有特定含义

知识、能力、素质三维教学目标似乎已经被公认，然而，分析素质的概念和内涵可能发现，素质应该是教学目标的全部，而不是一个维度。

素质是一个非常复杂而且相当宽泛的概念。从字面意义上理解，"素"，本意是"原来的""本来的"，"质"是"固有""应有之义"，因此素质的基本含义就是"事物本身所具有的固有属性"。随着时代的变迁和文化的发展，素质的内涵和外延也在发生变化，对素质的理解更是见仁见智。

《现代汉语规范词典》将"素质"解释为：①人的生理上的先天特点。②素养。③事物本来的性质和特点。④指人的体质、品质、情感、知识和能力等[①]《辞海》关于"素质"的解释为：素质包括人生理上与生俱来的特点、事物本来的性质和完成某种活动所需的基本因素和基本条件[②]《教育大辞典》中对素质又解释为：①是先天具有的解剖生理特点，包括神经系统、感觉器官和运动器官的特点，其中脑的特点尤为重要。②是人的心理特征形成、发展不可缺少的生物前提，但不是唯一的因素。③是指公民或某种专门人才的基本品质，如国民素质、民族素质、干部素质、教师素质等，都是个人在后天环境、教育影响下形成的[③]《全面素质教育手册》将"素质"解释为：人们从事活动前所具有的较为稳定的、较为内在的、较为基本的那些品质，是人们先天的自然性与后天的社会性的一系列基本特点与品质的综合，包括生理素质、身体素质、文化素质、心理素质、政治素质、思想素质等[④]。

① 李行健.现代汉语规范词典 [Z].北京：外语教育与研究出版社，语文出版社，2004：1246.
② 夏征农，陈至立.辞海 [M].上海：上海辞书出版社，2009.
③ 顾明远.教育大辞典 [M].上海：上海教育出版社，1992.
④ 方建文，等.全面素质教育手册 [M].北京：中国物资出版社，1997：56.

从这些词典或手册的解释可以看出，素质是包括了知识、能力、情感、态度、价值观等因素在内的一个整体结构，即素质结构由知识结构、能力结构和非认知因素三大要素构成。因此，素质具有遗传性、心理性和综合性等属性。

观点3：技术知识是内容设计的主要依据

知识是课程中不可或缺的要素。丹尼斯·劳顿曾指出，各种不同的知识，就是课程设计的依据和题材[①]。技术知识是职业教育专业课程设计的主要依据，不再按照学科知识的内在逻辑进行组织。

（1）技术知识最有价值

1895年，英国教育家斯宾塞（H. Spencer）提出，科学知识最有价值，对课程设计是极为重要的，指明了课程目标和课程内容[②]。科学是高等普通教育课程的核心基础，但是不能作为真理直接体现在职业教育中。对于职业教育而言，技术知识最有价值。霍布斯指出，人类最大的利益，就是各种技术，亦即衡量物质与运动的技术，推动重物的技术，建筑术、航海术，制造各种用途的工具的技术，计算天体运动、星体方位、时间部分的技术，地理学的技术，等等[③]。

《牛津词典》对技术的解释是：技术是机械艺术的集合，它使文化的经济和社会功能的发挥成为可能。《辞海》对技术的描述是：泛指根据生产实践经验和自然科学原理而发展成的各种工艺操作方法和技能，如电工技术、焊接技术、木工技术、激光技术、作物栽培技术、育种技术等。除操作技能外，广义地讲，技术还包括相应的生产工具和其他物资设备，以及生产的工艺过程或作业程序、方法。

法国哲学家狄德罗提出，技术是为了完成特定目标而协调动作的方法、手段和规则相结合的体系[④]，可以划分为实体性技术、规范性技术和过程性技

---

① 丹尼斯·劳顿.课程研究的理论与实践[M].张谓城，环惜吾，黄明皖，等译.北京：人民教育出版社，1985：122.

② 赫伯特·斯宾塞.论教育[M].胡毅，译.北京：人民教育出版社，1962.

③ 北京大学外国哲学史教研室.16–18世纪西欧各国哲学[M].北京：三联书店，1958.

④ 任玉凤，王金柱.技术本质的批判与批判的技术本质——以系统论的观点看技术本质[J].自然辩证法研究，2004（4）：34–38.

术三种形态①。实体性技术是一种空间形态的技术，如物化的设备、工具。规范性技术是一种时间形态的技术，如文本的工艺、规则等。过程性技术是一种时空形态的技术，是关于人类目的性活动的序列或方式的技术，如个体的经验和策略。实体性技术和规范性技术可以脱离个体而独立存在，过程性技术不能脱离个体存在，过程性技术与人及人的劳动合二为一。

（2）技术是专业课程的核心构成

技术是专业课程设计的逻辑起点，技术知识是专业课程的核心构成。但在职业教育专业课程中存在技术缺失现象，因为技术一直处于科学知识的阴影中，人们对系统化的科学知识更为偏爱；认真思考技术的人大多数是社会学家和哲学家，课程专家在设计专业课程时关注更多的是能力、任务等，技术不自觉地被人们忽视，雪藏于自身的"黑箱"中；容易将技术理解为外显行为或操作技能。以往课程设计以行为主义的联结论和完型学派的认知论作为理论依据，认为职业教育应该培养学生"会做事""会干活儿"，这作为职业教育课程目标无可厚非，但在专业课程建设中存在着一些肤浅的认识，过分强调了"做事""干活"的技术外显行为，即过分强调操作动作，只要技能操作到位，符合规范就行。这种低水平"会做事""会干活儿"是知其然而不知其所以然。生产设备自动化程度越来越高，只需要操作几个按钮，输入几个数据，即可完成生产任务。如果将"会做事""会干活儿"等同于按按钮、调整数据等简单的外显动作，无疑是对以技术为支撑的生产过程的曲解，完全忽视作为背景的生产技术的存在。基于岗位或岗位群的典型过程任务、综合职业能力分析而构建的课程，很容易具有偏重简单动作的倾向。

德国劳耐尔教授的职业教育理论围绕工作、技术和职业教育三者展开，真正的核心是技术，规定了专业课程的课程目标、课程内容、课程内容的组织、课程结构②。从一般的技术到专业课程的技术，并不是一个简单过程，其中经过了一系列复杂的转变。技术首先转变为企业的产业技术，然后依据产业技术设计专业课程。

---

① 丁云龙.论技术的三种形态及其演化 [J].自然辩证法，2006（12）：42-46.
② 劳耐尔.国际职业教育科学研究手册.上册 [M].赵志群，译.北京：北京师范大学出版社，2014：249.

二、教学目标确定

教学目标是期望学生学习后，在认知、情感、动作技能和行为方面达到什么状态。依据泰勒（R. W. Tyler）的课程原理，课程是关于如何确定教学目标，如何依据教学目标有效选择和组织教学内容，以及如何评价目标的达成程度的学问[①]。据此推理，教学目标是教学内容、教学策略、教学评价等方面涉及的依据，其上位目标是人才培养目标，整个教学过程只有围绕教学目标选择内容和教学方法与手段才不至于造成教学方向性的缺失。

探讨 1：回归技术世界

回归没有固定的起点和终点，在其运行中个体会产生一种回归性反思，进而衍生出哲学审视。教学目标设计回归技术世界，是回归职业教育专业课程的本初形式。

（1）什么是技术世界

技术世界，是劳动者利用技术进行产品、流程、系统的生产、服务、管理等生产实践和工作实践，涵盖了技术所隐含的所有知识、技能、技巧等，包括各种形式的工具、机器、仪器、设备、设施等物质构成，具有专业性、实践性、经验性等特点。

一是专业性。技术世界的专业性，指的是按技术种类划分的专业领域，每一个技术专业领域的技术知识是不一样的。技术世界的专业领域决定了职业教育专业。专业不是学科门类，不侧重于学科分类的学术性；也不等同于社会职业，与社会职业间不是完全一一对应的关系。相近的或不相近的专业技术领域都有可能形成某种职业必备的技术知识。职业可以理解为专业技术领域的不同组合。技术世界的专业性特点是专业课程之所以专业的基点。

二是实践性。生活和实践是教学设计的不竭源泉，不能游离于人类生活之外[②]。对于职业教育专业课程而言，技术世界的实践性是课程设计的源泉。实践是劳动者的行动体系，劳动者利用生产工具生产产品、流程、系统，同

[①] RALPH W T. 课程与教学的基本原理 [M]. 罗康，张阆，译. 北京：中国轻工业出版社，2008.

[②] 张香兰. 简论基于过程哲学的课程思维方式转变 [J]. 课程·教材·教法，2007（5）：14-16.

时也在生产着自己。技术世界的实践性具有教育价值，环境的改变与人的活动是一致的。

三是经验性。专业课程中的技术知识来自产业技术代表的鲜活经验，分初级经验和高级经验两种形式。技术和技能都离不开来自实践的经验。经验存在于主体与客体之间，起到两者互动的桥梁作用或线索作用，是主客体相互作用的线索。经验本身并非个体欲求的目的，是个体认识绝对真理的先决条件。经验就是知识产生的外部"质料"。同时，技术世界的经验性具有积累特点，人类社会通过不断实践而在历史发展中积累了大量经验，这些经验有助于个体克服个人直接经验的视野的狭隘和数量的寡少。

（2）教育世界与技术世界的融合

教育世界一般以学校为代表，指向专业人才培养；技术世界以技术或产业技术为支撑，生产不同产品或服务。教育世界和技术世界的关系经历了合—分—合的演变。

在古代学徒制中，技术世界本身就有教育性，属于元态的职业教育形式，个体在无意识或潜意识下跟着师傅就接受了专业教育，掌握技能，发明创新。劳动与教育天然地结合在一起，孕育了个体创新能力。

工业革命之后，技术世界和教育世界逐渐分化，两者渐行渐远。最初，为救济贫苦儿童，人们创设了一些济贫性质的劳作学校，开设纺织、编织、毛织品的手工业课程。在这些劳作学校里，偏重简单手工技艺的传授，目的是为儿童提供一定的劳作技能。后来，随着产业革命的加速，诞生专业技术教育新形式，出现了机械工人讲习所或培训机构，注重培养个体的技术、技能。技术世界和教育世界分化的结果是，工作场所的教育属性慢慢丧失，工作是一种有目的的活动[①]。工作本身具有的教育价值大幅缩水，工作场所学习不再是职业教育的主阵地，取而代之的是在学校广泛开展的正式学习[②]。这时出现了专门的职业教育机构，即职业学校。学校一般由国家财政支持，没有经济压力，这就为年轻的学生提供了能够重演成年生活的工业情境，为未来的劳动世界做准备。教育世界和技术世界的分离，导致技术知识逐渐脱离具体工作情境，以一种符码化的方式出现在学校职业教育专业课程中，技术知

---

① 杜威.民主主义与教育[M].王承绪，译.北京：人民教育出版社，1990：221.
② 徐瑾劼.论职业教育回归工作世界——工作场所学习视角[J].职教论坛，2010（36）：12-15.

识得以借助于一种正规教育的模式习得。教育世界和技术世界的分离，也显露出许多弊端，如学习内容与工作内容脱节，人才培养规格不能满足企业需求，等等。职业院校的学生，作为新生的技术人才的储备库，在很大程度上失去了与技术的密切联系。美国在20世纪90年代出现的就业困境，与课程远离职业、学生远离工作有关。

为克服教育世界与技术世界分离的弊端，各国政府和学者都在探索两者融合的途径和方式。如美国职业教育开始注重个人能力和技能培养，推行从学校到工作的过渡计划。德国双元制是融合技术世界和教育世界的模式典范。从教育世界返回技术世界，认识的目的排除与我们对立的客观世界的生疏性，使我们居于世界有如回家之感①。技术技能型人才的起点是技术世界，专业课程应该极力营造这种回归感。杜威曾经指出，工业变革的"社会重要性大大增加，不可避免地使学校教育与工业生产的关系问题重要起来了"②，将目光重新投向变化的产业技术，使专业课程的主客观关系更加客观化。由于在全世界的所有国家里发生了或将要发生巨大的技术发展，教育应能使人们生活在这个伟大的科学和技术进步的时代③。

（3）技术世界对教学目标的规定性

职业教育专业课程目标随着技术世界的发展而不断调整，我国的一些政策文件对此有明确的表述。发展型、复合型和创新型的技术技能人才，是职业教育的人才培养目标，该目标为确定课程目标提供了依据。《现代职业教育体系建设规划（2014—2020年）》有三句很重要的话：建立产业结构调整驱动专业改革机制；建立产业技术进步驱动课程改革机制；建立真实应用驱动教学改革机制。这三条是职业教育专业建设和课程建设的指导思想。其中，"建立产业技术进步驱动课程改革机制"明确规定："适应经济发展、产业升级和技术进步需要，建立国家职业标准与专业教学标准联动开发机制。按照科技发展水平和职业资格标准设计课程结构和内容。通过用人单位直接参与课程设计、评价和国际先进课程的引进，提高职业教育对技术进步的反应速度。到2020年，基本形成对接紧密、特色鲜明、动态调整的职业教育课程体系。"该文件已经非常明确地规定了产业技术与专业课程之间的关系，

---

① 黑格尔.小逻辑[M].贺麟，译.北京：商务印书馆，1980：379.
② 杜威.民主主义与教育[M].王承绪，译.北京：人民教育出版社，1990：329—330.
③ 刘来泉.世界技术与职业教育纵览[M].北京：高等教育出版社，2002：4.

比如专业课程要适应产业升级和技术进步的需要，课程内容和课程结构受科技发展水平的影响。《国务院关于加快发展现代职业教育的决定》提出五个对接，即"推动专业设置与产业需求对接，课程内容与职业标准对接，教学过程与生产过程对接，毕业证书与职业资格证书对接，职业教育与终身学习对接"。以上国家政策和相关文件已经传递出明确信息：职业教育专业课程必须适应产业技术变革的需求。探索产业技术进步驱动课程改革机制，是未来一段时间职业教育课程建设的重要任务。

探讨2：技术与人性相结合

德国教育家克拉夫基（Klafki）主张教育是客观世界和主观世界的双重开发，即物质实在和精神实在的双重开发。这一理念真正体现职业教育的精髓，也是课程设计的核心价值取向。科学与人文相结合、社会需要与学生需要相统一，是当代课程设计价值取向的基本趋势。科学主义支配下的课程价值取向，强调学科本身逻辑体系的科学作用；而人本主义支配下的课程价值取向，强调学生情感、意志、价值观的培养。职业教育专业课程的"人文"，指技术知识和技术本身蕴含的人文性，而非单独设置人文类课程。职业教育专业课程的客观世界是技术世界，主观世界是人才世界，前者作为技术知识的物质实在，后者作为人文知识的精神实在。需要将个体发展与技术世界整合在一起，这是职业教育专业课程设计的价值取向。

（1）技术的自主性及其弊端

技术自主性指技术从一般使用情境中脱离出来，各种技术自由组合，构成了独立的力量。现代社会占支配的力量不再是资本，而是技术。产业技术一旦获得自主性，就会依据自己的内在逻辑来转化外部影响，成为影响专业课程的决定力量。技术是现代世界最重要的社会现象，它独立于人和社会的干预而自我决定。在社会中，技术的活动越多，人的主动性就越少，因此，技术自主性产生了单向度的人、人性缺失、禁锢创新性等弊端。

一是单向度的人。技术自主性的极化发展，使得整个工业社会成为一个单向度的极权主义社会，企业成为单向度的企业。技术理性对人的自由的剥夺①，压制了工人内心的否定性、批判性、创造性的向度，使工作于其中的人成为单向度的人。技术世界构成劳动世界，而非劳动者世界。技术及产业技术自主性使得自身越来越强大，物性一面越来越面目狰狞。劳动者在其强大压力下，逐渐成为机器设备的小零件。在技术世界里，个人成为社会这个巨型机器的一个零部件②。技术使人类简化成为一种技术动物，成为技术奴隶的王国。工人成为自己的奴隶，在本应属于自己事业的劳动中，不是愉快地肯定自己而是悲愤地否定自己，不是感到劳动的喜悦而是经常遭遇不幸。

二是人性缺失。埃吕尔认为"技术社会不是也不可能是一个真正合乎人性的社会，因为它把物质事物而不是人放在首位"，"它妨碍价值的形成，禁止我们对道德精神的追求。而且，哪里有技术的地位，就意味着哪里的文明不可能发达。"企业依靠生产物质产品或服务来追求经济效益，机器、设备、工人都围绕这个核心追求运转。技术对经济效益影响越来越大，慢慢侵占了企业对劳动者的重视，技术相对于劳动者个体具有压倒性优势。企业成为技术做主的地盘，劳动者必须抹去棱角适应技术主导的工作世界，慢慢丢失了个性，泯然众人。现代职业教育顺从技术世界的强势要求，订单式培养人才，更加重了个体的人性缺失程度。

三是禁锢创新性。技术一词具有"揭开自身的开展"的意思③。但当技术与程序性生产活动联合起来时，容易忽视学生经验的性质而偏重个体工作行为，这就导致工作任务主导的专业课程越来越僵化，培养的人才缺乏创新能力。技术异化了人性，禁锢了个体创新性，个体成为一种"生产的人"，而非创新的人，这种现象属于课程设计的普遍现象，在强调效益的市场经济体制下尤为明显。某学者批评大学时提出，经济已经增长，大学已经发展，但既不是大学产生了技术创新，也不是大学刺激了经济的发展。

（2）技术的人文性

虽然德国学者海德格尔坚持一种悲观主义的技术观点，但他依然否定技术是人类时代的"天命"。"天命"一词，指不可改变的过程，即必由之路。技术的人文性为人类开启了阳光的窗户。从技术价值来看，经历了从偏重效益到注重人性情感等人文因素的复归过程。技术的人文因素复归具体分为文

---

① 陈俊.技术与自由——马尔库塞技术哲学思想研究[M].北京：中国社会科学出版社，2013：9.
② 张华.课程与教学论[M].上海：上海教育出版社，2000：440.
③ 海德格尔.形而上学导论[M].熊伟，王庆节，译.北京：商务印书馆，1996：16.

化嵌入、文化资本、文化再生产三个过程。

一是文化嵌入。回归技术世界的主张，能够保证职业教育专业课程天然内具技术的客观性，但从课程内容看，专业课程不包括人文知识。有一种观点认为只需要在课程体系中增加人文类课程，这个观点是错误的。技术及产业技术自身就带有人文性。首先，技术作为文化的载体具有嵌入性，文字、艺术、建筑都是具象的文化载体，而同样作为文化载体的技术既可以是具象的，也可以是抽象的，它超越了一般的其他文化载体。其次，技术是文化，其本身具有文化嵌入性，总是负载着不同的文化格式塔①，负荷价值的、社会的、历史的设计。技术并非完全冷冰冰的物性，它自身内聚了时代的人文气息。技术在形成过程如何内聚文化和人文气息？这与技术的不确定性有关。技术是一种处于不同可能性之间的发展的两重性的过程，必须考虑其作为手段服务于什么目的。一是技术必须服务于企业生产，服务于产品的设计、生产、流通、使用。二是技术在形成过程中沉淀文化的内容，社会文化对技术具有形塑作用。一旦来自社会文化的内容内化为技术的固有成分，这些技术就会为特定目的服务。以上两点被费恩伯格称为技术的二元性质，皆源自技术的不确定性。技术或产业技术的文化到底指什么？一般指职业精神、创新意识等与人有关的因素。技术所包含的精神因素也被称为职业性技术或工匠技术，即与相关人员职业活动关系密切的技术。技术的文化性讨论并非对技术的机械主义的精神化，而是为技术文化性与人性耦合提供实在的基础。德国科学家基默尔认为，技术的目的是人类通过驾驭物质，摆脱自然限制而获得自由。技术本质是为人的精神创造活动服务。另外，技术发展为产业技术，其作用是一种文化投影，能直接投射到个体内心世界。再次，技术的文化嵌入性为人类带来希望。法国哲学家福柯认为技术对人具有塑造作用，人是技术规训的产物，人的本质是在各个历史时期的知识型中建构而成的，技术及产业技术进步内含着劳动者角色演变线索及不同的技术知识系统。当技术成为竞争要素的时候，实用的职业教育就从明智的自由教育传统中挣得了一席之地②。这样一来，技术支撑的劳动才能成为快乐的工作，个体从内心响应这份快乐，在工作实践中发展着自己。

---

① 吴致远. 技术的后现代诠释 [M]. 沈阳：东北大学出版社，2007：188.
② 徐平利. 职业教育的历史逻辑和哲学基础 [M]. 桂林：广西师范大学出版社，2010：199.

二是文化资本。产业技术是一种文化。技术演变为产业技术的过程，是一个文化嵌入逐步深入、升级的过程。文化嵌入生成文化资本，进而演变为文化霸权。正如经济资本一样，文化资本影响着企业再生产，带来经济效益，也影响着职业教育专业课程。文化资本的积累，形成一种隐形存在的力量，一般被选择性地视而不见，只看到技术存在的一面。安德鲁·芬伯格（Andrew Feenberg）认为，实体理论把文化力量赋予技术，构成了一种新的文化体系，这样的体系凌驾于所有传统的或竞争中的价值之上。因此，批判取向的课程论者认为知识是文化资本的一部分，课程设计不仅是一个技术问题，还是一个文化问题。

三是文化再生产。职业教育课程是一种社会制度，对课程的组织必须符合其在社会体系中应有的功能的要求，必须能够反映产业技术的文化力量，这是职业教育课程设计过程中不得不面对的事实。技术的文化再生产，基于技术建构论，其强调社会性、人文性的介入，强调建构生成性。技术不是单纯的手段，是一种展现，技术限定自然、强求自然，同时也限定个体、强求个体。德国科学家德韶尔认为，技术的本质不是工业制造，也不是商品本身，而是一种创造行动[①]。技术可以帮助人们建立与物体的积极接触，技术的创造行动，就是文化再生产的过程。

教育的原则，是通过现存世界的全部文化导向人的灵魂之本源和根基[②]。把课程作为复杂问题来处理，有意识地把经济与技术的逻辑、社会逻辑和文化逻辑结合起来，这是学者们应该认识到并加以促进的。总之，可以认为，课程是社会文化的再生产[③]，职业教育专业课程是产业技术的再生产，也是一种广义文化的再生产。

（3）人是技术的主人

技术在根本上是物质的、劳动的。人性在本质上是精神的、自由的。两者分属于德国教育家克拉夫基主张的物质实在和精神实在。但每一种现实本质上都是"物质"和"精神"的两极性[④]。专业课程也是如此，必须包括由技术构成的物质一极和由人性主导的精神一极以及两者的互动。技术与人性的

① 陈昌曙.技术哲学引论 [M].北京：科学出版社，2012：30.
② 雅斯贝尔斯.什么是教育 [M].邹进，译.北京：生活·读书·新知三联书店，1991：3.
③ 施良方.课程论：课程的基础、原理与问题 [M].北京：教育科学出版社，1996：6.
④ 怀特海.过程与实在 [M].李步楼，译.北京：商务印书馆，2012：170.

互动，实际上是物质实在与精神实在的互动，或者说是客体与主体的互动，这种互动是一种合成过程，也是自我形成的过程。技术是人类个体生存的基础，马克思、恩格斯认为动物与人的根本区别是劳动[①]，这里的劳动指的是以技术为基础的实践活动。马克思从历史唯物主义立场出发，将技术与人的本质紧密联系起来，认为技术是人与自然的能动关系，是劳动对象化过程，也是人的物质性生产活动，技术的本质与人的本质内在地一致起来，即技术实践的观点[②]。

技术的人文主义是审视技术与人性关系的一种理论，它综合了技术主义和人文主义两种不同的立场。从历史上看，技术主义和人文主义的争辩和力量是此消彼长的。人文主义者的基本态度是拒斥科学技术，拒斥工业文明，主张回归自然。历史上的人文主义理论有一个很大的缺陷，没有看到人的本性和人的发展是由社会的物质生产条件决定的，仅仅以抽象的文化定义讨论个体的需要。单纯的人文主义认为，个体是简单的人，很难适应现代企业的人才需求标准，需要找到客观基础，这个基础就是技术。技术主义注重科学技术对人的发展的决定性影响，但技术是危险的，因为技术让个体在存在中异化。

三、教学内容设计

现代课程理论之父泰勒认为，课程与教学的基本原理是确定教育目标、选择教育经验、组织教育经验和评价教育经验。其中的"教育经验"就是"教学内容"。职业教学内容包括知识和技能，以及职业态度、职业情感和价值观等。教学内容设计是解决"教什么""学什么"的问题，是以院校教师和行业企业专家为主体，根据技术领域和职业岗位（群）的任职要求，参照相关的职业标准，突出培养学生的职业能力，在进行充分调研和论证的基础上，根据科学的筛选和组织方法进行编制，并对其价值性和科学性进行评价与不断修正的循环过程。

---

① 马克思，恩格斯.马克思恩格斯选集（第三卷）[M].北京：人民出版社，1972：517.
② 乔瑞金.技术实践：马克思哲学思想的不竭源泉[J].吉林大学社会科学学报，2011 51（3）：50-56.

设计 1： 以当前面临的问题为导向

教学内容是教与学的重要介质，是符合人才培养目标和课程教学目标要求的一系列比较规范的知识、活动和经验体系，其选择直接决定着职业课程教学的最终效果，但是在教学实践中，内容设计面临着许多现实困境。本书认为，应以当前存在的三个方面的问题为导向，寻找突破口，解决实际问题。

（1）内容与教学目标脱节的问题

教学内容设计必须以人才培养目标和课程教学目标为依据，但是很多职业院校的人才培养目标和课程教学目标多采用笼统的描述性语言，与社会需要、用人单位需要和个体需要脱节，以这种人才培养目标和课程教学目标为依据筛选的课程内容，很难符合行业企业的技术需求。例如，某高职汽车检测与维修技术专业人才培养目标是"本专业培养德、智、体、美全面发展，适应从事汽车维修及相关行业需要的生产、建设、管理、服务一线的高等职业技术应用型专门人才"，这一专业的人才培养目标就比较笼统，没有表述具体的知识能力和技术能力要求，无法将人才培养目标进一步细化为培养内容，也无法分解得到课程教学目标，很难依此选择出符合职业能力需求和生产岗位需求的教学内容。

此外，即使有了比较科学的目标体系，由于教学内容设计者往往重知识体系的完善，重视每一个知识点的系统性，忽视职业能力、实践知识、职业道德等方面课程内容的选择，也直接导致了教学内容与各级目标的脱节。

（2）内容与生产实际脱节的问题

职业教育是一种类型教育，培养技术技能人才，其教学内容应该和生产岗位具体的工作任务息息相关，但在现实的教学内容中，缺乏真正和职业岗位技能相结合的实用知识和技能。公共基础课往往沿用普通学校选用的内容，文化层次偏难、偏深，生活性不够。当然并不是将所有的公共基础课都应用化和职业化，比如将语文课中充斥各类合同文本，其特征已然丧失殆尽，不利于职业院校学生的可持续发展。但是，如果直接采用普通学校的语文内容，而不考虑职业院校不同专业、不同学生的学习需要，也不利于职业院校学生的可持续发展。

近几年来，职业院校课程界也发现了这一问题，因此引进发达国家课程内容开发的先进技术，比如，工作任务分析法的引进和推广已经取得了不小的成绩。但是由于工作任务分析法要求实践专家等企业人员以及课程专家等人员的参与，且技术实施难度较大，很多职业院校仍然沿用以往的职业院校课程内容选择方法。总而言之，目前我国职业院校课程内容选择主要面临内容设计人员能力亟须提高、内容选择的依据尚需科学化的问题。

（3）内容筛选和评价困境的问题

教学内容选择出来之后，是否吻合职业院校学生的职业发展和人的可持续发展，还需要进行筛选，并采用各种评价手段对其进行评估。教学内容设计的一个重要依据是对职业院校学生学习力的考虑，然而，受"大教学、小课程"观念的影响，课程开发多是课程专家的事情，职业院校的教师没有深度参与，内容设计多是由课程专家组织实施，开发出来的课程往往只针对一个泛泛的职业院校学生而言，对其学习力考察不够，在内容筛选时，也往往会失去针对性。在课程实施过程中，由于教育的惯性使然，很大一部分教师都在课程内容的筛选环节缺位。

同样，在教学内容的评价环节也面临着诸多问题。一方面，内容评价主体缺乏多元性，大多数职业院校教学内容评价的主体是教师，尽管也有学生出现，但是比重却微乎其微。而其他受益者，诸如教育行政官员、行业企业负责人、家长等人员在评价中仍然处于缺位状态。目前，教育行政部门已经认识到这一问题，在全国职业教育专业建设与职业发展管理平台研制过程中，已经实现了评价主体多元化的期望，但接下来的问题是，仅由教育行政部门一己之力搜集的评价数据，是否能够真实、准确地反映课程内容的科学性，是否能够杜绝行业企业数据由学生或者职业院校自行填报的情况，等等。另一方面，内容评价对象缺乏科学性，应该包括内容体系评价和运行过程评价，可在教学实践中，大多数职业院校只对内容系统进行评价。再就是内容评价方法缺乏多样化，总结性评价多，形成性评价少，内部评价多，外部评价少，这些情况都或多或少地存在着。

🌿 设计 2：以国内外典型经验为借鉴

教学内容设计要解决"谁设计""设计什么""怎么设计""如何评价"等问题，可以以国内外典型经验为借鉴和参考。

（1）国内三种典型的内容开发模式

近年来，职业课程教学内容设计在面临困境的同时，也在积极探索新的模式，其中模块化、项目化和工作过程系统化等三种模式比较典型。在内容结构方面，内容开发都关注专业课程和实践实训课程的设置，强调工作任务导向，越来越强调工作过程的完整性，以培养职业院校学生的可持续发展的工作能力。在课程内容开发程序方面，都将课程内容开发的起点定位在工作任务和职业能力的分析上面，同时强调工作任务、职业能力和学生学习领域课程的对接。

一是模块化内容设计。模块化内容设计是由职业群中一个一个的职业构成的模块组成，每一个大模块又由若干小模块组成，小模块则是由具体的能力、技能和知识构成，学生可以根据自己的喜好选择内容模块，满足个性化需求 [①]。

二是项目化内容设计。以徐国庆为首的我国职业教育界学者和专家在研究、借鉴项目课程发展历史和经验的基础上，提出了"以工作任务为课程设置与内容选择的参照点，以项目为单位组织内容并以项目活动为主要学习方式的课程模式"的项目课程定义 [②]。强调知识与工作任务的直接联系，强调掌握知识与行动的产生式结构，强调课程内容必须是一个整体的工作过程，强调每一个项目课程都必须有一个具有实际价值的产品或服务，以"结果"来驱动、激发学生的学习动机。项目课程内容开发主体已经体现了行业企业实践专家的参与，而不仅仅是课程专家包揽所有的课程开发。从宏观的课程内容结构分析，项目课程强调要变传统的应用模式为建构模式，以原来的正三角形课程排序变为倒三角形排序，即课程内容排序由原来的从一般到具体、从基础到应用、从理论到实践，变为从具体到一般、从应用到基础、从实践到理论，课程内容的切入口由原来宽泛的、抽象的理论知识进入，到具体的、实际的实践操作入口进行学习。项目化内容设计程序是工作任务分析—项目设计—知识分配，由企业实践专家进行工作任务与职业能力分析以及教材编写，由职业院校教师根据工作任务与职业能力分析和教材编写中对人才培养的要求和标准开发项目课程，进行知识的再分配。在内容的评价方面，

---

① 蒋乃平."宽基础、活模块"课程结构研究 [J].中国职业技术教育，2002（3）：50-53.
② 徐国庆.职业教育项目课程开发指南 [M].上海：华东师范大学出版社，2009：18-19+98.

基本上延续了目前职业院校课程评价的方式方法。

　　三是工作过程系统化内容设计。工作过程系统化课程是在借鉴德国"双元制"学习领域课程"工作过程导向的实践与理论成果"基础之上，充分吸收模块课程的灵活性、项目课程一体化的特长，并针对项目课程系统化缺乏的特点，对其进行系统化改进，提出了"工作过程系统化"课程这一理念。其课程内容开发主体都体现了行业企业实践专家参与这一理念。在课程内容结构方面，这一理论认为，工作过程即"在企业里为完成一件工作任务并获得工作成果而进行的一个完整的工作程序"，这个工作过程有 6 个要素，即工作的对象、内容、手段、组织、产品、环境。不同的职业围绕这 6 个要素呈现出的工作过程也不同，但是无论什么工作，都有一个最普适性的工作步骤，会显性或隐性地存在于一切工作过程当中，这个普适性的工作步骤即资讯、决策、计划、实施、检查和评价。与此同时，任何一个工作过程都体现在一个人或团队的综合能力上，即专业能力、方法能力和社会能力的综合，这三项工作过程的具体载体为工作过程系统化课程提供了理论和实践依据。也就是说，职业教育课程内容可以依据这个普适性的工作过程步骤进行纵向的序化、横向的结构，可以辅之以 6 个工作要素和 3 个能力要素的综合[①]。如图 5-1 所示，纵向的学习领域课程是一个课程体系，这个课程体系通常由 10~20 个学习领域课程组成，每一个学习领域课程都是一个完整的工作过程，这些蕴含着完整的工作过程的学习领域课程通过学生职业成长规律和认知学习规律的顺序排列而成。每一个学习领域，又是由横向的 3 个以上的学习情境（或称之为主题单元）组成，每一个学习单元都是一个完整的工作过程，这些单元与单元之间是一种平行、递进或包容的逻辑关系。同时，在进行主题单元课程设计时，要求每一个主题单元必须具备典型的工作过程特征，要包含工作对象、内容、手段、组织、产品和环境这 6 个工作要素，包含专业能力、方法能力和社会能力这 3 种工作能力，而且，还要体现资讯、决策、计划、实施、检查和评价这 6 个工作步骤[②]。鉴于它的每一个学习情境中都有"评价"这一环节的出现，因此在课程内容评价方面，与北美的 CBE

---

　　① 姜大源.世界职业教育课程改革的基本走势及其启示——职业教育课程开发漫谈 [J].中国职业技术教育，2008（27）：7-13.

　　② 姜大源.论高等职业教育课程的系统化设计——关于工作过程系统化课程开发的解读 [J].中国高教研究，2009（4）：66-70.

课程内容评价有异曲同工之妙。

	学习情境1（主题单元）	学习情境2（主题单元）	学习情境3（主题单元）		学习情境n（主题单元）
学习领域1（课程）	咨询、决策、计划、实施、检查、评价	……	……	……	……
学习领域2（课程）	……	……	……	……	……
学习领域3（课程）	……	……	……	……	……
……	……	……	……	……	……
学习领域n（课程）	……	……	……	……	咨询、决策、计划、实施、检查、评价

新手—专家　简单—复杂的工作过程

平行—递进—包容的工作过程

图 5-1　工作过程系统化课程结构图

（2）国外三种典型的内容开发模式

在教学内容开发方面，有些国家已经形成了相对比较成熟的模式，比如德国的学习领域课程内容开发模式、澳大利亚的职业资格课程内容开发模式和北美的 CBE 课程。

一是德国的学习领域课程内容开发。德国的学习领域课程内容开发主体是德国经济部和教育文化部统一组织下的行业协会、工会和教师三方面人员；其课程内容结构主要由培训课程、理论课程和实训课程三个部分组成。德国的学习领域课程开发是依据全国统一的职业培训条例进行的，这个职业培训条例包括职业名称、培训期限、培训大纲、培训计划、中间考试和毕业考试等。培训大纲规定了职业培训的基本内容，将课程分为职业基础教育（基础培训）、职业专业教育（专业培训）、不同行业方向教育（专长培训）三个阶段，不同的课程根据一定的依据会被放置到三个不同的教育阶段之中。其理论课程主要以职业实践活动为核心，统筹了培训专业有关的专业知识、专业基础知识和文化基础知识，关注与职业密切相关的专业知识的深化提高，强调专业理论知识在职业实践中的应用。实训课程内容主要包括三个部分，即预实习部分、实习部分和实践部分，这三部分可以根据课程内容的不同，交叉进行[①]。在课程内容开发程序方面，姆斯特－崴布斯/施耐德倡导的德国学习领域课程的开发程序由两条相互融通的线组成，一条线是教学标准—学习领域—学习情景，另一条线是必要的工作过程—行动过程分析—行动能力，这两条线的中间部分，学习领域和职业性的行动领域对行动过程进行分析是相互融通的[②]。在学习领域课程内容评价方面，主要由考核专家组（由行业协会为主的各方利益代表组成）统一标准、统一命题、统一考核，由考评委员会（主要由雇主、雇员和学校组成）具体实施其职业资格认证考试，考试分为两类两次，两类考试是培训毕业证书考试和职业资格证书考试，两次分别为中间考试（第一次大约在学习一年半左右举行）和结业考试（学习结束时考核）。

二是澳大利亚职业资格课程内容开发。澳大利亚的职业资格课程内容开发主体也主要由行业企业的实践专家和 TAFE 学院的课程专家组成。其课程内容结构体系共有 5 个层次，第 1 层是培训包，主要包括相关专业能力标准要求；第 2 层是专业教学计划，主要由州教育部课程开发部门依据培训包要求开发课程并制订实施计划；第 3 层是教学大纲，主要由州或学校开发，明确教学内涵与要求；第 4 层是学习或教学指导书，主要包括教学内容、教学方法、考核练习等内容；第 5 层是教材，主要由学校依据指导书做出选择，仅供学生阅读参考。联邦政府组织开发的培训包是基础，主要包括国家认证部分和非国家认证部分，国家认证部分是主体，主要包括能力标准、资格证书、评估指南三个方面内容；非国家认证部分主要由学习指南、评估材料和职业发展材料三方面组成。在国家认证部分这一培训包主体中，能力标准是指由雇主、雇员、政府机构代表组成的相关行业的能力标准委员会（CSB）开发的有关行业就业的操作标准，主要包括五个组成部分：一是能力单元，即能力标准中的某项具体能力；二是能力要素，即能力单元的基本构成组块；三是操作标准，即操作应达到的水平；四是适用范围，即适用的职业范围；五是检验情境，即进行能力评估与检验的情境。这个能力标准开发出来之后，需要报国家培训部批准而成为颁布全国的指令性质的文件。资格证书是依据不同行业、不同岗位资格要求，对有关能力标准进行的组合。根据学

---

① 邓泽民，王宽. 现代四大职教模式 [M]. 北京：中国铁道出版社，2006：46-69，94-95，97-131.
② 申文缙. 基于"学习领域"课程方案的德国职业教育教学大纲研究 [D]. 天津：天津大学，2007.

生所接受培训的等级而授予相应的资格证书。评估指南是指对接受培训者和评估考核人的资格和培训经历的要求，同时也包括能力考核标准评估办法及其环境的指导性要求。在非国家认证部分中，学习指南主要包括封面（由教材名称、课程编码、编写制定单位等）、目录和教材介绍（包括教材中的符号意义、学习方法、参考资料、视听资料和前续课程等）、章节（主要包括引言、检查、复习和答案等内容）。评估材料是一种辅助工具，主要包括观察计划、模拟活动、实际工作项目、演示、个人工作项目、书面测试、口试、作品展示等形式。职业发展材料是开发和实施培训项目的必需材料，主要包括一些工作内容的信息资源，如根据行业和企业所需开发培训项目，如何使用培训包、如何开发培训课程等。其课程内容开发程序是能力体系分析—教学领域分析—确立课程科目—设计课程方案—课程科目开发。其课程内容评价部分主要以培训包中国家认证部分的评估指南为基础开发评估材料，并依据评估材料进行课程内容评估工作。

三是北美的CBE课程内容开发。北美的CBE课程内容是先使用DACUM确定学生培养目标之后，再根据培养目标选择课程内容，他们称之为"学习包"。学习包开发程序分为工作程序分析、技能组合、学习进度计划开发和技能学习指导书开发四个阶段，最终形成一个技能学习指导书，技能学习指导书结构和开发程序如图5-2所示。最后要注意的是，这些资源包括教材、音像、计算机辅助教学软件、技术杂志和多媒介资料等。在组织这些资源时，要注意针对具体每项技能列出相应的资源，针对资源列出有关能用到此项资源的技能以方便学生自主学习使用[1]。从技能学习指导书可以看出，每一个结构在编写的最后都有"自检或他检"的环节，这个环节的存在是进行课程内容评价的重要组成部分。

设计3：以行业企业生产技术为依据

课程内容选择通常包括选取、筛选、体系构建三部分，即以生产技术为依据，选取必需的知识和技能，以及素质元素，在此基础上构建内容体系。

---

① [美] 亚瑟·K.埃利斯.课程理论及其实践范例 [M].张文军，译.北京：教育科学出版社，2005：83+170.

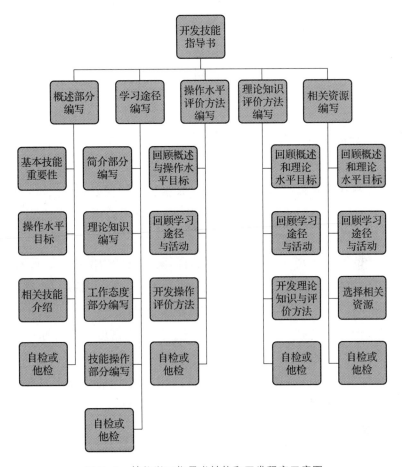

图 5-2　技能学习指导书结构和开发程序示意图

（1）内容选择

一是"生产什么"的内容。狭义的产业技术侧重于企业生产层面的描述，其职能是生产新形态的产品或服务。围绕着特定产品或服务的生产，产业技术通常被划分为产品技术形态与生产流程技术形态两大类[1]。产品技术是生产目的的技术体现，实现的是"生产什么"的职能。产品技术可以是物质的，也可以是观念的，分知识（观念）形态、实物（或物质）形态和使用形态三种存在方式[2]。知识形态的产品技术是尚未物化的技术，由个体大脑产生创意、构想等。实物形态的产品技术是知识形态的产品技术物化的结果，如

---

① 王伯鲁 . 产业技术结构分析 [J]. 经济问题，2000（7）：9-12.
② 罗天强，邓华杰 . 产品技术分析 [J]. 科学技术与辩证法，2005（2）：71-74.

具体的装置或设备等，也是一种人所操作的可能客体。材料或物质、结构、外观是衡量产品技术的重要指标。使用形态的产品技术是现实的技术，会产生定向作用，其存在就是被使用的过程，为使用者提供一定现实意义的功用。三种形态的产品技术融合在构思、设计、实现和运作中，转化为课程内容。

二是"如何生产"的内容。生产流程技术形态是生产手段的技术体现，实现的是"如何生产"的职能，需要一定有物质技术的参与。具体生产技术操作包括技术规则和技术情境[①]。首先，技术规则是规定劳动者如何去做的法则或规定，是对个体如何行动的规范或指令[②]。技术规则是人制定的，又被人所遵守执行，但不是约定俗成的，而是以技术规律为充分依据。技术已经成为企业运转的潜在规则，进而演变成具有深刻影响能力的优先、首要规则[③]。技术规则的具体实施依靠技术操作来实现，包含三方面内容：人对自然的操作方式和程序、被操作的自然之物、预设的操作结果[④]。其次，技术情境凸显主体思维取向，强调技术场域的生态状况、资源丰富度以及目标指向下的人为规划，将技术活动的目的、需要、资源、现状呈现在技术主体面前[⑤]。技术情境与个体技术知识建构密切联系，有利于技术主体的技术认识水平提高和技术能力生成。技术情境为问题解决能力的生成提供了设计空间，"设计空间形成了问题求解过程"[⑥]。技术认识的过程就是技术问题的形成、展开和解决[⑦]。再次，从广义范围看，"如何生产"的技术还包括管理层面，对人、财、物的优化配置，以企业高效率运转。最后，无论生产结果是有形产品还是无形服务，"如何生产"的课程内容表现出明显的程序性。如图 5-3 所示，以更换汽车轮胎的程序分析为例，能明显看出如何生产的程序性。

---

① 徐国庆.实践导向职业教育课程研究：技术学范式 [M].上海：上海教育出版社，2005：133.

② 张苗.技术规律与技术规则 [J].淮阴师范学院学报（哲学社会科学版），2005（4）：440-443.

③ 王丽.技术规则理论评析 [J].科学学研究，2002（2）：118-122.

④ 潘天群.论技术规则 [J].科学技术与辩证法，1995（4）：52-55.

⑤ 王丽，夏保华.从技术知识视角论技术情境 [J].科学技术哲学研究，2011（5）：68-72.

⑥ 约翰·齐曼.技术创新进化论 [M].孙喜杰，曾国屏，译.上海：上海科技教育出版社，2002：259.

⑦ 程海东，陈凡.解析技术问题的认识论地位和作用 [J].东北大学学报（社会科学版），2012（1）：1-5.

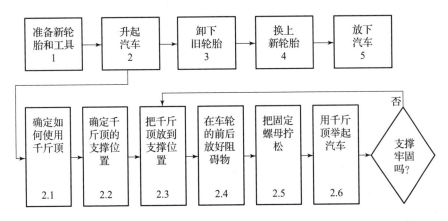

图 5-3　更换汽车轮胎的程序分析

三是"强"与"弱"的内容。 生产技术可分为两类：一是各类产业特有的或专有的作为标志的技术，比如采煤技术、炼铁技术、发电技术、水稻杂交技术等，其他产业并不使用，陈昌曙教授将其命名为强对象化技术[1]；二是通用的、起支撑作用的技术，陈昌曙教授称之为弱对象化技术。这两大类产业技术决定了两大课程内容，强对象化技术和弱对象化技术分别决定强对象化技术和弱对象化技术的课程内容。后者可以称为技术平台课程，前者可以称为专业方向课程[2]。以电气自动化专业为例，其专业课程分为技术平台课程和专业方向课程。技术平台课程包括电气技术基础、电控与 PLC 应用技术、电气绘图与电子 CAD、电力电子技术、自动化检测技术电工电子基本技能、弱电工程技术综合实训、电气控制实训等部分。专业方向课程分为工业电气与自动化、楼宇自动化、过程控制与自动化仪表、照明电气自动化技术四个专业方向。专业方向课程内容是由不同产业的特有产业技术决定的，有多少特有产业技术，就有多少专业方向课程内容。我国提出在九大重点产业培养技术技能人才，包括现代农业、制造业、服务业、战略性新兴产业、能源产业、交通运输、海洋产业、社会建设与社会管理、文化产业。这些不同产业的"强""弱"专业课程内容是不一样的。当前，共性技术与行业技术标准构成产业主流技术形成的重要基础。共性技术指能够在很多领域内共享的一类技术，其研发成果已经或未来可能被广泛采用，能够对一个产业或多个产

---

① 陈昌曙 . 关于技术、工程与工程技术的提纲 [C]. 大连"全国工程科学与技术哲学研讨会"会议论文，2001.

② 邓泽民，陈庆合 . 职业教育课程设计 [M]. 2 版 . 北京：中国铁道出版社，2011：130.

业产生深刻影响，如纳米技术、光电技术等。有些行业没有设置国家标准而又需要在全国采取统一的技术要求，国务院有关行政主管部门制定行业标准，分为强制性标准和推荐性标准。共性技术与行业技术标准也是专业课程内容的一部分。各国政府的技术标准竞争越来越激烈，已经由企业主导的企业技术标准之争转变为政府推动下的产业技术标准竞争。

（2）内容筛选

从演变历史看，课程内容是发展的。工业革命前，学校教育的主要目的是宗教救赎，教育内容集中在培养学生的读写素养以及传承教师或父母的技能、手艺上。随着工业革命的进行，公共学校教育开始将教育中的宗教和职业内容分开，因为学生需要获得谋生所需的实用技能。技术越来越先进，机器设备越来越复杂，学生要掌握机器运作的原理，掌握更多的理论知识[1]。课程内容演变历史说明，不同历史时期，课程内容是不同的，具有不同的选择标准。

一是内容选择的关键。首先，课程内容是否体现了课程设计的价值取向。回归技术世界、技术与人性相结合、"设计导向"三大价值取向，能够帮助课程设计者从哲学层面审视课程内容，确保不偏离将产业技术设计为专业课程这条主线。其次，课程内容是否以技术为核心。"生产什么"与"如何生产"、"强"与"弱"的课程内容之间是否获得平衡，保持适当的比例。职业教育专业课程的内容选择，单独偏重某一类技术的做法是行不通的。最后，课程内容是否关注的是课程设计而非教学设计。前者是将要讲授的东西，后者侧重如何去讲授。

二是目标的筛选功能。以目标为导向选择教学内容，如"样板制作过程"，其课程目标是熟悉模具制作工艺，掌握公司新产品样板生产、检验；主要任务包括样板制作准备、样板外协加工、样板制作的生产过程和生产协制管理、样板检验、陈列样板管理。具体活动包括填写领料单，领取原料或零部件；利用专业设备、机器生产零部件；监视设备运行状况，及时排除设备故障，保养设备；样板检验：检查、测量生产出来的零部件规格；验收或提交完成品。以上课程内容仅仅以行为目标为筛选标准，还需要按照展开性

---

① T. 胡森，T. N. 波斯尔斯韦特. 教育大百科全书 [M]. 张斌贤，等译. 重庆：西南师范大学出版社，2011：149.

目标、表现性目标、创新性目标进一步加以筛选和细化。但精确地确定具体课程目标到底应该筛选、囊括多少课程内容，是一件不容易的事情。

三是内容呈现的均衡性。首先，"生产什么"与"如何生产"、"强"与"弱"的课程内容之间的均衡设置，是生产技术种类的选择和平衡问题。由于职业教育专业课程往往偏重于来自"如何生产"和"弱对象化技术"课程内容，即使有意识作出调整后，如何保持它们之间平衡也是一个难点，当前看似实现了均衡，明天却可能不均衡，课程内容一直处于动态调整中。其次，实用性课程内容与发展性课程内容的均衡设置，反映的是社会中心论和个体中心论两种课程观点。实用性课程内容以企业为中心，从企业实际需求出发，注重实际生产问题，锻炼学生动手能力，"企业需要什么，我们就开设什么"是对其的典型描述。功利主义实质上是效用主义[①]。课程内容注重将学生培养成能为企业高效工作的机器，忽视了人性。因此，应有意识地增加学生自身发展性课程内容。

（3）内容体系构建

不同种类的知识是课程设计的依据[②]。职业教育专业课程内容是一个以技术知识为主体的、多元化的知识系统[③]。课程开发应寻求、确定课程内容的中间区域[④]，在中间区域里不过分强调某种哲学思想。课程内容的中间区域就是技术知识连续体，包括技术理论知识、技术实践知识、技能知识，与我国学者黄克孝将职业教育课程内容概括为知识、技能、态度三要素[⑤]有相似之处。

一是技术理论知识。技术理论知识，而非科学理论知识的选择和确认，是专业课程内容选择的重要理论依据。洛克维诺夫（I. Logvinov）将科学内容的构成分为三种成分，即理论框架、方法和应用。技术理论知识是技术知识连续体的理论框架，它有一套符号化的信息槽，包括名称、绘示、描述等信息。技术理论知识属于学科知识，提供系统的概念、原理、规则，为许多技术任务提供理论的坚实基础。专业课程不应排斥学科知识，必须深度教授

---

① 穆勒.功利主义 [M].徐大建，译.上海：上海人民出版社，2008.

② 丹尼斯·劳顿.课程研究的理论与实践 [M].张渭城，环惜吾，黄明皖，等译.北京：人民教育出版社，1985：122.

③ 王玉苗，庞世俊.职业教育课程内容的透视：知识观的视角 [J].河北师范大学学报（教育科学版），2008（11）：109-113.

④ 奥恩斯坦，等.当代课程问题 [M].余强，译.杭州：浙江教育出版社，2004：10.

⑤ 黄克孝.职业和技术教育课程概论 [M].上海：华东师范大学出版社，2000：14.

一些学科知识，对课程和教学有重要意义①。技术理论知识有两个来源，其一，来自科学知识。技术是相对于科学的独立领域，但两者并不是对立关系。科学主要是一种符号系统，其功能在于理解；技术知识主要是一个行动体系，其功能在于行动。当前，人们普遍接受科学与技术一体化的观点，两者是共生和相互培育的关系②。其二，来自个体的认知结构。从学生的观点看，科学的形式是将来可能达到的理想状态，而不是现在的出发起点。具有完备技术理论知识不是生成职业能力的唯一，对一般学生而言甚至是绊脚石。技术理论术语不是经验中的直接应用的事物，它能够使知识从纯粹的个人经验和直接经验中解放出来、分离出来，起到抽象作用。技术理论知识是真理的存在方式。技术理论知识由个体认知结构派生而成，代表认知系统中的抽象事物。

二是技术实践知识。技术具有鲜明的实践性。技术实践是实践的基本形式，是马克思主义技术实践的观点③，也是理解历史和现实的出发点。有别于科学实践，技术实践是包含制度、文化、物理在内的多维度活动④。实践是职业教育课程的逻辑核心，因此技术实践知识是职业教育专业课程的基本逻辑核心。这个结论在历史上被遮蔽了⑤，一直隐藏在科学知识光环之下。技术实践知识表征个体实际掌握知识的过程，技术实践知识是一种"行动中的知识"。在反对传统的技术理性和实证主义知识观的基础上，萧恩提出实践认识论，极力提倡"行动中的知识"概念，即个体需要反思自己的各种经验，在反思中作为一个实践者构建知识，生成"行动中反映"的能力。"行动中的知识"概念是一个自组织框架，目的、规划、目标先于行动且产生于行动中⑥，提出该概念的主要目的是用其消除理论与实践的分离。个体的知识不能脱离属于自己的技术实践经验，脱离自身经验的理论知识是抽象无用的。整

---

① 布兰思福特，等. 人是如何学习的：大脑、心理、经验及学校（扩展版）[M]. 程可拉，等译. 上海：华东师范大学出版社，2013：21.

② 约瑟夫·C. 皮特. 技术思考：技术哲学的基础 [M]. 马会瑞，陈凡，译. 沈阳：辽宁人民出版社，2012.：6.

③ 于春玲，闫丛海. 技术实践：哲学的观照及嬗变 [J]. 东北大学学报（社会科学版），2013（5）：446-452.

④ 张成岗. 理解"技术实践"——基于科学、技术的划界 [J]. 安徽大学学报（哲学社会科学版），2009（6）：11-15.

⑤ 冯永琴. 技术实践知识的性质与学徒学业评价 [J]. 中国职业技术教育，2009（33）：20-26.

⑥ 多尔. 后现代课程观 [M]. 王红宇，译. 北京：教育科学出版社，2000：242.

合知识的纽带并不是知识本身的逻辑，而是技术实践活动①，专业课程内容重点传授技术实践知识，即实践性技术知识②。徐国庆主张构建以工作知识为主体的课程内容体系③，工作知识是技术实践知识体系的一部分，技术实践知识由显性知识和隐性知识构成。

三是技能知识。如果将技术看作一种外在于人的客观力量，那么技能就是一种内在于人的主观能力，就是个体掌握的技术，或者说技能是具身的技术。熟能生巧，"熟"指技能的纯熟，"巧"就是指技术。《现代汉语词典》对"技能"的解释是："技能是应用专门技术的能力。"从横向分类角度分析，技能知识分为不同种类。其一，专业课程中的技能知识分两类，动作难度大的技能和知识含量高的技能④，两者并非层次关系，是同层中两个不同子类⑤。其二，技能可分为四类：认知技能，是思维技能；动作技能，主要是心理动作技能；反应技能，是对照价值观、情绪情感对事物、情境或同事做出反应，大体指态度；交互技能是指人与人之间相互影响、沟通、接纳、说服等，也被称为管理他人的技能。其三，分再生性技能和产生性技能。有些技能带有重复的性质，在各种工作情境下没有多大改变，称为再生性技能；还有一些技能需要做出一定的计划，运用某些策略做出决定，执行过程中变现出相当的灵活性，称为产生性技能。从纵向习得角度分析，技能的逻辑起点是经验，它的习得是一个自下而上、反复训练的、归纳的、经验的过程，最终能够经技术上升到科学知识。技能来自技术任务解决的实践过程。从等级评价角度分析，技能知识可分为六级，分别是：

技能等级一：能圆满完成此项技能的部分内容，在现场的指导下，能完成此项技能的全部内容；

技能等级二：能圆满完成此项技能的全部内容，但偶尔需要帮助和指导；

技能等级三：能圆满完成此项技能的全部内容，不需要任何指导；

技能等级四：能高质、高效地完成此项技能的全部内容；

技能等级五：能高质、高效地完成此项技能的全部内容，并能解决遇到

① 徐国庆.职业知识的工作逻辑与职业教育课程内容的组织 [J].职业技术教育，2003（16）：37-40.

② 黄艳芳.职业教育课程与教学论 [M].北京：北京师范大学出版社，2010：5.

③ 徐国庆.工作知识：职业教育课程内容开发的新视角 [J].教育发展研究，2009（11）：59-63.

④ 张振元.技能分类若干问题新探 [J].职业技术教育，2007，28（28）：5-10.

⑤ 姜大源.当代世界职业教育发展趋势研究 [M].北京：电子工业出版社，2012：399.

的特殊问题；

技能等级六：能高质、高效地完成此项技能的全部内容，并能指导他人完成。

以上横向分类、纵向习得、等级评价三个角度，均可作为专业课程内容的技能知识的描述维度。

四是技术知识的文化维度。技术的人文性表明，经过文化嵌入、文化资本、文化再生产三个过程，技术内聚了人文性。学者佩斯明确指出技术实践概念内在含有文化维度，具体包括目标、价值观、伦理规范，对进步的信念、意识和创造性等[①]。将技术知识的文化维度设计为专业课程内容，可归纳为职业态度和职业道德两部分内容。首先，职业态度指人们对自己从事的职业所持有的评价和行为倾向，具有主观性特点。个体对所从事职业的主观喜好、积极或消极评价都直接影响职业能力形成或产品（服务）生产能力的高低。职业态度与职业能力是一种互补共济与良性互动的关系，前者是后者提升的助推器[②]。其次，职业道德属于职业群体的集体意识[③]，具有一定的自觉性、强制性，是个体成为专业技术人员的必备因素。按照涂尔干的理解，职业道德有助于个体成为团队的一员，从而顺利纳入专业人员组成的社会结构中。职业道德具体包括团队合作精神、产品质量负责精神、对技术的执着、为社会其他成员创造财富等。技术知识文化维度可以体现在专业概论课程中，更多蕴含在专业课程实践中，作为一种实践理性而存在。围绕技术任务的做中学本身即闪耀着技术知识的文化光辉。

设计4：以岗位典型工作任务为载体

如果说选择课程内容是对"筑路材料"的选择，而组织课程内容就是确定"跑的过程"。课程内容的组织属于课程设计的第三步，它涉及方方面面，是课程设计过程中许多问题的集结点。课程内容组织的实质是对内容加以

---

① PACEY A. The Culture of Technology[M]. Oxford：BasilBlackwell，1983：6–10.
② 王浪，高涵. 职业态度与职业能力关系之辨——基于结构功能主义理论的分析 [J]. 职业技术教育，2010（13）：9–13.
③ 渠敬东. 职业伦理与公民道德——涂尔干对国家与社会之关系的新构建 [J]. 社会学研究，2014（4）：110–131+244.

结构化、顺序化，形成一个学习计划的编制完成①。简要地讲，课程内容的组织，必须注意一个协调和一个指向。一个协调是指协调课程内容与学习者的认知规律，完成课程内容的序化；一个指向设计出来的课程指向学生职业能力生成。从发生的实践顺序看，虽然职业能力是课程实施的结果，但它应该成为课程设计始终瞄准的靶子。套用加涅的观点来说明课程内容的组织的真实含义：将"知识本性"与"认识者本性"结合在一起，形成指向综合职业能力培养的结构化课程方案。借用魏舍尔（Friedrich Theodor Vischer）的观点，"在我们这个领域里有材料专业户和意义专业户"，前者贪恋事实，后者贪恋新的思想。通过技术世界的分析，已经对专业课程的母体——产业技术发展体充分了解，占有了一大堆课程设计的材料；通过技术与人性的分析，阐明了人在技术中的发展意义。如果直接将这些材料当作专业课程本身，事实上就犯了"材料专业户"的错误；如果单纯瞄准人性或人的能力进行课程设计，也将导致"只要葫芦不要叶子"的错误。需要将课程设计的"材料"与"意义"系统地整合在一起，才能设计出真正的专业课程。

（1）内容组织

在如何组织课程内容上，泰勒提出了三大准则：连续性、顺序性和整合性。美国经验主义教育理论认为，在课程编制过程中，课程内容是围绕"Scope（领域）"和"Seguence（时序、序列）"两个单词展开的，前者表示空间维度，后者表示发展维度。也有学者认为课程组织者需要聚焦7个因素，即范畴、顺序性、继续性、统整性、均衡性、衔接性和学习脉络。借鉴以往学者的观点，本书提出职业教育专业课程内容组织有连续性、整合性、系统性三原则。连续性即深度或垂直组织，整合性即广度或水平组织，系统性即构型或空间组织。史密斯、斯坦利肖尔斯认为学习内容安排有四个原则：从简单到复杂的学习原则、预备学习原则、从整体到部分的学习原则、按时间顺序的学习原则。这四个原则与连续性、整合性、系统性三原则机理一致。

一是连续性原则。连续性指课程内容的纵向联系或垂直组织，在不同阶段有一定重复的组织方式。首先，技术知识是复杂程度连续排列的。加涅认为人类学习的复杂程度的演进规律是一样的，即由简单到复杂依次推进。基于以上认识，他提出累积学习模式，分为八个层次。技术知识的复杂程度和

---

① 黄甫全. 课程与教学论 [M]. 北京：高等教育出版社，2002：285.

学习模式也按照复杂程度排列，分为简单技术知识、中等技术知识和复杂技术知识三个难度等级。其次，技术知识按照构成产业技术空间发展体的三个维度展开，即结构技术指标、技术发达程度指标和技术装备程度指标。技术知识沿着三个维度连续延伸，表征着技术知识的深度、专业性从低到高的演进。再次，技术知识按照学习主体的成长规律连续排列。从初学者到专家，具体在技术技能型人才的成长路径是技术工人、技术专家、实施专家、战略专家。最后，课程知识选择的逻辑起点总是在企业、学科和主体之间摇摆，难免顾此失彼，形成头疼医头、脚痛医脚的状况[①]。连续性原则不是在三者之间独断的取舍，而是在三者之间找到一个平衡点。

二是整合性原则。整合性指课程内容的横向联系或水平组织，以帮助学生获得技术知识的统一观点，并把主体行为融合在课程内容中。首先，技术理论知识和技术实践知识的整合。由原来理论与实践分离，整合为理实一体化课程内容，形成一个有机整体。其次，康德认为，知识分先天知识和经验知识两种。对于技术知识体系而言，来自科学的技术知识属于康德所说的先天知识，依据科学概念获得；来自生产实践的知识即经验知识，依据感觉的综合获得。经验内容的整合是通过"直观中感知""想象力中再生""概念中认知"三重综合实现的。相比初学者，专家知识是围绕重要观点或概念来组织的，这意味着课程亦应按概念理解的方式组织。初学者的经验知识按照三重综合组织在一起，需要转化为按照科学概念的知识组织方式。许多课程设计的方法使得学生难以进行有意义的知识组织，通常在转入下一个主题前，只能触及一些表面性的事实知识[②]。再次，学科知识与技术任务的整合。来自技术世界的具体项目或任务被抽象为构思、设计、实现和运作，进而与学科知识相联系。学科知识也需要被解构，重新整合在构思、设计、实现和运作中，让由于彼此竞争导致的碎片知识重新组合为一个整体。

三是系统性原则。系统指合理有序、按部就班的意思。《教育大百科全书》对设计与开发的系统做了论述：自觉运用系统分析和系统设计的技巧，努力识别和解决学习或教学系统中的复杂问题。这种方法的组成要素包括：确定系统边界，识别系统所有输入与输出，并分析系统内的相互作用。用系

---

① 郝德永.课程研制方法论[M].北京：教育科学出版社，2000：9.
② 布兰思福特，等.人是如何学习的：大脑、心理、经验及学校（扩展版）[M].程可拉，等译.上海：华东师范大学出版社，2013：37.

统性原则组织课程内容的目的，是将课程目标和课程内容在纵向和横向两个方向上同时取得平衡，生成专业课程方案。系统性原则把专业课程方案作为一个整体来看待，这个整体是按照一定互动方式组织起来的结构、功能集合体。多元与整合已经成为现代课程价值取向演变的趋势[①]。课程目标和课程内容来自产业技术，系统性原则让专业课程方案重新构型，以保证与产业技术结构的同源性。巴纳锡[②]、赖格卢斯[③]等从系统观点出发强调，当人类的活动系统或社会系统发生重大系统变革时，作为子系统的教学系统也必然要以相应的方式经历重大变革以维持自身的生存。来自剧变技术世界的产业技术结构的调整，势必要求专业课程方案的同步动态调整。系统论原则让课程内容的组织水平取得长足进步。亨利·哈拉普将 20 世纪 30 年代的课程编制系统过程称为"婴儿期——它还不到十岁"。从 20 世纪 60 年代开始至 80 年代早期，随着系统论在教育中的应用，课程设计水平早已经取得长足进步。课程设计不再是简单线性的重复活动，它甚至将设计者自身纳入自身系统中。巴纳锡将一般系统论应用于教学设计研究，区分为四代设计方式：按照指令设计、为决策者等的设计、一起进行的设计或设计者指引的设计、置身于其中的设计。课程设计也存在着以上四种类型。第四种设计方式逐渐成为当前系统设计专业课程的主要设计类型。人的活动系统必须由那些处于其中的人、利用这些系统的人以及这些系统所服务的人共同来设计。这其实是设计者被综合进入自己设计的活动中去，或者说属于个体能动性/结构问题。

（2）内容序化

序化是按照一定规律或逻辑对事物排序，从而形成一定体系或系统。在泰勒三原则里属于顺序性原则，强调每一后继内容以前面的内容为基础，进而加以深入。

一是序化标准。课程内容的序化标准，既有主观标准，也有客观标准。职业教育专业课程内容序化标准是主观标准和客观标准的混合，充分考虑"知识本性本身"和"认识者本性"最优化的序化状态。

---

① 付安权.论课程价值取向研究的传统与变革 [J]. 西北师大学报（社会科学版），2013（3）：64-69.

② BANATH. B H. Designing Education as A Social System[J]. Educational Technology，1998，38（6）：51-55.

③ REGELUTH C M. What Is Instructional-Design Theory and How Is It Changing. [C]// REGELUTH C M. Instructional-Design Theories and Models：A New Paradigm of Instructional Theory（Volume 2）. Mahwah：Lawrence Erlbaum Associates，1999.

主观标准来自学生自身的发展逻辑，即技术工人、技术专家、实施专家、战略专家四个连续发展阶段。四个发展阶段并不意味着随着年龄的增加而自然上升到某个发展阶段，每个阶段的提升需要个体付出时间、精力以获得技术技能的质的改变。由于个体的努力程度或发展机会存在差异，有人可能虽然一辈子从事某一职业，但也没有达到较高层次。但职业教育专业课程应公正地为所有学生提供体验技术工人、技术专家、实施专家、战略专家四个连续发展阶段的机会。按照心理逻辑组织课程内容也属于主观标准，杜威对此做了一些探索，他坚持将课程教材"心理化"，尝试在课程教材和心理之间建立联系。随着心理学理论的蓬勃发展，认知心理学逐渐发展为建构心理学，为专业课程内容"心理化"的组织提供理论阐释。

客观标准来自技术世界，与技术知识、项目或任务有关。学者徐国庆在其项目课程理论中，以项目为单位组织内容并以项目活动为主要学习方式的课程模式，就是一种典型的依据客观标准组织课程内容模式。波斯纳等为课程选择序列探索了一个客观的分类框架，包括：

a. 与世界有关的：空间、时间、物理属性；

b. 与概念有关的：类型相关、建议相关、辩证、逻辑前提；

c. 与探究有关的：探究逻辑、探究方法；

d. 与学习有关的：经验前提、相似、难度、兴趣、发展、内化；

e. 与应用有关的序列模式：程序、预期使用频率。

完全按照主观标准，或者完全按照客观标准序化课程内容，都属于认识上的独断论，对于职业教育专业课程设计而言皆是死路一条。主观标准或者照客观标准，并非必然要二选一。杜威认为，两者都陷于同样的根本性错误，他的分析是有道理的。课程内容组织的主观标准注重"认识者本性"，客观标准注重"知识本性本身"。先来看看杜威是如何处理"知识本性本身"和"认识者本性"的。他极力批判了组织课程内容的两种不同派别，即学科逻辑派别和心理逻辑派别。传统学校课程教材的问题就是只强调经验的逻辑方面，忽视经验的心理方面。在传统学校中，每门学科代表许多独立的门类，而每一门类有自己的独立编排规律。这种内容编排弊病非常明显，知识变成一堆机械的、文字性材料的堆砌。他也给出了教材心理化的解决方案[①]，

---

① 杜威. 学校与社会·明日之学校 [M]. 北京：人民教育出版社，2005：128.

为课程内容的组织方法提供了新思路。职业教育专业课程内容序化标准位于主观标准和客观标准中间的某一点，处于动态微调中。从高等职业教育完整学习周期看，最初学习阶段的专业课程内容序化偏重客观标准，也有一小部分主观标准；中期学习阶段的序化标准位于主观标准与客观标准之间；后期学习阶段的序化标准偏重主观标准，也有一小部分客观标准。

二是序化程序。教育至少应排除某些缺乏自觉性和自愿性的传递程序。彼得斯（R.S.Peters）提出程序原则概念，认为真正知道教师从事教育活动的各种价值体现在他所从事的教育过程本身之中，而不是在他想要的结果之中。课程内容的组织也是如此。课程内容序化过程，或者说确定"跑的过程"中传递了一些价值信息，这是至关重要的。序化程序分为三个步骤：

第一步，确定课程内容的复杂程度。复杂程度并非技术难易程度，而是构思、设计、实现和运作的复杂程度。复杂程度低的课程内容被序化在前列，反之被序化在后列。复杂程度是课程内容系列化的确定标准。课程内容按照从简单到复杂的典型产品或服务为主线展开。

第二步，选择序化类别或形式。课程内容结构分为四大类别或形式：分割、分层、单线和螺旋。螺旋式是当前专业课程内容序化的主要类别，其实是对分割、分层、单线的超越和扬弃，内含了分界、循环与融合。

第三步，呈现序化结果。以往课程内容序化结果大多以图表形式呈现。技术世界的产业技术空间发展体沿三个维度（结构技术指标、技术发达程度指标和技术装备程度指标）展开。来自产业技术的专业课程内容也在三维空间螺旋展开，形成彼此复杂联结的多样性场域，冷凝为专业课程体系。

三是螺旋式序化。螺旋式课程理念是布鲁纳在1960年提出来的，基本假设是所有教材都可以用某种合理形式教授给不同发展阶段的儿童。螺旋排列方式按照学习巩固性原理，在相邻的两个单元、主题或阶段中安排内容相同但深度或广度不同的课程内容，螺旋上升。布鲁纳的螺旋式课程属于学科中心课程，围绕学科知识的基本概念和基本原理设计而成。布鲁纳的螺旋式指的是学科的基本概念和基本原理，以后在更高级阶段不断重复它们，直到学生掌握整个学科知识为止。拉盖、谢菲尔德、福谢也对其螺旋式课程进行了研究。福谢说："螺旋型课程设计让学生随着不断的成熟，在其学习过程中逐步深入。"螺旋式序化中的"螺旋"指构思、设计、实现、运作四个阶段，从低级阶段到高级阶段都在不断重复它们，逐步深入。螺旋式课程可通过深度、广度、应用三维度完成。其中，深度指螺旋式序化的主轴，广度指不同种类课程内容，应用指以技术任务为序化的基础。螺旋式序化围绕的主轴，即技术工人、技术专家、实施专家、战略专家四个连续发展阶段，表征技术技能人才成长的规律性和阶段特点。将螺旋式上升划分为不同水平或空间，在这些水平或空间里，以难度不同的技术任务为基础，融合技术理论知识、技术实践知识、技能、技术知识的文化维度课程内容，相邻水平或空间之间有许多重叠和相互渗透的行为场域，各场域遵循它们各自的特殊发展动力，螺旋上升。课程内容螺旋上升的同时，也发生着载体循环、认知结构循环、抽象域与具象域的循环，以及双元经验的螺旋上升。借助这些螺旋或循环，知识得以生成，主客体得以统一。布鲁纳主张重视知识的形成过程，才算是好的螺旋式课程。专业课程内容的序化既有形式的螺旋，也有知识的生成，基本达到布鲁纳衡量标准。课程序化的教育学思考强调学生对知识的建构过程。相邻的课程内容螺旋式序化构成一个个知识体。专业课程是按照循序渐进的理念对课程内容进行组织而形成的完整知识体，其中的每一个知识体就是一门课程，如图5-4所示。

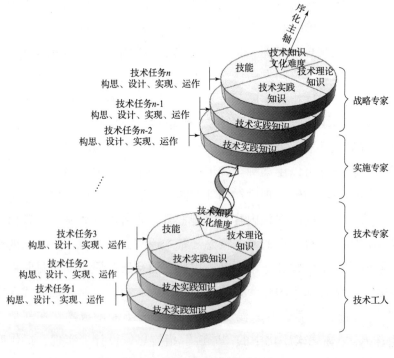

图5-4　课程内容的螺旋式序化

职业教育专业课程内容螺旋式序化与布鲁纳螺旋式课程相比较，存在三点不同。第一，职业教育专业课程内容的螺旋指构思、设计、实现、运作四个阶段，而布鲁纳所说的螺旋是学科的基本概念和基本原理。第二，职业教育专业课程内容的螺旋式序化发生在产业技术空间体，天然联系着技术实践活动，而布鲁纳螺旋式课程基本停留在理论知识层面。泰勒选择课程内容（学习经验）的原则之一："学生应该有机会循序渐进地从事大量实践活动，而不只是简单重复。"构思、设计、实现、运作四个阶段在螺旋循环中提供了充足的实践机会。第三，螺旋过程中的知识生成也有不同。通常认为知识生成于四组"融化—冷凝"和分界、循环、融合中，而布鲁纳认为知识生成于三级螺旋中。三级螺旋具体是：第一级螺旋为动作式认知的维度；第二级螺旋为图像式认知的维度；第三级螺旋为符号式认知的维度。布鲁纳的三级螺旋大体描述出个体学习由客体到主体的单向内化过程，但需要进一步细化。

（3）构建内容体系

课程体系是为完成人才培养目标所提供的全部课程的集合或结构化序列。在《国家教育标准分类法》中，教育课程系指为在一段持续时间内达到预定的学习目标而设计或组织的序化的教育活动。也有学者认为课程体系是对构成要素加以排列组合而成的系统。课程体系主要包括公共基础课程和专业课程两部分。其中，公共基础课程的课程体系按照国家统一要求安排，这里不作研究。

一是按产品生命周期构建课程体系。产品生命周期即构思、设计、实现和运作，代表从产品研发到产品运行的生命周期。对应四个阶段设置四个专业课程模块，构成层级式专业课程体系。产品和人的生命一样，要经历形成、成长、成熟、衰退这样的周期。劳动者提出解决方案的过程，也具有类似产品生命周期的规律性。技术技能培养需要以产品生命周期的四个阶段为主线来设置课程，将四个阶段需要体现在一个技术任务或项目中，然后将该技术任务或项目开发为专业课程。技术任务或项目为专业课程提供许多难易程度不一的鲜活课程实例，这些难易不同的技术项目或任务代表着技术理论知识、技术实践知识、技能、技术知识的文化维度等输入因素的复杂程度。

二是按技术技能成熟度构建课程体系。从初学者到专家的职业成长规律细化为技术工人、技术专家、实施专家、战略专家四个连续发展阶段，可表征技术技能成熟度。四个连续发展阶段是专业课程体系的构成主体，最终形成课程体系也是层级式的。高等职业教育学制为四年（八个学期），四个发展阶段成长历程贯穿八个学期。每个成长阶段都需要完成若干技术任务或项目，或者说，要经验若干构思、设计、实现和运作循环。对个体而言，在每学期学习过程中，完成一定技术任务"量"的积累，技术技能得到"质"的突破。由于个体的差异性，不同学生在每个成长阶段需要的通过时间是不同的。

三是按理实一体化构建课程体系。大部分职业教育理论的课程体系建设采取理论课＋实践课模式。先设置以技术理论知识为主要内容的专业课程，再设置以技术实践知识为主要内容的专业课程。作为培养技术技能和创新能力的专业课程，应是理实一体化课程，理论和实践自然而然地融合在"做中学"的技术任务或项目中。构思、设计、实现和运作循环是由抽象域和具象域构成的，分别对应着理论和实践。域即范围。构思、设计构成抽象域，主要是工程实际问题在人脑中的反映，侧重运用概念再现对象的本质。而实现、运作构成具象域，主要指技术技能人才解决技术实际问题时面对的具体工作范围。构思、设计、实现和运作的每次循环，都将理论和实践内容融合在一起。按产品生命周期或按技术技能成熟度构建课程体系，都属于层级式课程体系，层级式课程体系的显著特点即分层，将课程按层次排列形成课程体系，容易形成三段论式课程体系。按理实一体化构建的课程体系与层级式不同，它是一种螺旋式模块课程体系。

第六章

实施策略：改革教学方法手段

教学方法是教师和学生为完成教养任务而进行理论和实践认识活动的途径。

——米哈伊尔·尼古拉耶维奇·斯卡特金

教学方法与手段是教学活动的基本要素，是增强教学效果和提高人才培养质量的重要手段。教学观念、教学内容、学习需求、管理制度等通过教学方法和手段而发生联系，产生教育影响。各种教学要素之间的冲突和矛盾最终交汇于教学方法与手段，从而使教学活动充满活力和魅力。

一、关于教学方法的探讨

教学思想观念是制约教学方法改革创新的深层次问题，主宰着一些教学改革的基本认识和价值。将清教学本质、教学观念、教学方法及教学方法与知识观、价值观的关系，意在表明教学方法改革必须以教学思想观念改革为先导。

 探讨 1：**教学本质及其特征**

教学是实现教育目的、培养技术技能人才、体现社会价值的各种具体活动的表现方式之一，是职业院校最主要的组织活动。职业院校的其他活动都是围绕教学展开、为教学服务的。任何教学活动都是一个历时性的过程，是一个目标差异大、参与要素多、各种影响复杂的教育实践体系。这个教育实践体系的各个构成要素经过多种形式组合、为实现各个目标而发挥作用，不同要素组合在不同环境下运行又使职业院校的教学形式丰富多彩。

（1）教学的基本范畴

认识和了解教学，需要从了解教学的基本范畴开始。按照内在规律的体会与感悟认识和了解学校教学范畴，有利于全面把握学校教学本质特征。

一是教学的作用与功能。 教学作用与功能就是教学活动的基本目标与任务，它主要源于三个方面：教师的需求目标、学生的需求目标和社会的需求目标。过去，受社会本位思想影响，一些国家特别是实施集权式管理的国家，其学校教学活动的作用与功能被国家化甚至政党化，教师就是国家对学生实施教育驯化的工具，学生则是被教育驯化的对象。但在教育发展、受教育人群日益扩大的形势下，社会本位的教学功能不断弱化，以人为本的教育思想越来越占重要地位。所以，教学活动的目标必须同时考虑教学活动主体——教师和学生的个人需求。教师通过教学传播知识，促进自我进一步探究，引导学生获得专业技能的训练，从而获得满足感与成就感。学生通过对社会愿望、个人兴趣以及基本能力的综合考虑，主动接受教育、参与教学活动，达到身心和智力的全面发展。社会对教学活动的需求可能是具体而分层次的，教师和学生对教学活动的需求可能是抽象而含糊的。认识和化解这种矛盾冲突，有利于教学方法创新。

二是教学的主体与环境。学校教学的主体与环境是教学活动赖以开展的基本条件。什么是教学主体？教学主体就是有目的、有意识地进行教学实践活动和认识活动，并在教学活动中确立和体现主体地位的现实的人。这里的人包括三层含义：现实的人、动态发展的人、个体与群体相统一的人。因此，学生也是教学活动的主体之一。教学环境是相对于教学主体而言的，包括教学活动中除主体之外的一切物质的、时空的、媒介的、关系等方面，尽管环境在教学活动中处于从属地位，但其对实现教学目标有着极其重要的影响。

三是教学的形式与内容。学校教学的形式与内容往往表现得最为具体、生动，既反映内容与形式的对应关系，也反映形式与环境的协调关系，还反映教学活动直接主体（教师与学生）与间接主体（教学管理者）协商一致管理的特征。单从教学活动形式来看，表现为内容、环境、主体的统一，如课堂教学、课外练习、社会实践就是三者关系的不同组合的结果。如果从教学活动主体的作为来看，教学形式则有讲授活动、听课活动、师生研讨活动等，每一种活动，各自主体地位的表现是不同的。目前，职业院校已经开始注意发挥教师和学生的主动性，对教学内容的选择权有所放开，但与教师自主裁量教学内容和学生在完全学分制下自由选择教学内容还有相当的距离，至少学生的职业规划与学校的学业指导工作在短时间内难以跟上。

四是教学的特点与过程。教学的特点与过程是联系在一起的，教育与教学是一个循序渐进的过程，世界上没有任何一种瞬时性的教学活动，因此教学活动的特点十分明显。第一，专业性教学与综合性认知相结合。职业教育是建立在基础教育之上的专业教育，教学目标和内容按照不同职业领域需求进行设计，教学组织形式也分专业进行。同时，职业院校教学活动的综合性认知也十分明显：在专业性教学内容与教学情景中，学生的知识、能力、素质得到全面的培育，即使是一门十分专业的课程，教学活动对学生的影响也是综合性的，在课程设置、活动设计中，安排有一定分量的基本素质和能力训练的内容和项目，对学生的培养是多方位的。第二，隐性教学与显性教学相结合。教学活动对人才培养的影响作用趋于多样化，传统课堂的直接影响、作业与练习的直观影响等属于显性活动部分，还有许多潜移默化的教学活动，比如一次学术报告会、一次参观学习、一次社会调查、教师对学生的一次得体的表扬或批评等，这些看似不像规范的教学活动属于隐性教学活动，它的教育意义和对学生的影响绝不只是现场表现出来的结果，要比现场深远得多，广泛得多。教育中的所谓启发、养成，其实就是对这种隐性教学活动功能的表述。第三，教学活动与科研活动相结合。教学活动是一种接近于人类认识世界实践活动的有效组织方式，本意就在于表明教学活动不是纯粹的知识传授活动，也不纯粹是师生交往与情景感悟活动，而是有目的地引导学生学会认知和探究世界的方法、训练基本的认知能力的活动。科研活动是人类有意识地探究世界的实践活动。

（2）教学的重要本质

受苏联过程论教学观影响，我国以前的教学论著作通常用教学过程代替教学活动，用对教学过程的描述代替对教学活动的分析，这实际上是以偏概全。教学过程只是教学活动的显性表现。教学是一种人类社会的组织活动，与人类社会的生产活动一样，也是有目的的。教学是什么？教学目的是什么？如何实现这些目的？解决这些问题就是对教学本质的回答。

我国学者对教学本质问题的研究十分积极，而且受苏联学者教学本质观的影响极其深远，先后提出了以马克思主义认识论为基础的认识说、发展说、本质说、教师传递说、学习说、师生双边活动说、实践说、交往说等。这些观点都从不同的视角或哲学思想对教学本质进行了有益的探索，对认识教学本质有直接的启发意义。

潘懋元先生比较早地从教学对象出发，提出教学是传播人类文化的重要途径，也是个体社会化的手段，认为教学活动就是教师根据教学目的和学生身心发展的特点，运用一定的手段，有组织地引导学生掌握系统的文化科学知识和一定技能，发展智力、体力和培养思想品德的过程。田建国在世纪年初提出教学是通过传授文化科学知识和专业技能，实现培养目标的综合性教育活动。周川、陈列等提出教学活动是高等教育活动的主体形式，是一种在人的作用下的知识和人才的全面运动，这个运动的动态发展就是教学过程。从这些界定看，关于职业院校教学本质的研究，必须把握以下几个维度。

一是教学的基本要素。教师、学生、教学内容、教学媒介等是教学活动最基本的要素，职业院校的教师和学生是掌握了专门知识的教师和接受了基础教育的成年学生。教学内容是作为培养手段的素材，其本身并不具有社会价值，以此与科研活动所形成的知识相区别。教学媒介主要指职业院校本身这种教学活动载体，包括其中可以不断改进的环境因素、媒介因素、组织方式等。

二是教学组织的严密性。职业院校教学活动的组织方式与组织衔接，任何随意性的教与学不能被视为学校教学活动。高度的组织化、多种组织途径与实现方式以及这种组织活动的高效率能够保证具体目标的有效实现。

三是教学的目的。学校教学是有目的、有计划的专门性智力活动，在这个活动中，无论是短暂的一节课，还是一个学期、一个学年，甚至一个专门人才培养周期，目标都必须是明确而全面的。当然，不同的出发点，其目的的规定性也是不同的。比如有的以时间为目的衡量标准，把学年、学时的完成当作目标与计划的表现；有的则以知识和技能为衡量标准，学年、学时被放到次要位置。

四是教学的归属。教学不是凭空出现的一种与众不同的活动，在类别的从属关系上，要给予描述。具体表述方法因人而异、因需要而异，这种方法具体有性质定义、发生定义、关系定义、功用定义等方式，通过捋清内涵，确定定义项和被定义项的内涵与外延。

因此，教学可以被认为是教师和学生借助于适当的环境与条件，按照社会和人自身的需求，围绕知识增长与能力改进等中心问题所进行的一系列接近于人类认识世界实践的有效的特殊活动方式。

探讨2：教学观念及其发展

教学思想观念以实现人才培养的社会功能为中心，由系统教育思想与各种教学观念有机融合而成。系统教育思想统领各种教学观念的形成，而各种教学观念集合成系统教育思想。在形态结构上，教学思想观念主要表现为三个层次：国家教育指导思想，学校教学思想，师生在教学活动中形成并遵循的教学观念。这三层思想观念内在联动发展，并作用和反映在人才培养的过程和环节中，也极大地影响甚至决定着教学方法的改革创新。

（1）教学观念的核心

职业院校教学活动的重要构成要素以及教学效果的决定因素在于教学主体。教学活动的主体及其相互关系是教学思想观念的生发器。

一是谁是教学活动主体。经过很长一段时间"何谓教学主体""谁是教学主体"等问题的争论，大致形成了教师主体论、学生主体论、教师和学生双主体论三种观点。教师主体论源于以赫尔巴特为代表的教师中心说，认为在教学活动中教师是唯一的主体，学生是用来供教师加工、改造的，与教学内容一起构成教师教学活动的对象，属于教学客体。学生主体论源于以杜威为代表的学生中心说，其基本观点与教师主体论相反，认为教学活动的唯一主体是学生而不是教师，教师和教学内容都是被用来塑造和加工学生的，是其成材的工具性对象，是教学客体。而教师和学生双主体论则改造了前述单一主体论的思路，提出教师和学生都是教学活动的主体，在一个完整的教学活动单元内，就对教学效果的最后影响来说，分不清教师的能动作用大还是学生的能动作用大，只能是两个主体并存，共同协调教学效果。这时，教学内容、教学设施、教学环境等就基本上属于辅助性的东西，属于教学客体。

二是主体之间什么关系。一般来说，任何活动都存在主体与客体的关系，如果按照两种单一教学主体的观点，无论谁为主体、谁为客体，都是主客体关系。但是，教学是一个复杂的系统，从教学作为社会活动实践关系出发，毫无疑问教师是主体，学生是客体；从教学活动的价值关系出发，很明显，学生必然是主体，教师是客体；从认识活动的全面关系出发，教师与学生都属于主体，客体只是那些主体之外的教学活动要素。教师的教学既是个人的劳动表现，也是群体的劳动表现，一个教师不可能教好一个班级、培养出一批人才，甚至不可能完整地教好一门课程，必须要有班主任等相关辅助人员的共同参与才行。学生的学习也是如此，纯粹单个人的学习有时不能很好地完成。我们强调开展主体性教学，所依靠的不只是单个学生的主体性，还包括建立在每一个学生主体性发挥基础上的协作教学、合作探究。所以，教学主体实际上有一主两次三对关系——师生关系占主导地位，师师关系和生生关系居于次要地位。

（2）教学观念的演变

教学思想观念具体通过人才观、质量观和效率观等来表现。改革开放以来，我国职业教育发展经历三个历史阶段，每个阶段都有不同的重心，体现了教学观念的转变。

一是由"社会"转向"个体"。职业教育是经济社会发展的产物，不可避免地受到经济、文化、政治的影响，但职业教育毕竟是一项教育活动，是培养人的活动，应该更加注重人的发展，注重学生综合素质的提升。社会本位、国家本位、教育本位并不是非此即彼的关系，经过一段时间的发展，三个本位共存，在明确职业教育服务社会的同时，也重视考虑学生个体发展。关注教学内容的多样性，重视提升学生文化内涵，为其实现自我价值奠定基础。突出学生在人才培养中的主体地位，在教学管理、教学环节、教学方式等方面也要将统一的、封闭的、固定的人才模式变革为多样化、个性化的教学过程和教学形式，既努力拓宽专业口径又坚持按专业培养人才，既制定人才培养目标和基本规格又给予学生充分自由的发展，既坚持教学工作的计划性又给予学校、专业、教师和学生较大的灵活性。在教学管理上，推行学分制，实行选课、选专业等灵活的制度和政策。

二是由"专门"转向"复合"。随着科技、社会进步对人才培养规格新要求的不断提出，由单纯的掌握知识转变为更加注重智力发展和能力培养；由单纯的、狭窄的专业知识和能力培养转变为同时注重拓宽知识面，培养具有包括各种能力的复合型人才；由单纯注重统一的培养规格转变为同时注重发挥学生的多样化特长和学习潜力；由偏重于重视理论知识转变为同时注重实际知识，进一步强调理论与实践相结合；等等。

三是由"终结"转向"终身"。按照传统的职业教育观念，高职教育在职业教育序列中是终结性教育活动。由于世界科技发展的日新月异以及世界性社会工作的不断变化，由联合国教科文组织的系列报告引发，以素质教育思想为理论支撑的终身教育、终身学习观念逐渐渗透到职业教育领域，成为争论热点。特别是职业教育达到大众化甚至普及化程度之后，高职教育的基础性就更加突出，只能为学生未来成为"工作人"打下知识、能力和继续学习的基础，而不能为未来准备好所需的一切。因而，人才培养必须更加重视比较宽广的领域、比较扎实的基础知识、比较强的学习能力，也必须为在职人员提供继续学习的条件。

（3）教学观念的发展

近年来，随着职业教育大众化进程的不断推进，条件保障机制等方面遇到了困难和挑战，引发了人才培养质量争议。政府和职业院校回应这种社会争议的积极举动就是教学改革工程，试图既改善条件保障状况，又注重将物化的环境与条件转化为人才培养所必需的制度建设，不断推进教学思想观念创新。

在教学制度创新方面，持续建立和完善教学评估制度、专业认证制度、状态数据发布制度等；在教学活动创新方面，持续建设高等水平教学团队。同时，突出学生的主体地位，不断加大学生选课、选专业余地，通过学分制使学生学习的自主性、自我责任心进一步增强。还应推动教学方法改革创新的激励机制，从根本上改变教学方法改革创新零散、自发、孤立、短效的局面。

探讨 3：教学方法及其研究

对于教学方法的认识与研究，教师中心观念从教师角度研究教授方法；学生中心观念从学生角度研究学习方法；以教师为主导、学生为主体的观念则教授方法加学习方法。这种逻辑思路分析得出的结果与教学活动真实情景距离较远，因为随着信息技术的发展与应用，教师的教授方法可以在没有学生参与的人机环境下进行，学生的学习方法更无须教师的直接参与。如此看来，教学方法不是两种方法简单相加就可以组合成新的方法的。

虽然学术界和实践界都发现了这一问题，但在建构尚无突破、也未引起足够重视的情况下，教学方法研究成效不明显，尤其是近年来，职教界对教学模式的研究更加重视。教学模式研究代替不了教学方法研究，教学模式是相对稳定的、典型的教学程式或样式，而教学方法不是可以照搬、套用的方法组合，否则就脱离了教师、学生、专业、学校等差别化的实际。

（1）教学方法特点和分类的研究

认识特点是认识教学方法的理性提升。很多学者进行归纳探索，主要是循着探寻模式和分析过程两种思路进行的。薛天祥[1] 提出课堂教学方法、自学与自学指导方法、现场教学方法、科研训练方法的四分说，陆兴发[2] 提出

---

① 薛天祥，周海涛，时伟.确立高等教育质量保证的正确观念 [J]. 教育发展研究，2001（7）：38–39.
② 刘淑杰，陆兴发.新课程理念下教师教学评价方法探微——美国教学档案袋述评 [J]. 外国教育研究，2002（5）：30–34.

组织和实施学习认识活动方法、刺激和形成学习认识动机方法、效果检查和自我检查方法的三分说。总体来看，对于教学方法特点和分类的认识，要回归教学活动本身，然而任何活动都有其方法、途径、手段，并不是全部纳入考察范围，即教学方法的内涵不能过于宽泛。同时，课程是最基本的知识与能力体现单元，研究教学方法必须把课程作为基点。

对教学方法的研究，潘懋元先生的二性论（专业指向性、方法接近性）、徐辉先生的五个培养论（自学能力培养、研究能力培养、实践能力培养、合作精神培养、创新精神培养）、陆兴发先生的七方式论等，都是对教学方法的实现功能考察得出的结论。别敦荣、王根顺（提出学生主体性、探索性、专业性）进一步回归到教学方法本身，归纳起来具有可感性、内隐性、双重性、微观性、复杂性和丰富性等特点。

可感性与抽象性、不可感知相对，是指教学方法虽然具有工具性，但一味强调甚至放大它的工具性是不利于改革创新的，感性色彩浓厚，不仅要使参与者都能够感知方法的存在，而且还要富有效果，可感性越强，可接受程度越高。

内隐性与外显相对，对于不同的人，或不同的时段和处境，教学方法是截然不同的，不全是直白的指点、训斥。

双重性集两种相对独立甚至对立的特性于一体，教师和学生的主体双重性、教师和学生参与教学活动动机的双重性、目标的双重性、价值标准的双重性等都集中在一起，交锋交汇。

微观性是教学方法的实际处境。在教学活动体系中，教学方法不属于宏观层面的概念或范畴，只有认识到这一点，才能准确分析教学方法的各种内在问题。提升或夸大教学方法层级的认识，会把教学方法研究引向歧途。

复杂性是指在教学环境、条件发生变化时，不同行为模式之间的转换能力及其表现比较弱，教学方法具有非线性、不确定性、自组织性和涌现性等特点。

丰富性是指教学活动尤其是教学方法方式，既是有组织的合理性和合规则的建制活动，更是一种师生互动的感性活动。教学方法的丰富性实际就是教学方法的感性、复杂性以及双重性等特点的衍生结果。

教学方法的分类要从种属和类别两个方面分析，即按照种和类两个维度进行分解。第一个维度是类的角度，可以分为教学方法总论、理论课程教学、实践课程教学、学习方法等；第二个维度是具体的方式与途径，即种的角度，可以分为课程（群）教学内容与体系改革（不含教材建设）、教学方式方法改革、教学手段与技术创新、教学艺术与技巧创新、教学方法模式创新与综合改革、教学效果与质量检验方式改革、教学组织方式方法改革、教学方法改革理念与策略。建立这样一个二维方法结构表，基本上可以反映教学方法的全貌，也能够在其中找到相应教学方法的所有特性的载荷。

（2）教学方法研究及其发展

教学方法研究是要从教学活动的整体系统入手，深刻分析教学方法的特点，认识教学方法的规律，并在教学实践中有效运用教学方法。目前主要从三个方面开展研究和发展。

一是课程，教学方法研究的逻辑起点。教学方法承载的主要功能就是知识的传递、接收、转化，学生修养、思维、能力的训练。没有教学内容，教学方法就无从谈起。但是，教学内容是一个复杂的体系，针对不同的教学内容可能会出现不同层次的教学方法。为此，教学方法研究以课程教学内容为逻辑起点，在当前的研究中，延伸到课程组群的教学活动，比如通识课程、专业基础课程、专业课程或者理论性课程、实践性课程，还有从表现形态划分的显性课程、隐性课程等。因此，以课程为逻辑起点的教学方法研究，必然是丰富多彩的。

二是活动，教学方法研究的基本场域。教学活动实际就是在教育目标与实现目标的管理活动下，以系统的教学内容为中介，由教师的教授活动和学生的学习活动相互交融形成的活动场域。教学方法研究的立足点就是教授活动和学习活动之间的交集，而教学方法改革创新的重点在教学活动的场域，关于教学方法改革创新的需要具有整体一致性。

三是目标，教学方法研究的基本考量。教学方法为实现教学目标服务。研究认为，在教学方法被艺术化的倾向下，要防止为艺术而艺术的思潮蔓延，导致教学方法改革创新走上一条为方法而方法的偏狭道路。无论是实施教学组织，还是运用教学方法，或是评价教学方法，都应该把课程及其教学目标放在首位，根据目标实现的程度和效果，以及采取某种方法开展教学的效率来考量教学方法的好坏。

探讨 4：教学方法与知识观

教学方法在改革进程中，不仅要关注"如何教"的问题，同时也要关注"为什么这样教"的问题。也就是说，教学方法改革同时需要知识价值观与知识获得观的支撑。一方面，教学方法要能够顺应时代发展需求，从哲学、心理学、教育学理论成果中吸取更加科学、更加先进的方式，转化成为现代教学方法的新元素；另一方面，教学方法又要从价值层面把握方法的合理性、适切性，把一种"共性"的特点逐渐落实到"个性"和"人性"层面。纯粹关注教的技术、手段，这种教可能是盲目的，而纯粹关注教的合理与有意义，不能落实到操作层面，同样是无效的行为，所以知识获得观与知识价值观是相互影响、同时发挥作用的。

教学方法与知识观是两个相互关联的话题。教学方法的发展演变受到知识观变革的影响，而新教学方法的持续运用又能促进新知识观的产生，需要认清教学方法与知识观在发展中的动态关系。

（1）知识观转变对教学方法的影响

知识观转变在很大程度上影响着教学方法的功能、价值和结构的改变，这种影响作用依赖于整个社会知识形态转变所产生的动力因素。

知识观属于知识的思想观念形态，知识观转变不是独立于其他因素的单一思想变革，往往伴随着并基于整个"知识型"的转变，可看作"知识转型"，就是原有的知识型出现了危机，新的知识型逐渐出现并替代原有知识型的过程。从内容上说，知识转型不仅包括了知识观念的转变，而且包括了知识制度、知识组织、知识信念以及知识分子角色等各个方面的转变。知识转型是知识观念转变的主要根基，它所依赖的社会条件为知识观转变提供了必要的历史和文化基础。这也说明了知识观转变并不是一个自然的和不自觉的过程，而是一个历史的和社会的过程，需要具备一定的社会推动力。一方面，知识分子在生产知识、传播知识的同时，对自己或他人的知识观不断质疑、反思、修正和重新建构的过程，是知识观转变的过程，依靠这种主动转变，使得自己生产的知识在社会同步发展中合法化和免受外界的攻击，正是一代代知识分子对原有知识观的不断质疑和反思，才为新的知识型的出现和建立创造了条件。另一方面，社会的政治、经济或文化结构发生重大变化，知识产生和传播赖以存在的实践环境和"思维空间"变化了，知识的内在文

化属性发生改变，人们对知识的思考必然也会随之转变。

（2）教学方法改革促进新知识观的发展

知识观转变推动教学方法改革，构成教学方法改革的一个内在动力和深刻基础。然而，反过来教学方法改革对知识观转变也有着重要的促进作用。

一是教学方法改革是知识观转变的一个重要部分。每一种教学方法都具有特定的知识观基础，以此反映教学方法的功能、目的、性质、结构和教育意义，在新的知识观需求下，教学方法的这些特性就需要进行变动、调整。也就说，知识观转变在教学领域中会对教学方法提出新的要求，通过新方法的运用来体现新知识观的落实与发展情况，当教学方法不符合新知识观需求时，知识观转变必然受到阻碍。因此，教学方法改革本身是知识观转变的一个重要部分，其改革的有效性能够为新知识观存在与发展的合理、完善提供证明。

二是新教学方法运用为新知识观形成提供有利的条件。新教学方法的广泛运用生产和创造出了新的知识形态，促使人们逐渐形成新的知识观念和态度。学校教育是传播人类知识的专业化渠道，同时也是生产和创造新知识的实践活动，可以将人们对旧知识型的质疑普遍化和泛化，引起更多人的了解、思考和接纳，并致力于新知识型的开发。真正的知识革命并不是集中在少数人的观念变革，而是体现在越来越多人能认清和思考新旧知识型在社会生活各个方面的影响，从而开展一系列改进行为。改革教学方法以生产个体和社会当前需要的知识，有利于推动新知识型的构成，进而促进知识观不断更新、完善。教育工作的经验也说明，一种新的知识观念最容易在学校教师和学生们中间首先得到认同和接纳。

三是通过教学方法改革培养出新型的知识分子。知识分子在知识革命中是中流砥柱，最初的质疑和批判往往从知识分子对知识观的认识、思考开始。开发和运用有利于学生批判性思维、创造性思维发展的教学方法，能从更大程度上培养大量的新型知识分子。相反，"灌输式"教学方法只能培养出绝对服从、屈从于权威和标准的顺民，不利于对旧知识观的批判和反思。因此，通过教学方法改革培养出来的知识分子，为社会知识转型的最终实现以及在新知识观指导下促进社会知识的新发展方面，必然会做出巨大贡献。

二、教学方法改革的现状

教学是一门艺术，是一门遗憾的艺术。教学方法是其中最为活跃的实践元素，职业教育界对教学本质的理论探究比较薄弱，在教学实践中更多地借鉴和模仿、移植其他教育类型的教学方法，忽略了教学活动中最基本的差异性，导致谁都可以苛求、指责、期盼，但很少有人能够圆满求解。

现状 1：价值遮蔽

教学方法体现了特定的教育价值观，指向于实现特定的课程与教学目标。有什么样的教育价值观，就会有什么样的课程与教学目标，也会有什么样的教学方法。脱离了特定的教育价值观和相应的课程与教学目标，就无法选择也不能理解教学方法。

（1）工具论泛滥

一般教育学和教学文献认为，教学方法是用来实施教学的工具，是教师组织班级教学，向学生提出意见及使用其教学手段的各种方法。这些观点在职业教育的延伸研究比较多，其中最直接的后果就是认为教学方法就是教学活动中教师采用的工具。工具的属性没有好坏之分，只有先进与落后之别，所以，谈教学方法改革创新就是追求工具的先进性，其结果只能是器物层面的游戏，不可能在本质上给予改观。有时操之过急、用之过度还起反作用，不仅使教学效果达不到期望值，还经常让教师沦为工具的奴隶。

工具论教学方法的理论来源于从儿童心理学到人类文明知识沉淀状态。最简便高效的知识传授方式就是教师的讲授，这种高效率、低成本的教育活动无疑是人类社会的重大进步。但是，它从一端走向了另一端，就是将教学活动彻底脱离了人类认识社会和自然的实践活动。职业院校的教学方法不能适用工具论教学方法观，因为职业教育已经不再是纯粹接受既有人类文明知识，主要的任务是引导学生学会认识社会和自然规律，学会利用和改造社会和自然，教师的角色、工具的价值、学生的地位完全不能用工具主义来支配。因此，工具主义教学方法观对职业院校教学方法具有严重的偏导效果，会导致职业院校没有沿着自身本来的轨迹培养人。

（2）认识论局限

教育是复杂的社会实践活动，社会发展要求对教学方法本质和规律的认识必须不断深化和发展。认识论从人类教育活动的本源或职业院校教学特征出发，认识、探究、利用开发社会和自然及其发展规律，以此为理论基础建构的教学方法适应和接近职业教育教学，以致这种本可以得到大力弘扬和进一步开拓的教学方法理论研究和实践探索沦为简单机械认识论层面而遭到漠视，因此对职业院校教学方法的影响力非常不足。

在基础教育领域，长期的教学方法研究习惯，以及长期被工具主义影响认识论的教学方法观对教学方法改革创新影响较小。因为不需要所有人都从原始方式开始亲自尝试认识社会和事物，接受完基础教育（主要是指各国规定的义务教育）培养的人尚不是现代社会需要进一步探索和认知社会发展规律、自然奥秘的当然对象，肩负这些社会使命的主要是接受过高等教育的人。所以，各种认识论基础上的教学方法尽管在基础教育阶段，不能也不应该成为主流的教学方法。

认识论基础上的教学方法在职业教育领域遭遇两种尴尬，一种是不以为然、不置可否。由于职业院校教学活动的重点是认识或探究事物发展规律，所以并不像基础教育阶段的学校教学活动那样单一。同时，基础教育阶段的教师与学生同处于知识占有者（先占有的是教师，后占有的是学生）的地位，都不是面向事物的认识主体，仅是认识教学活动的主体，所以认识教学活动以及教学方法的比重被无限放大，甚至被称为探究性教学、探究性学习。职业院校则完全不一样，教师既是教学（面向学生）活动的主体，又是研究（面向事物）活动的主体，这就使职业院校教师一直面临教学和科研双重任务，需要时时刻刻地努力探究。一部分人也许出现局部代整体现象，忽略了对学生以及教学活动的研究热情，在教学活动中套用、承袭基础教育阶段经历过的工具主义教学方法。一部分人即使认识了自己的双重任务，但这种认识是无止境的人类社会活动，不是职业教育所能完成或实现的目标，操作难度大，不确定性因素多，难以就这种教学方法进行考量。总之，认识论基础上的教学方法非常适宜职业院校教学创新，但由于追求短期功效目标的教育体制，其推广受阻。因此，针对认识论教学方法的应用缺陷，提出价值论教学方法。

（3）角色要求低

从教师、学生和其他人三个角度，对职业院校教学方法现状进行调研，发现在不同感知状态和感知主体评判下，教学方法特定的功能和目的存在认识不清、要求不高的现象，其价值规引下的结构设计难以协调，以致教学艺术存在的遗憾更加明显。

一是学生视角。学生是教学方法的直接参与者，其对教学方法的适应性和满意度直接决定着对教学方法的评价。有关调查表明，对教师教学方法完全适应和基本适应的学生占比超过85%，但是，超过30%的学生认为教学方法是满堂灌、填鸭式，超过25%的学生认为教师是照本宣科、变化极少。这一情况说明，从学生这个视角似乎教学方法现状问题不明显。但实际上，这说明学生并不乐意积极参与到教学方法的选择与改进的过程中，原因是传统观念根深蒂固，学生习惯了服从师长，教什么和怎样教，都由教师单方面决定，学生即使不喜欢也绝少反对。

二是教师视角。教师是教学方法应用的主宰者。教学方法使用现状取决于教师对各种教学方法的了解、掌握与评判，不同教师对教学方法在教学活动中的作用、地位的认识程度，对教学方法的感知积累，对教学方法的选用策略等，都是不同的，进而在对教学方法评价和改革创新态度上的反应也各不相同。有关调查发现，教师群体在总体上对自我教学方法的评判较高，对教学方法的灵活应用不够重视，教学名师、非教学名师、青年教师的认识差距较大。

三是他人视角。教师和学生是每一种具体教学方法的直接参与者，也是这种教学方法能否取得实际效果的关联双方。教学方法的现状，不能完全由师生双方自我评价，需要从教学活动双方之外另寻评判者——在教学活动参与者外的他人视角。他人视角主要包括教育教学管理者和教育教学理论研究者。当前，职业院校教育教学方法研究薄弱，大多是基于高等教育或基础教育教学理论，从职业教育发展所面临的形势与任务角度所作的理想化推理；教学管理者则是从人才质量目标角度反推教学方法存在问题，通常没有深入具体地研究分析教学方法是否真的存在问题。因此，要真正弄清楚教学方法现状以及明确未来改革创新方向，需要全面加强以教育教学管理者和教育教学理论研究者为主要对象的第三方评价。

从上述情况看，职业院校教学方法现状的三个视角主体对于全面认识教学方法的整体素质、基本立场、分析框架、终极目标等基本问题没有解决，教师和学生对教学方法的基本要求过低，缺乏追求先进、追求高效、追求卓越的基本心态，导致教学方法改革存在各种争议。从实践逻辑来看，如果上述三方对教学方法的基本看法为真，那么教师和学生的结论就与第三方的看法形成矛盾，解决这个矛盾的核心是第三方推进教学方法改革创新，提升教学方法的有效性、适应性。

同时，从调查分析可以发现，职业院校教师的教学方法来源途径少，结构不良，处于无序自发状态的自我摸索阶段，很多教师的教学方法不是来自专门培训，而是来自承袭各自师风。实际上，承袭师风的教学方法在很大程度上也是一种盲目、被动的模仿而已，教师几乎从来就没有形成属于职业教育、属于自己的教学方法，根本无确切的教学方法可供承袭。另外，由于职业教育教学方法理论研究缺乏，青年教师没有获得承袭教学方法的科学的方法论指导或鉴别、改进。再就是，职业院校教师的教学研究热情与精力投入不足，基本保障不够，教学方法改革创新难度较大。

 现状2：技术盲从

教学方法的技术变革是随着教学方法的发展而呈现出来的一种必然性改变，在对科学性、现代性教学方法的努力追寻过程中，不可避免地留下一些遗憾，以及其他没有解决的深层性实质问题。尤其是将技术要素作为其改革的逻辑基点和最终目的，无法摆脱技术理性的支配，致使改革陷入一种"唯技术"误区。

（1）没有厘清技术与价值关系

当人们在实践活动中采用的一些方法发展成为稳定的结构体系时，这些方法便更加体现出了技术的要素，并随着技术的发展越来越科学、先进。也就是说，方法的改进、变革受到其中的技术支持、推动。

在教育领域，教学方法在革新、转变过程中往往也伴随着必不可少的技术支持，并在一定的技术支持下，向现代化和科学化方向发展。事实证明，技术一般是影响组织的主要变量，但有专家学者认为教育技术变革影响甚小。根据技术的内在含义，教学方法中的技术要素可以分为非实体性技术和实体性技术。非实体性技术包括操作程式、策略和手段等技艺方面，实体性技术则包括各种媒介、教具等实物手段。这些技术要素的呈现及更新为教学方法改革提供了有力支持，同时，也反映出了改革的现实存在和效用。因为技术形式的改革更加外显和明朗化，只有教学方法在技术形式上真正发生改变，人们才能相信改革正在发生。

从技术和价值的统一来看，技术和价值共同存在于教学方法这一具体载体中，教学方法本身应该包括价值层面和技术层面，即"为什么做"和"怎么做"的统一。前者规定教学方法的价值取向和目的，使其具备正确的指导思想，后者阐明教学方法的操作结构和过程，这两个要素缺一不可，纯粹偏向任何一方对教学方法的实施都是有害的。但是，目前教学方法的技术是有可能脱离价值而存在的，当教学方法的社会性、文化性，也是"人"的价值赋予因素时，教学方法就有可能变成价值中立。

我国早期的教学改革以及各种学科教法实验就具有较明显的技术倾向，广大一线教师更加青睐具体的"怎样做"，急于求成，很少慎思"为什么"这样做的问题，因为相对教师来说，方法的技术操作更容易接受和迁移。但是由于缺乏从本质上理解方法的内在意义，通常变成"操作程序"的直接移植，导致教学方法改革沦为纯粹的技术更替，对学生的发展并未起到应有的作用。

（2）过度注重技术更替与叠加

教学方法一般都有具体的操作程序和步骤，这是为了便于实践者了解、掌握和运用而提炼出来的特定技术。掌握这些技术，通常就能够顺利使用教学方法。教学方法改革中首先存在的一个重要误区便是过于关注方法的技术层面，试图完全依靠教师熟练掌握和运作新方法的整套操作程序来实现革新。

教学方法具有相对性，任何一种教学方法都具有优点和局限性，不存在绝对好的方法或绝对不好的方法。苏联教育家巴班斯基指出，每种教学方法就其本质来说，都是相对辩证的，它们既有优点又有缺点。每种教学方法都可能有效地解决某些问题，而对解决另一些问题则无效；每种教学方法都可能会有助于达到某种目的，而妨碍达到另一些目的。所以，各种方法在运用中都需要与其他方法相互配合，取长补短，这就决定了教学方法运用的多样化和综合化。随着教学内容、目的的多样，学生个性的多样性凸显，教学方法多样化的趋势正在进一步扩展，一些新的教学方法正随着教育教学改革的推进而涌现出来，原有的一些教学方法也正被赋予新的含义。正因为教学方法的多样化发展趋势，才有了教学方法改革的另一个误区，便是把"教学方法多样化"理解为"多种教学方法的类增加"，即多种技术的简单组合、叠加。教学方法的多样化是针对不同的知识内容、目标和学生群体而言的，并非同一情境下的"大集合"。一些学校在未对情境和条件进行前提假设时，便将"是否使用多种教学方法"的空泛抽象的要求作为教学评价的重要标准之一，加剧了这种误解。原先以教师"讲授"为主的课堂教学，在改革中，被讨论、合作、探究、实验等各种教学方法排斥。有时候在一节课堂上，有些教师能够采用七八种教学方法开展教学活动，而有些方法的操作通常只是2~3分钟，以至于学生记住的往往是活动本身而不是活动内容带来的深层意义。活动方法的不断变化导致大多数学生习得的知识是残缺和零散的，使他们对知识缺乏系统认知和深入理解。

（3）对信息技术盲从更加明显

信息教育带来的"技术学神话"促使现代学校以信息化社会为原型而设计和发展，现代技术和信息媒体成为学校教学的主要支持。在信息化教学普及的同时，教学方法改革呈现出了第三个误区，即将信息技术的普及当成教学方法改革的象征，认为信息化设备的配置和使用，代替黑板、粉笔、纸张甚至教师角色就是一种现代教学方法的典型。

信息技术手段的广泛运用确实是教学方法改革的普遍趋势，给课堂教学增添了生动、逼真的教学效果，而且教学技术的更新和普及通常更加迅速、并更能被教师所接纳。因为这种转变的实现要相对容易，它不需要改变教师的角色，使得教师原先要做的事情变得更简单易行。但是，这种变革威胁到所用知识的实质和资源。也就是说，教学技术的改变，通常不会威胁到知识的实质和权力关系的变化，不会打乱教师的传统教学习俗、知识基础和社会系统。由此，教学技术变革并不能改变教师的教学方式和行为的情况是完全可能出现的，而这种作为硬件设施要求的课堂变革本身并不构成教学方法改革有效性的必要条件。而且，并非运用了信息技术就一定能产生更好的教学效果，技术并不能保证学习的有效性，甚至不恰当地使用技术会阻碍学习。信息技术是支持某种活动的工具，本身并不能做什么。因此，教学方法改革的现代化趋势不是专指工具的更新换代，而是指如何恰当地与某些方法相结合，并使这些方法发挥作用的空间更加扩大。

现状 3：去情景化

由于技术的可迁移性，同一教学方法在相似或不同教学情境下都可以采用。然而，根据情境条件、目标和任务需求的不同，即使是同一教学方法，它所发挥的作用和具体形式也可能会不同。比如，讲授法的运用，在讲授某个化学实验操作流程的时候主要以教师"演示"为主，让学生亲自观察到正确的实验操作过程；在讲授两个英语单词的差别时主要以教师"讲解""说明"为主，让学生更为完整地认识并记住这两个单词。可以说，在具体的教学情境中，教学方法的技术要素应该依据不同知识的价值及获得方式得到适度调整，不是千篇一律地实行同一操作。当教学方法的技术变革占主导地位，尤其是出现认为用越多教学方法来装饰课堂教学就是好的教学而不管它们是否适用的这种误解，实质上是把教学方法"去情境化"了，认为任何教学方法的技术都能在任何情境中运用。

显然，这种做法忽略了知识内容本身对教学方法的制约作用。方法与内容是以知识为结点的一个整体。当教学方法成为独立于课程知识的一套独立的规则、策略体系时，方法就成为具有普遍性的控制工具。方法的改变似乎只是变换了另一套规则、策略体系，其本质并没有结合知识本身的性质、结构和形态而发生改变。在这种情况下，原本有机统一的知识处于被分裂为知识内容（主要以物化形态存在于书面文献或各类媒体中）和知识内容产生、传递的方法两个层面。这两个层面的实践活动的相互分离，意味着教学方法可以脱离知识问题的探讨。这一矛盾的产生使得另一疑问油然而生——在传统知识观的支配下，教学方法改革是否真正有效、并有意义？

三、创新有效的教学方法

教学方法创新研究的出发点就是探寻有效的教学方法，提高教学效率和质量。有效教学方法的起源是不同教学主体的理想性需要与不满现实性教学表现的结果，评判某种教学方法是否有效需要从多维角度坚持基本标准进行综合考量，有效教学方法的创造主体或责任者必须明确，有效性必须同时满足教师和学生需求，又能较好地契合教学内容。

策略 1：正确认知有效的教学方法

教学方法的有效性是一个具有鲜明实践色彩的问题。在实际教学活动中，教学方法在设计与实施时，应适应教学内容需要，应符合学生的基础条件和接受能力。

（1）学生诉求

调查研究表明，学生重视学习中的积极体验，对学习内容、教学手段与形式的要求不高。实际上，增强学生学习兴趣的方法和手段，是交叉并存的，体现出学生需求的多样化。对教学来讲，激发学生兴趣、良好的教学艺术、恰当的教学组织方法是大部分学生的要求，学生希望对自主学习能力具有更强信心，个性更加成熟，对教师的依赖性不大，不乐意教师给予过多、过严的要求和限制，希望能得到较多的自由支配学习的时间。同时，学生在开放性访谈中表达了对教学活动及其方式方法的期待，主要表现在提出加强交流与互动、多样化和灵活性结合、联系实际等要求。

一是加强师生交流与互动。目前不少职业院校的教学过程仍存在着教大于学（即教师教得多，学生学得少）的情况，许多学生提出要在教学中加强交流与互动，一方面使学生在与教师的沟通当中直接解决疑难问题，提高教学质量，另一方面促进师生的相互理解，活跃课堂气氛，提高学生的学习兴趣和积极性，帮助建立和谐师生关系，提高学习效果。

二是多样化和灵活性结合。教学方法不应局限于某一种或几种方法或方式，在教学过程中应当综合运用各种有效方法，诸如启发式、探讨式、研究式等，达到多样化。同时，教学方法还要结合课程特点、学生兴趣、原有水平以及接受能力等特点，灵活切换，做到多样化与灵活性相结合，实现真正的因材施教。

三是联系实际，突出能力培养。职业院校课程仍存在侧重理论知识的灌输、忽略实践能力的培养、教学中缺少理论联系实际的机会等问题，学生们迫切要求增加实践学习机会，例如参与性学习、实习等，加强动手能力、创新能力的培养和训练。

（2）教师认知

在教师群体中，大多数教师对自己的教学方法选择和使用结果是有期望的，但这种期望从教育科学理论出发的比较少，根据自己的教学体验所决定的成分较大。所以，教师的教学方法期望本身是从现实出发的，不仅如此，这种期望的实现程度也因人、因时而异。一般来说，因自信心和掌控力的原因，年轻教师的教学方法期望实现程度较低，而中老年高职称教师因教学经验丰富，其教学方法期望的实现程度较高。同时，年轻教师所实现的教学方法期望可能存在较多迎合学生需要的成分，因而是一种浅表层教学方法期望，而中老年教师所实现的教学方法期望是在反复的教学实践中得到应验的，即使不能及时赢得学生喜欢但很能启发和触动学生心灵，后发影响力比较大，因而是一种深邃的教学方法期望，这是教师实施有效教学方法的现实性表现。

策略 2：遵循教学方法创新的原则

教学方法创新的原则是激化冲突、科学有效、追求效率，以此指导和规训创新实践为准则。以适切性为特征的创新原则和以有效性为特征的创新目标是不断发展的，不是同一种判断的价值标准，是不同教学情境下的不同要求，不能一概而论，否则就会抹杀教学方法的复杂性和丰富性。

（1）科学性原则

教学方法创新无论是在方法论层面还是在具体的教学艺术与技巧层面进行，首先必须是科学合理的，不是随心所欲的，是科学性与艺术性的统一。其次，创新活动还必须同时符合相应课程特点和教育规律的基本要求，否则方法创新就是为创新而创新的形式主义，不能达到理想的效果。

为了做到教学方法创新符合科学性原则，在创新活动实施之前，就应当对创新活动的实施以及结果有个基本评估，使其尽可能合理一些，操作更便捷一些。

（2）相对性原则

创新本来就是相对于原有状态而言的，任何创新都不可能达到绝对的最优、最佳、最美、最先进的程度。教学方法创新的相对性，一方面是针对人类既往所使用的教学方法而言的，都是总结和继承传统教学方法合理成分而开展的相对完美的改革，没有过去就不可能有教学方法创新的未来，无论是具体形式还是组合方式，以及所产生的后果，只要取得了相比以前更好的效果，就是成功的创新实践。另一方面，也是特别重要的一点，即真正的教学方法创新必须是能够推广的，而不能成为"独门绝技"。有很多教学方法改革创新，虽然在个别领域或局部地区产生了比较理想的成绩，但是推广价值不大，影响面小。这是教学方法创新成为必须坚持的基本原则，否则，教学方法创新就会成为过眼烟云，不会给教学留下有价值的经验和财富。

（3）适切性原则

教学方法创新的基本要求是符合教学需要，创新是实实在在的实践活动，不能有理想主义的侥幸心理。教学方法创新设想一定要适合教学内容、教学对象、教学目标以及教学时代与环境的需要，方法是服务于内容、服务于主体、服务于目标、服务于环境条件的，不同方法适应不同内容、主体、目标、环境。因为基本教学要素几乎时刻在变化，因此教学方法创新活动也必须每时每刻、无处不在。即使是同一个教学内容、相同的教学目标和同一个教学时空，学生的情况也各不相同，可以尽最大努力实施多样化教学方法或教学进度。

（4）开放性原则

教学方法创新需要有一个开放的环境和宽容的氛围才能顺利进行，现有的各种管理、评价、考核制度不是鼓励教学方法创新，实际上是限制甚至扼杀了教学方法创新。推进教学方法创新，要有开放的视野，鼓励多课程、多领域、多国度的学习借鉴，并且要经过认真消化、符合职业院校教学基本要素需要；在教学管理上对待教学方法创新也必须是开放的，不能把课堂规定得太死，课堂要是教师和学生的课堂，要提倡把课堂还给教师和学生；在教学方法创新结果以及评价方面也必须持开放态度，既然是创新，就要允许有多样化结果，甚至容忍失败，不能用传统的结果观念和标准考量创新的教学实践活动。同时，在评价某位教师的某门课程的创新价值问题上，也应该科学地看待评价主体（学生）的认识能力及其当下的感受，有时当下的感受可能是不真实的，需要很长一段时间加以内化、比较以后才能做出客观的评价，所以不应一味苛求课后即时性好评如潮。对教师来说，所谓的教学风格主要是运用教学方法的相对固有的模式，这种模式不在于让每一次教学活动都感受深切，一定有所变化、有所改进，风格是在一届届学生事后评价中产生的。

（5）公利性原则

公利即公共利益，是与私有利益相对的。人类社会在发展中，对负面的

"私利"的研究和剖析较多，而对普通的"公利"关注较少。公与私是一种系统联结概念，并非对立。公的根本价值在于为私服务，在于为私与私之间的利益分配提供公平保障。公是一个相对概念，从小处说是"私之外"，从大处说有国家民族之"公"、人类社会之"公"。利就是具有某种可用性的价值体，分自然存在物之利和人为事物或事务之利两种。职业院校的教学方法属于人为的无形有用价值，无论是使用还是创新都属于公利范畴，按照"强互惠"理论就是一种典型的公利行为，比如人类教育的产生（一些人不劳动而集中学习成长）、义务教育的规定性、教育大众化进程等都是宏观的公利性。教师在教学活动中的教学方法创新，必须是公利性的。

作为一个具体个人的教师，公必然源于私。但是，一定要注意处理"公心"与"公利"的关联。教师在方法创新时，尽管出于"公心"但要明确利为谁谋，不是为当下的自己和学生，教学方法的评价也不是当下评价的。私心谋私利，公心不一定都谋"公利"，为了眼前的"公"谋利，是一种有回报的弱互惠交换行为，算不上公利性，也不是常见的平均主义式的公平利益，而是适宜于每个学生发展的内在的公平之利。用一种方法对付全体学生，不是这里的"公利性"所要求的。

🌿 策略3：灵活应用典型的教学方法

教学方法类型多样，各具优势和特色。巴班斯基的教学过程最优化理论认为，选择最优化的教学方法要考虑课堂教学任务、教学内容、资源条件、学生学情、对各种不同教学方法的比较、教师本人的个性的特点和有利因素等。石伟平认为，有效教学方法应该符合专业、课程和教学特点，以及高职生基础水平与认知特点。

虽然两种表述方式有所不同，但本质是一致的，都认为教学方法的选择要基于不同类型的教学特点和学生实际，教学方法的选择要根据教学特点和学生实际。

关于职业教育教学特点，有教学目标的职业性、教学任务的多样性，教学要求的必需性、灵活性和创新性，教学内容的实用性、针对性和复杂性，教学对象的差异性，教学过程的实践性和互动性，教学组织的灵活多样性，教学考评的技能性，教师队伍"双师型"和高水平专业化等。

职业院校的学生具有一定的特点，部分学生的文化基础比较差、学习方法较欠缺、学习主动性不高、较依赖教师指导、不善于抽象思维，但形象思维活跃、实践能力较强，更倾向于活动性、经验性和合作性学习方式，属于动觉型和互动型学习风格。职业教育的教学特点和教育对象的独特性决定了教学方法更丰富多彩，在实际教学中可以从表6-1中选择。

表6-1　典型教学方法类型及其特点

类型		特点
行为导向学法	案例教学法	通过客观真实、内涵丰富、过程复杂，有较强综合性，目的明确的案例，启发学生思考和探索，并突出实践性和学生的主体性，过程动态化，师生互动、生生互动，结果多元化。此方法强调的是对学生分析问题和解决问题综合技能的培养，通常理论或概念性的资料呈现在先，对所涉及的知识内容的范围和程度具有较好的可控性，但应用受教师经验、学生学习基础、学习主动性和学习能力的影响
	项目教学法	将需要解决的问题或需要完成的任务以项目的形式呈现给学生，学生按照实际工作的完成程序制订计划，共同或分工完成整个项目。重点在学习过程而非学习结果，教师在学生学习过程中起引导者、指导者和监督者的作用。此法理论与实践有机结合，充分挖掘学生的创造潜能，提高学生解决实际问题的综合能力，训练学生与人沟通合作的能力
	情景模拟教学法	以接近现实工作内容和范围为场景，教师指导学生模拟某一岗位或角色进行技能训练。教学中学生扮演实际工作角色，承担工作者的职责，有利于学生掌握工作流程，有利于培养学生的职业规范、职业道德、分工合作能力及责任感，同时增强教学互动，提高学生的语言表达、动手操作能力及学习兴趣
	角色扮演法	学生扮演实际工作角色，承担工作者的职责，使学习过程完全与现场工作接轨，有利于培养学生的职业规范、职业道德、分工合作能力及责任感
任务驱动法		这是以任务为主线、教师为主导、学生为主体，以解决问题、完成任务为主的多维互动式教学。学生带着真实的任务在教师引导下由简到繁、由易到难、循序渐进地完成一系列"任务"，在完成任务中激发求知欲望和学习兴趣，培养分析问题、解决问题的能力，提高自主学习及与他人协作的能力

类型	特点
"模块式"教学法	以模块为教学单位，将完成岗位工作所需的技能分解为多个相对独立的技能模块，每个模块又分为若干学习单元。教学以技能训练为主，相关理论内容融于技能训练中，学生学完所有技能模块后就能胜任岗位工作。此法的关键是模块的划分。此法教学目标可测可量，针对性强，有利于提高学生的学习兴趣和培养综合职业能力
尝试教学法	"先试后导，先练后讲，先学后教"是此法特征，要求教师课前发挥主导作用，学生课中发挥主体作用
问题教学法（PBL法）	以学生为中心，以问题为基础，以自学为主和小组讨论为重要形式。此法的关键在于提出问题，有利于培养学生的职业技能、沟通能力、合作能力、独立能力等，但可控性较差，受教材、教师经验、参考资料、网络资源、学生的学习基础、主动学习的习惯和学习能力等因素的制约
四步教学法	以对某些具体知识和技能的掌握为主要教学目的，由讲解、示范、模仿和练习四个教学环节或步骤组成，教师主要采用提示型方式教授教学内容，教学组织以班级授课为主，学生学的活动更多的是受纳性，学生主要通过倾听、观察、模仿、练习来展开学习
引导教学法	借助专门教学文件（即引文课文）引导学生独立完成学习和工作任务，分"收集信息、制订计划、做出决策、实施计划、检验和评价"六阶段进行。学生主要通过自学的方式，将抽象学习内容具体化，并建立起理论与实践的对应关系，培养独立解决复杂实际问题的能力和职业经验，适合专业提高阶段的能力培养
示范教学法	以教师的示范技能为有效刺激来引起学生相应行为，使他们通过模仿，有成效地掌握必要技能

第七章

重要支撑：构建智慧课堂生态

从生命的高度、用动态生成的观点看课堂教学。

——叶澜

课堂是由生态主体（教师、学生）和生态环境共同组成的生态系统。随着教育信息化的不断推进，以智能机器人、虚拟现实、3D打印机为代表的一批智能信息技术设备构筑成新型的课堂技术环境，在线教育、翻转课堂、微课程等以网络信息技术应用为支撑的新型教育模式越来越受到关注。与传统的课堂教学相比，信息化时代的课堂教学是一种以现代教育教学理念为指导，应用现代教育技术进行课堂教学活动的教学形态。在这场信息化带来的教育革命中，课堂生态发生变革，集中体现在生态环境、生态主体以及二者关系的教学环境、师生关系、教学模式等诸多方面正在发生着颠覆性的变化，因此进行生态重构就显得尤为重要和迫切。

一、课堂生态基本内涵

现代社会是一个"人—社会—自然"的复合生态系统。在这个系统中，生态话语成为一种世界性的共同话语，用生态理论研究人与社会、人与自然的生态关系，用生态思维研究教育教学是当今的主流趋势。课堂生态属于教育生态学的微观范畴，相关的概念主要有生态、环境、课堂生态、课堂生态环境、学习共同体和课堂学习共同体等。准确界定和清楚这些概念，厘清它们之间的相互关系和内在联系，有助于正确认识和准确把握对课堂生态及其新型课堂范式的形成产生重要影响作用的环境因素。

问题1：何谓课堂生态

生态是指自然环境系统中生物与生物之间、生物与生存环境之间互相作用而建立起来的动态平衡关系[①]。这一定义是对"关系"与"状态"的肯定，强调了生物有机体之间以及生物与其生存环境之间的关系。这种关系的建立同时也决定了生物的生存状态，即通常意义上理解的"生态"。随着当前社会从不同视角对"生态"问题的广泛关注，对"生态"一词的内涵理解也得到了不断丰富和拓展。

"生态"已经从一个学科的普通术语逐渐演变为一种看待世界、分析客

---

① 杜亚丽.关于生态与生态课堂的解读[J].现代教育科学，2009（1）：15.

观事物的思维方式和价值理念，常常被用来描述和定义一些美好的、健康的、和谐的事物，比如目前大家耳熟能详的"生态文明""生态文化""生态政治""生态经济""生态伦理""生态教育""生态食品""生态交通"等新名词的出现，表明"生态"不仅说明生物体与自然环境的关系，也揭示出生态的本质就是有机生命与外部世界的关联。

课堂有广义和狭义之分。广义的课堂泛指进行各种教学活动的场所，就是所有发生教学活动的地方都存在课堂；狭义的课堂是学校育人的场所，具体地说是被学校用来进行教育活动，以传承、转化和建构教育知识为基本手段，旨在促进学生掌握知识、发展智力和能力，培养学生的品德和促进学生个性发展的场所。有学者认为，课堂不仅仅是用来进行教学活动时的教室，也不仅仅是一个环境概念，它是在相对固定的场域下，包含多种要素、要素间的关系及其活动的整体概念[①]。课堂不仅是物理空间意义上的教室，也不仅是游离于其他社会活动之外的纯粹传授和学习知识的场所，更是一个有情境、气氛、生动的活动场[②]。在现代信息技术条件下，课堂不仅担负着对知识的传承传递、交流融合、更新创新等多种功能，也是人们交流思想、提升素质、增长智慧、升华境界的重要活动场所。课堂是由多种生态要素构成的，这些生态要素以不同的形式组合，就会构成不同的课堂生态。有学者对目前学术界关于课堂内涵的认识进行了系统的归纳与总结，认为课堂生态的内涵涉及课堂生态的结构、课堂生态的特征与课堂生态的功能等三个方面[③]。

（1）课堂生态的结构

课堂生态的"生"既是生命（生命教育），又是"学生"；"态"是指形态、样子[④]。因此，课堂生态就是课堂生命（学生和教师）与生存空间或环境的状态。因此，课堂生态是教育生态中最重要的组织形式，是一种特殊的生态，是生命系统与环境系统在特定的空间——课堂中的组合体。它由教师、学生和课堂环境三部分组成，其中教师与学生是课堂生态主体。课堂主体与课堂环境是课堂生态的两大基本要素，它们之间存在多维复杂的关系。师生

① 洪郡."天人合一"和谐教学观下的课堂生态研究 [D]. 长沙：湖南师范大学，2013.

② 王姣姣.实践与反思：课堂教学行为研究——以六所中小学校为个案 [D]. 长沙：湖南师范大学，2009.

③ 黄远振，陈维振.课堂生态的内涵及研究取向 [J].教育科学研究，2008（10）：48-50.

④ 朱开炎.生本教育的生态课堂教学模式 [J].课程·教材·教法，2004（5）：34-36.

之间是人与人的关系，师生与课堂环境之间是人与环境的关系，不同要素之间相互作用、相互影响、相互依赖，体现了课堂生态系统特有的多样性和有序性，形成了完整的课堂小生态。这个生态的优劣直接影响学生的学习、成长和发展。

（2）课堂生态的特征

课堂生态关注课堂的生存空间，关注每一个生态因子及其关联，包括课堂环境、师生关系、教学事件、实践范式等方面，具有整体性、协同性和共生性等基本特征。

一是整体性。课堂是由各种活动和步骤按照教学规律和模式组织起来的整体形态，也是教师、学生、教学事件和环境诸方面的整体关联。首先，教师、学生和内容作为课程主体，在课堂教学中相互适应，相互调适，在交互过程中师生的知识结构由以前各自分散的状态到按照一定的规律组织起来，出现新的知识，学生的知识结构和认识能力发生相应的变化[①]。其次，课堂的空间文化、制度文化和言语行为文化共同构成了课堂文化生态的整体。

二是协同性。课堂生态的各要素之间相互作用、相互影响，一方的变化会导致另一方在心理和生理活动方面发生协同变化。课堂教学是师生情感交织的过程，一方情绪的变化会引发另一方做出相应的调整，以建立新的心理平衡。教师精神饱满、情绪高涨常常会感染并打动学生，激发学生的学习热情；相反，教师精神萎靡或把个人不满情绪迁移于学生，学生的精神状态会陷入低谷，甚至产生抵触情绪和逆反心理。课堂环境的变化也会引发师生交谈方式的变化，影响学生的情绪和言语行为。

三是共生性。师生双方生活在同一个特定的课堂空间，一方的存在状态以另一方的存在状态为条件和依托，一方存在状态的变化直接或间接地对另一方的存在状况产生影响。师生之间是一种共生互补的生态关系。在课堂状态中，师生之间的发展是一种正比例关系，即学生发展的程度与教师生命活动价值的实现程度是正相关的，学生综合能力的提高意味着教师价值的提升，教师课堂活动价值的实现部分地依赖学生的发展，离开了学生的发展，教师的生命活动就失去其应有的价值。

---

① 徐陶，彭文波.课堂生态观 [J].教育理论与实践，2002（10）：37–40.

（3）课堂生态的功能

课堂生态是教育生态系统中的小生态，其功能是通过教师、学生和课堂环境各成分之间的交换和交流实现的。研究显示，课堂生态具有中介与传递、加工与建构、调整与适应、促进与驱动等多种功能[①]。

一是中介与传递功能。课程是指导学生认知发展、生活实践、学习行为和完善人格的文本，是引发学生认知、分析、理解事物，建构知识并进行反思的媒介，文本是传递信息的载体。教师是传递信息的使者，学生是主动获取知识的学生。

二是加工与建构功能。在课堂生态中，教师和学生既是知识的消费者，也是知识的加工者，还是知识的生产者。教师在课堂上消费知识的同时对知识进行加工和处理，帮助学生吸收知识，学生主动地消费（输入）知识和经过教师加工的信息，在此基础上重新建构知识，实现新知识与原有知识的同化与顺应，进而达到全面发展的目的。

三是调整与适应功能。课堂生态中的师生关系是流动的、互为依存的，教师加工信息和建构知识是建立在学生的基础上。教师根据学生的学习行为、知识结构等方面变化所反馈的信息，在教学内容、教学目标、教学方式、教学心态等方面进行相应的调整，以保证知识传授、信息流动、技能养成和个性培育等效果。

四是促进与驱动功能。课堂是传授知识、培养情趣、启迪智慧的场所，是促进课堂主体完成教与学任务的驱动器，师生为了达到教学目标、满足教学的需求，会采取与之相适应的态度，从而成为自我发展的内驱力。

物质循环、能量流动和信息传递是自然生态系统长期生存和发展的动力基础。课堂生态同样存在一种动力机制。系统内部的物质、能量和信息的流动与交换是推动和维系课堂生态系统运动的力量，这种力量有三种表征。一是课堂内部环境与外部环境的交流。课堂内外是相互依存、不可分割的生态系统，两者通过信息的输入和输出产生相互联系。教学软硬件设施进入课堂，课程改革理念注入课堂，这些都会改变教与学的行为，使课堂生态系统内部发生积极的变化。二是师生之间在课堂内部进行着信息传递。师生在课堂环境下接收信息后，彼此会产生不同的作用，形成一个反馈环，教师的反

---

① 李森. 论课堂的生态本质、特征及功能 [J]. 教育研究，2005（10）：55-60+79.

馈会影响学生，学生的反馈也会影响教师。通过这个反馈环，师生双方维持正常的自动调节功能，完成各自的行为调节、认知调节和情感调节。三是生态主导因子的转换。主导因子是环境因子中起决定作用的生态因子，其变化会引起其他因子的变化。但主导因子是不确定的，可以交替变化的。课堂生态中师生都有可能交替成为教学中的主导因子，师生双方在教学过程中融知识生产者、消费者和分解者的角色于一体，共同承担着知识传递、分解、加工和建构的任务[①]。

 问题 2：何谓课堂生态环境

环境是相对于某一中心事物（或称为主体）而言的所有外在影响因素的总称。人类的生存和发展时刻离不开环境的影响，人类是环境的产物，人类与环境息息相关。正如美国著名学者布朗弗布伦纳（Bronfenbrenner.U.）在《人类发展的生态学》中所阐述的那样，人的发展就是不断生长的机体在他一生中与其所处的环境逐步地相互适应[②]。在自然界，人类以外的其他客体都可以被称为环境，人类的任何活动都可以对环境产生不同程度的影响，而环境又会以其特殊的方式借助于人的感官和行为，直接或间接地影响人类的生存与发展，二者是既对立又统一的辩证关系。良好的环境对主体的发展能够起到积极的促进作用，反之则会阻碍主体的正常发展。

《中国大百科全书》《社会学辞典》《心理学辞典》《教育学辞典》等权威工具书对环境的概念从不同视角进行了总结和概括[③]，无论从哪个视角去界定环境，环境总是相对于某一中心事物而存在的，因中心事物的不同就会形成不同的环境，环境也会随着中心事物的改变而发生完全的变化。本书所指环境是从教育学视角出发，主要围绕人这个主体，是指能够直接或间接影响人的个体或群体的形成与发展的全部外在因素的总称。

（1）"环境"与"生态"的异同

在非学术语境下，人们通常认为"环境"与"生态"是一回事，但实际上，二者既有联系，又有区别。联系在于，环境是构成生态的基本要素，而

---

① 徐陶，彭文波 . 课堂生态观 [J]. 教育理论与实践，2002（10）：37-40.

② 罗婷 . 大学教师发展的生态环境研究 [D]. 南昌：江西师范大学，2006：1.

③ 陈丽 . 课堂教学环境透视与改进策略研究 [D]. 乌鲁木齐：新疆师范大学，2006：11-12.

生态又是环境建设追求的目标，生态内涵的建立离不开环境，环境建设的最终目标就是建立主客体间相互依存、和谐共处的生态关系。区别在于，"环境"强调主体性，是围绕某一主体分析影响此主体的各种客体条件；而"生态"强调联系性，认为任何事物都是整体的一部分，都与整体中的其他因素息息相关、相互生成；"环境"通常具有一维性，是一个现时态考察，强调各要素对环境受体的当前作用和影响；"生态"则具有多维性，属于历时态和同时态的同等考察，强调各要素间的相互依赖、相互作用的共生关系。就人类所处的生态环境而言，人处于生态之中，而立于环境之外[①]。正如格罗特费尔蒂认为，"环境"意味着我们人类位于中心，所有非人的物质环绕在我们四周，构成我们的环境；"生态"则意味着相互依存的共同体、整体化的系统和系统内各部分之间的密切联系[②]。

（2）课堂生态环境的基本内涵

课堂生态是由课堂生命体之间及其与课堂环境之间相互作用形成的关系和状态，主要由课堂生态主体和课堂生态环境两大基本要素组成，通过形成多维复杂的有机生态整体，共同完成课堂教学的育人功能。课堂生态环境是构成课堂生态的基本要素，它是一个合成概念，是相对于课堂生态主体而言的。在不同的语境下，课堂生态环境的内涵会发生根本性的改变。有学者从与课堂生态主体关系的角度，将课堂生态环境分为三类[③]：客体性课堂生态环境、派生性课堂生态环境和客体性课堂生态主体。客体性课堂生态环境主要是指那些独立于课堂生态主体的主观意识而客观存在的课堂生态环境因素，主要包括一些物理因素。派生性课堂生态环境是指由课堂生态主体派生而形成的课堂生态环境因素，主要包括班级里的人际关系、班级学习风气和班级管理制度等因素。客体性课堂生态主体是指作为客体性环境因素而存在的课堂生态主体，主要包括对学生这个课堂生态主体具有影响作用的教师的专业素质、文化修养、个性倾向等因素，以及对教师这个课堂生态主体具有影响作用的学生的家庭背景、知识结构和个性倾向等因素。此类划分方法采用的是最容易让人理解和把握的主客体二分法，即将教师或者学生作为课堂生态的主体，以教师或者学生为课堂教学活动的中心，其他所有能够直接或者间接对教师或者学生的成长与发展产生影响作用的因素，都可以统称为课堂生

---

① 凌烨丽．高校思想教育生态论 [D]．南京：南京师范大学，2012：23-24.

② 罗婷．大学教师发展的生态环境研究 [D]．南昌：江西师范大学，2006：4.

③ 潘光文．课堂的生态学研究 [D]．重庆：西南师范大学，2004：10-11.

态环境，包括物理的、心理的、制度的等课堂环境因素。还有学者通过对中外学者关于课堂生态环境构成维度视角的具体分析与归纳，结合良好课堂生态建设的现实需要，主张三种课堂生态环境必不可少，即自然物质环境、制度文化环境以及心理精神环境，并指出完善的自然物质环境是良好课堂生态的基础、科学与人文并重的制度文化环境是良好课堂生态的保障，积极健康的心理精神环境是良好课堂生态的追求[1]。还有学者进一步从宏观和微观两个层次对课堂生态环境进行了划分，认为宏观层面的课堂生态环境主要包括学校所在社区、班级成员家庭和学校，微观层次的课堂生态环境主要包括教室人工自然环境、班级社会组织和人际心理环境[2]。本书借鉴了诸位学者分析课堂生态环境的视角和划分方法，结合我国职业教育的课堂生态环境现状，也对制约课堂生态建设的环境因素进行分析，将其概括为课堂物质环境、课堂心理环境和课堂制度环境。同时，将课堂物质环境从课堂自然物理环境、课堂时空环境和课堂教学设施设备环境三个视角进行了具体分析；将课堂心理环境从师生间的心理环境和学生间的心理环境两个视角进行了具体分析；将课堂制度环境从班级管理制度和师德规范制度两个视角进行了具体分析。通过对这些课堂环境因素所作的整体、系统、全面的分析，以期为共建式职业院校课堂生态建设营造优良的课堂生态环境。

二、课堂生态基础理论

研究课堂生态旨在解决人类社会发展对未来人才规格提出的不同要求与现有的课堂教学质量不相适应的矛盾。通过理论研究，可以充分认识课堂生态变革，在生态学理念和思维方式引领下，倡导生态文明建设和学习型社会的明智之举和发展之需。

理论 1：生态学理论

生态学理论建立在种群、生态系统、生态因子、生态位、生态平衡等概

---

① 李森，王牧华，张家军 . 课堂生态论——和谐与创造 [M]. 北京：人民教育出版社，2010：79-85.
② 潘光文 . 课堂的生态学研究 [D]. 重庆：西南师范大学，2004.

念的基础之上，在生态学的发展进程中，形成了由一系列原理构成的理论体系。20世纪七八十年代，生态学原理的影响逐步扩大，向人文社会科学领域渗透，同时也促进了教育生态学的发展，主要涉及耐受性定律、生态位理论、生态链法则、最适密度原则、生态效应相关理论等理论观点。

（1）耐受性定律

有关研究表明，生物对任何一种生态因子都有一个能够耐受的范围，即有一个最低点（耐受下限）和一个最高点（耐受上限），最低点和最高点之间的耐受范围就称为该生物的生态幅，生态幅当中包含着一个最适区和两个耐受区，如图 7-1 所示。在最适区内，该物种具有最佳的生理或繁殖状态，而在接近耐受下限和上限的两个耐受区，生物的生长往往不太理想[1]。耐受性定律已被运用到对教育生态的研究中，指导探析教学问题背后的原因以及科学合理地配置教育资源，从环境因子的度和量的维度减少特定因子的限制作用，扩大发展最适区。

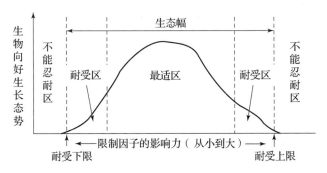

图 7-1　耐受性定律图解

（2）生态位理论

生态位是指群落中种群或物种个体占据的一定空间和具有的一定功能，一个物种的生态位就是指它生长在什么地方，起着什么作用。在生态系统中，每一个物种都有自己的生态位，并以此保持系统的正常运行。对于生态位的研究也是逐渐深入的，随着不同学者对生态位做出各有侧重的解释，空间生态位、营养生态位、多维生态位、基础生态位、实际生态位等概念也涌现出来。空间生态位主要关注物种所占用的空间问题；营养生态位主要关注物种在其群落中的地位和功能作用，强调物种之间的营养关系；多维生态位

① 潘光文.课堂的生态学研究 [D].重庆：西南师范大学，2004.

主要关注物种在多维空间中的位置；基础生态位是指物种在没有种间竞争情况下潜在的可占领的空间；受竞争影响的、现实的生态位称为实际生态位。

教育生态学引进生态位理论，就是为了明确教育的生态个体、生态群体、教育生态系统各自的生态位及其相互竞争和排斥关系。根据生态位理论，教育管理者应该思考如何让每个教师和学生在教学中找到各自生存和发展的空间、如何对个人生态位做出调整和改变、如何营造多维教学环境，教育如何起到鼓舞斗志、奋发向上的作用和效果，如何适切地运用竞争排斥原理增强学生的学习动机和学习自主性。

（3）生态链法则

自然界的生态链主要是指基于能量流的传递摄取而形成的生物体之间的关系，也就是生态系统中各种生物通过一系列吃与被吃的关系，把这种生物与那种生物紧密地联系起来，这种基于营养关系的联系，一环扣一环，就像一条链子一样，在生态学上被称为食物链。

教育生态链和自然界的食物链具有相似之处，信息流通过程会出现降衰现象，比如从上级部门往下级部门拨款就会出现一级级的衰减。根据生态链法则，物质、能量和信息在生态系统中也可能产生富集过程，即聚集放大效应，就像一条受某种有害物质污染的河流，通过食物链，这种有害物质在人体富集一样。生态系统中营养的富集和降衰，对教育生态也具有启发意义。作为教育管理者，可以利用生态链法则考虑不同课程之间的网状关系、课堂教学中的信息如何合理流动。

（4）最适密度原则

"物以类聚，人以群分"，这句话揭示了自然界的群聚现象。自然界中任何物种的个体都难以单一地生存于地球上，生物个体基本会在某一时期与同种及其他种类的许多个体联系成一个相互依赖、相互制约的群体才能生存，这是基于适应性特征的集群。

每种生物都有自己的最适密度，教育生态群体也不例外。教育管理者应该运用最适密度原则，思考教育群体有哪些、各有什么不同的特性、如何探究各种不同教育群体的最适密度、研究结果对教学工作有何启发，特别是如何合理课程、如何确定不同课程班级的合理人数、如何确定分级教学中各级别的人数比例等。

（5）生态效应相关理论

生态效应是指生物因子或非生物因子在其存在或活动过程中，对其所在生态系统中的结构、功能产生的影响。广义的生态效应还包括各生态因子之间相互产生的影响。近年来，日常生活中经常提到的温室效应和生态平衡等都属于生态效应的范畴。

教育生态系统也具有整体效应，在不断深化信息化教学改革的进程中，主要需要考虑如何利用"1+1>2"的效应，做好学生的分类指导；如何从细节入手，抓好每个环节，提高教学的整体成效；如何加强教师团队建设，增强师资的整体实力；如何理解教学和科研的良性互动对教学的整体推动作用，等等。

理论 2：系统科学理论

著名科学家钱学森曾经指出，不管哪一门学科，都离不开对系统的研究。系统工程和系统科学在整个 21 世纪应用的价值及其意义可能会越来越大，适合于诸多学科甚至一切学科[①]。

系统科学是以系统为研究和应用对象的一门科学，是从系统的角度观察研究客观世界的学科，是由相互联系、相互作用的要素组成的具有一定结构和功能的有机整体，主要研究系统的要素、系统的结构和系统的行为，研究客观世界普遍存在的系统现象和系统问题，其研究领域横跨自然科学、工程技术、社会科学等领域，属于横断科学。系统科学认为，任何系统都是由若干相互作用、相互依赖的要素组成的具有一定结构和特定功能的有机整体，都是由许多子系统组成的层次结构；子系统又由更小的子系统组成，它们之间以一定的结构方式组成有机整体，每个子系统各有其一定的功能，而整个系统的功能并非各个系统功能的简单相加；当低层次的要素组成高层次的系统时，系统往往产生出新的、原来层次所没有的性质，这个过程被称为"涌现"。

系统论开启了系统综合的思维方式，把分析和综合辩证地结合了起来，既对系统的成分、结构、功能、关联等予以分析，又对它们进行综合的系统

---

① 潘光文 . 课堂的生态学研究 [D]. 重庆：西南师范大学，2004.

考察。系统论坚持动态的观点，把系统放到动态的运动中去把握，从中找出系统的动态规律，在动态中协调整体与部分的关系，使部分的功能和目标服从系统总体的最佳目标，以达到总体最优。这些观点对分析课堂生态具有积极意义，有利于思考课堂生态的系统属性、课堂教学的整体目标，以及如何优化课堂生态结构、如何协调课堂生态中各生态因子（即教学要素）的功能、信息化课堂生态的动态特征是什么、如何实现自然平衡等。

理论3：学习共同体理论

课堂学习共同体是基于对课堂中学习共同体的认识而提出的。课堂作为社会生态系统中一个微小的教育组织，是由教师和学生组成的典型的学习共同体。针对课堂学习共同体的研究，有学者认为，课堂学习共同体的实质是要把教师和学生从一种"客位"的生活状态转向一种"主位"的生活状态，应从"赋权于学生、对话协商、文化培育"等方面培育课堂学习共同体[①]。还有学者认为，课堂学习共同体是学生在自愿参与的基础上，通过学生之间以及学生同课堂资源之间的社会交互建构共识性知识，建构自己的身份感以及达成共同的学习目标的一种社会组织形式[②]。课堂学习共同体是由学生和助学者构成的拥有共同学习愿景的学习组织，是共同体成员在现实课堂空间或网络虚拟空间中，通过社会性和学术性的交互活动，共同分享已有的信息资源和认知工具，使成员角色从边缘走向核心，获得一种主体的身份，充分彰显生命意义的一种社会学习组织。当学习共同体发生在不同的组织中时，不同的学习共同体就会形成，如教师学习共同体、学生同伴共同体、学校与家庭学习共同体和网络学习共同体等，学习共同体组织可以与多种形式并存。在课堂这个社会学习组织中，学习共同体的所有成员在教育教学实践中不断发展和自我改造，不断探索和自我反思，每一个共同体的参与者都成为学习共同体的建设者和受益者。学习共同体的成员组成并不意味着是那些聚集在同一个教室中，以同样的水平、同样的方式去理解同样的知识内容的人；相反，学习共同体是由一些拥有不同专长的人组成的。这就意味着共同体的发

① 时长江，刘彦朝．课堂学习共同体的意蕴及其建构 [J]．教育发展研究，2018（24）：26–30.
② 林静涵．课堂学习共同体的建构研究 [D]．成都：四川师范大学，2012：23.

展方向既不是完全由教师来控制，也不能完全由学生控制，学习的控制实际上是一个交互的过程，在这一过程中，共同体成员一起努力，创造着可共享的理解和意义。这将使共同体的所有成员，包括教师，都成为学生，所不同的只是教师是共同体中更有能力的、熟练的学生 [①]。学习活动的实施者既有教师，也有学生，既有学生个人，也有学生群体，或者说是学生共同体。作为学习共同体的课堂，是由若干个个性交织于共性、不断生成学习共同体的社会组织形态构成的，其主要使命不仅是使学生获得"学业认知"，而且要共同建构以人为本的社会的、文化的、实践的共同体关系，建构新型的课堂教学生活世界，培养足够的"工作智力"，促进师生生命质量的提升。

三、课堂生态现状审视

职业院校的生存与发展离不开高质量的课堂教学。课堂教学是人才培养的主要途径和依托，也是培养社会所需技术技能人才的主要渠道。没有高质量的课堂教学就不可能培养出高素质的技术技能人才。只有关注课堂，抓住课堂教学这一人才培养的主阵地，才能实现教学效能质的飞跃，促进职业教育的健康可持续发展。然而，近年来，伴随着职业院校规模扩张，许多职业院校受功利思想的影响，盲目发展，结果是外延发展已超越了它所能承受的生态阈限，导致教学质量下滑、教育经费短缺、学科结构失衡、师资队伍不稳定、就业率不高等生态失衡问题。课堂教学也在很大程度上受工具理性主义思想的诱惑，逐渐走进发展误区，把学生按同一个模子进行标准化培养，无视学生的个性和特质，导致教育主体对课堂教学生活世界的漠视和对人的生命价值的冷漠，使课堂教学失去了生命成长的意义与和谐发展的根基，从而使人的发展和教学的发展陷入失衡状态。

审视 1：内部审视

课堂是教育目的和培养目标落地实现的主战场，也是教学目标实现和教学活动开展的主要环境空间。基于横向视角，立足于高校课堂生态的内部环

---

① 郑崴. 学习共同体——文化生态学习环境的理想架构 [M]. 北京：教育科学出版社，2017：133.

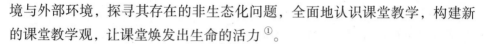

境与外部环境，探寻其存在的非生态化问题，全面地认识课堂教学，构建新的课堂教学观，让课堂焕发出生命的活力[①]。

（1）物质环境审视

课堂教学活动离不开一定的教学资源，没有物质生态环境的依托和保障，就无法实现有效的课堂教学。近年来，职业教育经费投入逐年增长，在课堂物质资源方面不断提高，教室的宽敞度、光线与视野、噪声与听觉、温度与通风、室内物体的颜色、教学设备与装饰等方面，与传统教室相比取得了巨大飞跃，但也存在一些容易忽视的问题。

一是大班额教学和固定的桌椅排列形态带来的非生态化。在职业院校课堂教学中，不同的课堂教学生态类型常常会给学生带来不同的感受，或生动或沉闷，或融洽或压抑，或轻松或焦虑，或亲近或疏远，这些感受的生成并非源于某个生态因子单独作用的结果，往往是多种生态因子交互作用共同形成的特殊的"生态场"所传达的心理感应，其中教室空间与学生人数的契合度、班级规模的大小、座位编排方式的合理性，对良好师生关系的建立和课堂教学深层目标的达成具有重要的作用。然而，职业院校存在着课堂教学空间超载或空间资源利用不足的问题，大多数教室里，桌椅的设计与摆放通常都是最传统的"秧田式"的排列方式，黑板、多媒体屏幕和讲台在教室的前侧，与学生的桌椅相向而立。学生座位被隔成几排、呈纵向排列，横向之间由过道将其分开，所有学生完全面向黑板和讲台。这种固定单一的以"教师为中心"的桌椅排列方式有其自身的优越性，可以突出教师的主导地位和全局意识，便于教师对整个课堂教学秩序管理，但也让课堂物质生态环境失衡的问题表现出愈演愈烈的趋向，这应是课堂教学改革不容忽略的重要问题。

二是对多媒体教学手段的过度依赖导致学习共同体主体地位的丧失。近年来，职业院校办学的硬件条件得到了彻底改善，多媒体教学设备几乎进入每间教室和每个课堂，使用多媒体辅助教学已经成为教师开展课堂教学的必然选择和主要评价指标。多媒体教学有其自身优势，它集文字、声音、图像、动画、影视等各种信息手段为一体，具有很强的视觉冲击力和直观表现力，可以不受时间与空间的限制、宏观与微观要求的不同，将课堂教学内容涉及的人物、事物、情景、过程等，通过形象、声音、色彩、动态的变化巧

---

① 吴今培，李学伟. 系统科学发展概论 [M]. 北京：清华大学出版社，2010.

妙地呈现在课堂教学中，使抽象概念具体化，具体事物形象化，易于激发学生的学习兴趣和学习愿望，推动学生主动获取知识、认识世界，使教与学活动变得更为直观、简单和轻松，并且可以加快课堂教学进度和节奏，提升每节课的教学容量，有利于顺利完成预期的教学任务。然而，实际教学中许多教师过于依赖多媒体，课堂上离不开之前准备好的PPT，也有些教师借助多媒体课件组织教学时，教学容量偏大，教学内容呈现的速度过快，并且基本不发挥实体板书的辅助功效。另外，多媒体教学容易忽视学习共同体的本质特征，导致学习共同体主体地位的丧失，难以体现真正的动态—开放、预设—生成、和谐—共生等生态化特征。

（2）心理环境审视

课堂不仅是一个纯粹的物理空间，同时也是一个由心理参与而又受到环境、文本以及权力共同影响的心理场域。所谓课堂心理环境，是指在课堂这个特定的生态场域中，能够对课堂生态主体的心理发挥影响作用的全部因素的总称，既包括能够直接影响师生教与学活动的心理因素，也体现为师生对课堂教学环境因子的整体知觉，尤其是对课堂教学过程中师生之间、学生之间人际关系的知觉和情感的归依。按照生态心理学的观点，人与自然环境之间不但存在着物理—化学联系，而且还存在着一种强烈的心理—情感联结。尽管个体的心理具有主观性、内隐性、动态性的特征，但它的形成不是无中生有、自然而生的，是与多种主客观因素相互作用的结果。这些心理因素会以自己特有的方式潜移默化地影响课堂教学的整个过程和实际教学效能。从教师的角度来看，课堂心理环境主要表现为教师在课堂教学时的教学态度、情绪情感、言谈举止、教学智慧、人格魅力等。这些生态因子直接影响着教师上课的心理状态和教学水平的完美发挥，更影响着学生的听课质量和教学效果。从学生的角度来看，课堂心理环境主要表现为学生的学习态度、学习情感、学习观念、学习认知和学习行为的自我调控等。这些生态因子直接影响学生对课堂学习活动的情绪情感体验和重视敏感程度，也决定了学生在课堂学习中的情感投入和接纳程度。目前，在课堂教学中仍然存在着许多心理生态失衡的现象。

一是师生主体间性关系失衡，课堂学习共同体尚未成熟。课堂是生态主体——师生学习共同体生活和发展的重要场所，也是其生命历程中不可或缺的成长载体，更是师生生命交融、心灵对话、理想守望的精神家园。师生关系既是学校生态环境中最重要的人际关系，也是课堂生态中最重要的生态构成因子。良好的课堂生态应体现为师生之间学习共同体的关系，即教师和学生都是学生，都是课堂生态的主体，他们与外部环境之间的相互作用和有机联系构成了一个完整的课堂生态系统。一旦师生关系发生异化，课堂学习共同体的角色错位，就会直接导致课堂心理生态环境的失衡。目前，很多职业院校的课堂仍然承袭了以教师为中心的课堂教学模式，把学生变成了容器，变成可任由教师灌输的存储器。教师越是往容器里装得完全彻底，就越是好教师；学生越是温顺地让自己被灌输，就越是好学生。教师习惯扮演着知识权威和学术专家的角色，常常主宰和控制着整个课堂教学内容和教学进度，处处牵制学生，绑架学生的思维、思考和话语权，无视学生的自我建构和创新能力的培养，师生之间缺少平等的对话交流，强调的是秩序、规范与控制，关注的是接受、掌握与认同，违背了生态系统相互依存、协调发展、和谐共生的原理和规律。

二是教师共同体成长的生态环境缺失，学习型组织流于形式。目前，职业院校教师由于教学任务繁重和科研压力骤增，许多教师每天忙于备课、上课、搞科研、发论文、提高学历、晋升职称等工作，往往忽视了自身专业成长与提高的重要性和必要性。同事之间由于在职称评定、评优评先等方面存在着涉及个人切身利益的激烈竞争，形成了教师与教师之间的关系通常表现为私人化、封闭化、静态化的特征。在日常教学生活中，教师们往往习惯于关起门来搞教学，不希望其他人涉足自己的工作与生活，不愿意受到外界因素的干扰和打搅，喜欢保持自我的独立性和权威性。大多数教师都会选择依靠个体的主观努力，认真钻研、认真备课，在教学实践中不断摸索和反思，探寻专业提升的有效路径，很少能够获得来自纵向的上层领导、专家学者，或者是来自横向的同事间的帮助与支持，甚至是来自师生学习共同体的启发与鼓励。一些职业院校建立的"学习型组织"更多的是流于形式，并未在教学管理、教学发展方面发挥其应有的功能和价值。

（3）文化环境审视

顾明远教授曾经有过一个形象的比喻和说明：教育有如一条大河，而文化就是河的源头和不断注入河中的活水①。因此，加强对课堂生态问题的

---

① 顾明远.中国教育的文化基础 [M].太原：山西教育出版社，2004.

研究，不能仅仅把课堂看作一个价值中立、文化无涉的活动场所，而应重视对课堂文化性格的研究，以弥补在课堂研究中文化缺失的现象。课堂中的文化，如果从文化的广义视角来理解，是指人类后天实践活动中习得并为一定社会群体所共有的物质财富与精神财富的总称，包括了人类社会历史生活的全部内容。如果按照文化的狭义视角来理解，则特指一个受价值观和价值体系支配的符号系统，专指人类的精神创造活动及其结果，是一种内隐的文化。目前，人类社会已经进入经济全球化、政治民主化、文化多元化、科技现代化的历史转折时期，经济体制的转轨、社会结构的转型、国际局势的突变等各种因素，无不对当代教师和学生的人生观、世界观、价值观产生深刻而久远的影响和触动，这导致学生群体文化、教师群体文化在不同程度、不同领域中呈现非生态倾向，制约了师生学习共同体的可持续健康发展。

一是学生群体文化生态的失衡。学生既是教育活动的客体，同时也是学习活动的主体，更是学习共同体中最活跃的生态因子。然而，随着职业院校规模发展，其学生来源也呈多样化状态且良莠不齐，与扩招前学生整体素质相比呈下降趋势，且学生个体间的差距越来越大，很多学生表现出强烈的功利主义、现实主义倾向[1]，缺乏独立思考的意识和参与学习活动的热情，习惯于作为一个旁观者、边缘人和孤独者存在于教室之中，放弃参与权、发言权和表决权，课堂教学中只需把握教师布置的考试要点并准确记忆即可，不必拥有自己独立而与众不同的思想和见解，更不需要培养对社会现象与问题的批判质疑精神。这种功利性极强的学习态度不仅抑制了学生应有的探索意识和学习乐趣，甚至使学习与成长过程中蕴藏的鲜活的生命意义尽失，导致身心发展的不健全和生命质量的非生态。

二是教师群体文化生态的失衡。职业院校的教师作为一个特殊的职业群体，因其工作具有高深性、复杂性、创造性和不确定性的特点，会形成不同的教师群体文化。尤其是职业院校的教师既担负着人才培养的重任，又要兼顾科学研究和社会服务的职能，随着受教育群体和广大民众对教师整体素质的要求越来越高，教师自身意识到的工作压力和责任意识也越来越强，其所形成的群体文化又别具一格。目前，职业院校课堂中的教师文化是一种强势文化，凭借对专业知识的优先占有和特殊的职业地位与从业经验，以自身特

---

① 岳斌，徐建华. 当代大学生价值观的嬗变与教育重塑 [J]. 教育探索，2014（2）：113-114.

殊的方式影响着未来社会所需要的高层次人才培养规格和课堂教学中的话语权。目前，职业院校的教师投入科研方面的时间精力要比备课、上课花费的时间精力多得多，这又抑制了教师进行教学改革和创新的积极性与责任感。科研不是因为自己对这方面感兴趣或为了辅助自己课堂教学的需要，而是为了迎合刊物的特点和最新的学术流行趋势，造成教师所谓的"科研教学两张皮"的畸形现状。职业院校的教师要想在尽量短的时间里促进自身专业水平的快速发展，就一定要重视课堂教学这一重要环节的工作。

审视2：外部审视

职业教育从社会的边缘逐渐走向社会生活中心，其课堂担负着培养造就社会主义建设合格者和建设者的重要任务，无形中被赋予了特殊的社会功能和文化使命。虽然在大多数情况下，课堂总是局限在学校的有限空间和时间里，但课堂本身既非真空的密室，亦非游离于社会的存在。对学生来说，其所生活的家庭和社区是影响其课堂生活质量的重要外部环境因素，它们与学校环境共同构成一个相互嵌入的网络系统，影响着课堂中学习主体的行为与发展。

（1）家庭环境审视

目前，职业院校的学生都身处异地、远离父母的呵护，独自在校园里学习和生活，但他们的身体和心智还没有完全发育成熟，还没有足够的能力独立地开创自己的事业，应对人生复杂的竞争、机遇与挑战，仍离不开来自家庭的物质与精神方面的供给与滋养。家庭中父母或者其他家庭成员的教育素养及其所能提供与营造的家庭教育环境，对于学生的学业成绩提高与身心健康成长依然会产生巨大的影响和作用，具有其他影响因素不可比拟和替代的优势。但是，由于我国目前正处在社会变革与经济转型的关键时期，加上独生子女政策的实施，目前的家庭结构、家庭形式、家庭功能、家庭生活与家庭环境更趋多样化和复杂化，在具体运行过程中出现了许多非生态化的现象和问题，给学校教育和课堂教学带来了一定的负面影响，有的甚至可能演变成社会的共同问题，值得研究者关注和深入探讨。

一是家庭环境影响作用降低，亲子心理关系日趋疏远。家庭是社会最基本的组织形式，每个人最先接触的也都是家庭并在家庭营造的环境中得以生存和发展。家庭环境是人在家庭这一最基础的社会组织中，所受到的来自家长及家庭成员之间在生理、心理和社会适应等方面影响的总和。学生来自不同的家庭，每个家庭的经济状况、成员构成及亲密程度、父母的职业与文化程度、父母的教养方式与态度、父母对子女的期望等方面存在着巨大差异，使得每个人的言谈举止都无形地印刻着来自家庭的深深烙印，并将持续地影响着人的整个一生。良性的家庭环境能为子女带来用之不竭的精神涵养和人生指南，不良的家庭环境则可能留给子女的是难以释怀的伤痛和幽怨。有研究表明，家庭环境对大学生学业影响显著，学业困难的学生，往往家庭亲密度、情感表达、独立性、成功性、知识性、娱乐性、组织性得分均显著低于全国常模，矛盾性则显著高于全国常模[①]。

　　二是家庭教育功能弱化，家校合作的学习共同体尚未实现。家庭从它产生之日起，就具有生育、生产、抚养与赡养、教育、情感交流、消费、休息和娱乐等多种功能，其中教育功能随着我国独生子女的普遍化而日益彰显出特殊的地位和作用，家庭教育成为整个人生教育的奠基工程、固本工程。家庭环境对家庭成员的影响作用往往是自发的、零散的、片面的，而家庭教育则同学校教育一样是有意识、有目的、积极主动的影响活动。然而，职业院校的学生没有了升学压力，学生自主学习和自我约束能力逐渐增强，教师因为教学科研任务繁重，管理精力有限，不重视与家长的沟通与交流，更没有确立自身在家校合作共同体建设中的核心地位和指导措施。同时，部分教师自身也缺乏相应的家庭教育方面的专业知识和指导能力，没有给予家长更多的参与权、话语权、决策权，教师与家长的交流与沟通流于形式或走过场，没有做到个性化服务，使家校合作和家庭教育指导工作仍处在一个较低级的发展水平，难以形成平等、有效、稳定的合作对话交流机制，应有的教育功能和潜力没有得到充分发挥，存在许多亟须解决的现实问题。

　　（2）社区环境审视

　　社区是指由聚居在特定的地域内，具有某种互动关系和共同的文化特质和心理归属感的人群所组成的社会生活共同体。社区环境就是每一个个体社会生活的重要生存环境。学校位于一定的社区范围内，社区特有的文化传

---

① 谭英.学生者家庭背景与学业绩相关性实证研究——以湖南某高校为例[D].长沙：湖南农业大学，2012.

统、人文特点、生活方式、思维方式和人际交往形式等都会潜移默化地影响着生活在此种生态环境中的组织和个体。社区环境和社区教育不仅对学校的教学目标、教学内容、教学管理方法和手段等学校生态因素有着直接的影响作用，而且会间接渗透到课堂教学实践中，无形地影响着课堂中教师与学生的价值观念和思想行为，通过形成不同的课堂文化以适应外部开放的、动态的社区生态环境。然而，随着职业院校招生和办学规模的日益扩大，校园远离中心城市，虽然教学设施和设备都是全新的、现代的、时尚的，甚至是奢华的，但周边几乎没有工厂、企业和成型的居民区，无法为学生参与社会实习、实践，培养创新精神、实践能力和就业竞争力提供有力的支持，给师生之间的交流与合作、学校之间的资源共享及学生参加社会实践的机会、学生的全面成长带来了很多意想不到的弊端。

当前，我国经济社会的快速发展及其社会内外环境的不断变化，决定了职业院校正面临着新常态下的多重挑战和机遇，学习国外优秀经验，营造适于学生实践和创新能力培养的社区生态环境，树立整体、联系、和谐、开放的生态观，让学生尽早与生活世界近距离亲密接触，在社区参与活动中增强就业竞争力和职业生存本领，是历史赋予职业院校教学和管理的艰巨使命。

四、课堂生态环境重构

课堂所处的生态环境是一个包括物质生态环境、心理生态环境和文化生态环境等在内的复合生态环境，其生态主体与生态环境之间不是简单的"刺激"与"反应"、"适应"与"反馈"的关系。为了还原生活中真实的课堂生态环境的本来面目，就要遵从生态学的发展规律和思维方式，利用课堂生态系统的整体性、关联性、有机性、协同性、动态性、平衡性、开放性等特征，把握其本质与规律，从理论与实践两个视角深入探索课堂生态环境建构的有效路径，改善课堂物质环境、调适课堂心理环境、优化课堂文化环境，营造舒适、愉悦、高雅、健康、和谐的课堂生态环境，促进教学改革的进一步深化。

重构 1：物质环境建设

任何课堂活动的开展和顺利进行都离不开一定的物质设备和自然资源条件，没有良好的物质生态环境的稳定保障和依托，就无法实现高质量的课堂教学和创新性人才的培养。课堂物质生态是指在课堂这个特殊的场域中，对课堂生态主体的教与学活动产生影响的物质因素间的关系和状态。课堂物质生态是否平衡与协调，直接影响课堂教学手段的运用和课堂教学效能的提升。而课堂物质环境的建设目标就是要努力实现课堂物质生态的平衡与协调发展，充分发挥"人尽其才、物尽其用"的功效，实现人力和物力资源最大效益的发挥。所谓课堂物质生态环境是指课堂中能够积极影响课堂生态主体教与学活动的所有物质因素的总称，包括影响课堂教学的自然物理环境、教学时空环境和教学设施设备环境等，不仅可以满足课堂教学的物质需要，有助于课堂教学活力的激发和课堂教学质量的提升，也是课堂生态环境建设必须关注的重要内容。

（1）重构课堂自然物理环境

课堂自然物理环境是指课堂中能够影响师生开展教与学活动的自然环境和教室内的自然条件等因素，具体是指课堂内的光度、温度、湿度、热度、色度、噪声、空气质量、通风情况等环境因素。张楚廷教授认为，影响课堂教学的环境包括教学自然环境、教学物质环境、教学人际环境、教学观念环境、班级教学环境和教学社会环境等因素[①]。如何将这些因素转化成具有育人功能的人文性资源，需要管理者和教育者为它们赋予一定的价值内涵并使之转化成显性教育资源。因此，课堂生态环境建设要加强对课堂自然物理环境的改造和完善，赋予其特殊的价值和功能。

一是加强课堂光环境的优化。教室内光环境的舒适与否，不仅能影响学生的视力和生理健康，还能影响和制约师生教与学的效率和学习效果。加强对教室内照明系统的科学管理，严格按照国家制定的《建筑照明设计标准（GB 50034—2004）》中规定的要求，达到教室照明设计的数量指标、质量指标以及节能指标，使教室、实验室、黑板照明等的天然采光和照明环境适合师生教与学活动所要求的视觉特征，为师生提供一个安全、舒适、愉快、

---

① 张楚廷. 论教学环境与课程 [J]. 湖南师范大学社会科学学报，1999（1）：98–99.

环保的光环境。同时，使用智能化的照明控制技术，依据不同季节、不同时段、不同区域、不同场所，根据教室中学生人数的多少和所处区域位置的不同，甚至不同课程所需情景的不同，自动选择开启合适的光照效果，充分体现高科技带来的智能化和人性化，在节能减排的同时，提供符合人体健康的照明环境，提高教室照明光环境质量。另外，课堂教学普遍采用多媒体辅助教学，多媒体学习空间的光环境既要重视室外自然光线与室内光环境的协调，还要注意遮光窗帘的选择和使用等问题，每个教室应配备多功能窗帘，最好为薄厚不同的两层，薄层窗帘可以满足学生日常学习时的透光需要，厚层窗帘可以满足多媒体课程教学时的遮光需要。

二是加强课堂声环境的优化。安静的学习环境是使学生保持有意注意、顺利实现教学目标和提高课堂教学效率的物质前提和基本保障。由于噪声有危害人的听觉系统和注意力涣散、记忆力减退、思维紊乱、降低学习和工作效率等多种弊端，因此，校园教学建筑的选址一定要尽量避免离道路交通干道过近或周围有集贸市场或加工厂等噪声总是持续不断、嘈杂严重的地方；在无法避免的情况下，可以在道路两侧安装隔音设施，也可以充分利用一些遮挡物，如树木或建筑物等来降低教室背景的噪声级。同时限制进入校园的车辆和车速，禁止在校园内鸣笛等以降低噪声的污染。总之，通过对噪声的有效控制，以此为广大师生营造一个良好的人人可接受的室内外声学环境。针对课堂教学中能够引起噪声的主要因素，如多媒体音响设备的使用、夏天吊扇的使用、课堂内学生人数过多、教室内学生的频繁走动、课间学生之间的大声交流等因素，要按照国家的相关规定，尽量减少教室内上课学生的人数，避免由于教室过分拥挤和人数众多带来的噪声影响；教师上课要尽量少使用或不使用扩音设备，或使用音质特别清晰、符合环保要求的扩音设备；在条件允许的情况下，夏天采用噪声小的空调设备，以降低使用吊扇带来的巨大噪声；还要根据课程内容的需要，提前安排好学生的座位，设置出入顺畅的排列方式，减少因学生出入带来的不必要的噪声；另外，在目前部分学校门窗隔音效果还不太理想的前提下，教育学生养成室内小声说话、交流讨论的习惯，这也是学校优化课堂声环境不可忽视的必要途径之一。

三是加强课堂色彩环境的优化。色彩与每个人的生活、工作和学习有着紧密的联系，尤其是教室内的色彩，包括四周墙壁和天花板的颜色、学习设施的颜色、教室内装饰的颜色、教师服饰的颜色以及多媒体课件的颜色等一起构成了教室内的整体色彩环境。学生长期生活在这样的环境中，这些色彩的合理搭配和巧妙运用，不仅能够改变学生对学习空间的不同感知，而且能够使学生产生不同的情绪状态和学习态度，间接影响学生的学习效率和学业成绩。教室墙面色彩布局要吸引学生的注意力。我国教室中的色彩布局一直沿用传统的白色墙面或加不同颜色的墙裙组成的单一模式，这种白色墙面没有太多的干扰或分散学生的注意力的要素，因而成为大中小学校教室颜色的首选。但色彩心理学的研究成果表明，不同色彩投射到人体大脑皮层后会产生不同的情绪反应，既可以使人兴奋、激动，又可能使人平静、压抑，甚至烦躁等，这种大面积的单一白色容易使人产生视觉疲劳。虽然乳白色或灰褐色与白色差别不大，但长期在纯白色教室内学习，对学生的影响还是很大的。因此，建议在墙面用色时，在涂料中掺入微量高彩度、中等明度的色浆，降低纯白色墙面的明度，创造相对柔和的空间环境色。但教室究竟应该配置什么颜色，还应考虑所学专业与课程的特点、学生的性别等多种因素。也可以采用同一教室多种色彩有机搭配的方式，根据不同学习功能的需要，设计区域性不同的色彩色相，尤其要突出黑板一侧墙面色彩对学生的吸引力，同时关注各墙面之间的相互协调、和谐一致。有关研究表明，在多媒体教室环境下，学生最喜欢的 8 种课件颜色依次是白色、黄色、酸橙色、青色、黑色、品红色、红色、银灰色；对前景色的偏好顺序是黄色、白色、酸橙色、黑色、青色、红色、品红、银灰；最喜欢的 10 种颜色搭配是黑色—白色、红色—白色、品红色—白色、黄色—灰色、白色—藏青色、白色—绿色、青色—黑色、黄色—藏青色、黄色—栗色、黄色—绿色，亮度高的颜色和前背景亮度差大的搭配受到学生的偏爱，为教师在课件颜色的选择和搭配方面提供了一定的理论与实践参考价值。通过对课件颜色进行科学搭配，增强课件的表现力、感染力和吸引力，引起学生情感和思想上的共鸣，使之主动调整上课的情绪状态，始终保持稳定的注意力和高昂的学习热情，从而有效提高课堂教学效率。由于教师职业的特殊性质、工作对象和工作环境，决定了作为高级知识分子的教师的服装配色必须以"清新雅致""整体协调"为基本准则，切忌妖艳浮华、标新立异、奇装异服。面对有着敏锐观察力、辨别力和思考力的学生，教师在上课前一定要注意服装色彩的合理搭配，关注服饰色彩对大学生的视觉可能产生的冲击以及可能带来的心理方面的影响；要懂得用清新雅致的颜色来彰显自己的教师本色，给学生以清爽与精练、恬静与稳重、亲和与热情的视觉享受，恰当地体现高级知识分子独特的韵味与修养，对学生的学习态度、审美情趣、审美品质的提升产生潜移默化的影响，为师生共同体的和谐发展营造知性美的课堂生态氛围。

四是加强课堂空气质量的优化。良好的室内空气质量是影响学生进行高效率学习的主要物理环境因素之一。许多研究发现，教室内空气质量的好坏主要与室内空气的清洁度、氧气含量、通风、建筑材料等因素相关[1]。相关规定指出，建筑过程中使用二氧化碳的浓度不应超过 1 500 ppm 的标准，当二氧化碳浓度在 0.1%~0.15% 时属于临界空气，室内空气的其他性状开始恶化，人们开始有不舒适感；当二氧化碳浓度在 0.3%~0.4% 时，人呼吸加深，出现头痛、耳鸣、脉搏滞缓、血压增加症状。课堂空气质量环境建设要重视控制教室内的污染源、采用节能环保的通风技术和设备。同时，充分发挥植物对二氧化碳和有毒气体的吸收作用，不失为一种既经济又美观、既降低室内污染浓度又不影响室内热舒适性的环保方法。在教室内精心摆放一些适合室内种植的植物，如芦荟、吊兰、虎尾兰、一叶兰、龟背竹等，不仅可以有效降低二氧化碳的浓度，吸收室内的甲醛、甲苯、硫化氢等有害气体，提高教室内空气的含氧量和清洁度，改善室内空气品质，而且可以美化、绿化教室环境，陶冶师生审美情趣，培养热爱大自然的情怀。

（2）重构课堂教学时空环境

课堂教学时空环境是指课程的设置、教学活动的安排等在时间方面的设置以及教室的空间大小、座位的空间排列形态等因素，它们的不同组合构成了课堂教学活动客观的时间环境和师生能够知觉到的主观空间环境。重视课堂时空环境，不仅要考虑教室的空间大小、班级中学生人数密度的多少，还要关注教室内课桌椅的尺寸大小、高矮是否合适和排列形态是否有利于师生教学活动的展开，以及教学设备是否可随意移动和变化等情况。生态化的课堂空间设计有利于生态主体间的交往互动和协作共生，能够积极推动教学质量的提升和教学目标的实现。

一是课堂教学时间的优化。信息技术的迅猛发展带来知识更新速度的急剧加快和生活节奏的骤然加速，使得时间资源成为影响人生活品质和生命质量的最重要的生态因素。而课堂教学时间的合理分配和科学利用不仅能够提

---

① 陈巧云. 高等院校高效率学习空间的设计研究 [D]. 哈尔滨：东北林业大学，2014.

升课堂有效时间的利用率，增加课堂中师生活动的含金量，而且成为衡量课堂教学效能和教师专业发展水平的一个重要衡量指标。首先，树立课堂时间为师生共有的理念，积极优化课堂时间结构，发挥课堂时间的综合效用，重视师生共同体彼此共有、多元互动的生态特性，创设民主、平等、和谐、共生的课堂教学氛围，追求教学过程的对话互动和多元和谐。优化课堂教学时间结构，给学生留出自主学习的时间，发挥学生的主体作用；为学生创设自主的学习时间，促进个性发展；为学生留足问题思考的时间，减轻学习负担；允许学生自主地转换学习时间，适应认知差异。其次，坚持课堂教学时间的弹性化和灵活性，尊重学生学习个性的差异，实现对学习共同体生命的整体关怀，制订动态开放、灵活多样的课堂时间安排计划，促使学生根据自己的学习意向和学习共同体合作的需要，灵活地选择、设计和安排自己的学习活动，如长时课与短时课相结合，"课程计划整体课""发展个性分组课"与"综合应用活动课"相结合，在课程之外，设立探究学习和生活实践学习的时间等。

二是课堂空间环境的优化。人是空间活动的主体，空间尺度的大小、形状、方位的不同都会带给人不同的心理感受。随着信息时代的发展和教学技术手段的不断更新，传统的以讲授式为主的课堂生态范式受到新的挑战。以师生学习共同体为发展对象、以团队互动为发展基础、以问题解决为发展导向的课堂生态范式，必然对课堂物理空间提出更高的要求，课堂不仅仅是传统意义上的开展教与学活动的场所，而且是集物质空间与精神空间为一体的交互性领地。首先，设置人数适宜的班级规模，创设良好的学习空间，在课程安排上，尽可能将班级规模与教室大小相匹配，并留有一定的空间，满足学生对空间归属感的需求。其次，使用可移动桌椅，创设开放的空间格局，方便师生根据自己的理想来创造现实中没有的环境，而不是像动物那样仅仅出于本能依赖于现存的自然。课堂空间生态对学生身心发展的影响不仅受教室类型、教室功能、教室面积的影响，还会受到座位排列方式与人际组合空间形态的影响。传统的课堂空间设计是班级授课制的产物，"秧田式"的固定座椅排列方式解决了当时教育资源短缺的现状。随着知识社会和信息化时代的到来，传统的教室空间布局设计、课桌椅的排列形态等，逐渐成为制约和束缚学生之间交流与合作、学习主体性发挥、实现教育公平的不利因素。应选用可移动桌椅，建立良好的教室通行模式，创设开放式空间格局，使课堂空间可以随时根据教学内容和教学方法的需求迅速进行调整和重组，更加符合人性化、信息化和生态化的空间发展需求。通过精心设计桌椅的排列形态，比如，教师可根据教学任务的实际需要，选择圆形、马蹄式、丛聚式、小组式、单元组合式等多种组合形态消除"教学死角"和"边缘学生"，增加教师与每个学生交流探索的机会，方便有相同兴趣的人共同进行开拓性的研究和发明。创设开放式的教室格局必将是拥有素质教育理念的现代大学未来追求的必须选择。

（3）重构课堂教学设施设备环境

教学设施设备环境主要指师生为了更好地完成教学任务而在课堂教学活动中使用的各种教学媒介和学习工具，包括黑板、粉笔、投影仪、计算机网络、实验仪器设备、教材、图书资料等所形成的环境。

由于受传统的各自为政的观念的影响和教育管理体制条块分割的限制，职业院校的教学设施设备大多采用封闭式的分散管理机制，没有建立有效的开放共享机制和平台，教学资源服务对象单一，教学设备常常处于闲置状态，不能得到有效的合理利用，使用效率没能得到提升，造成巨大的教学资源浪费。课堂生态环境建设要充分发挥教学设施设备对创新技术技能人才培养和创新协同作用的发挥，大力进行机制体制革新。

一是加强教学设备资源开放共享，提高资产合理使用效益。21 世纪是人类科学知识不断更新和技术突飞猛进的时代，学校要适应市场经济快速发展，要为当前经济社会发展培养大批高素质复合型技术技能人才，就需要接受对教学设备与实验室建设等硬件条件的更高的要求。鉴于此，首先，职业院校要树立教学资源社会共享的意识，培养资源共享精神，充分重视和发挥教学设施设备在教学、科研、社会服务等方面的重要作用，打破传统教学资源的粗放式管理，增强教学设备成本和使用效益的意识，借助先进的计算机和互联网技术搭建教学设备资源共享平台，使更多的职业院校都能享用到优质的教学资源设备，以形成教学资源开放共享的良好的社会氛围和精神境界。其次，职业院校内部设立校级教学设备管理中心，打破学科壁垒，统一整合和管理全校教学设备资源。通过设立校级专门的教学设备管理机构、实行中心主任负责制，将分散于各个学院、各个实验室等部门的教学设备信息资源纳入校级共享协作平台，完善校、院、实验室三级互动共享平台体系。充分利用现代化网络信息技术手段，结合学校自身的学科优势和专业特色，统筹规划、优化配置、突出重点、合理使用，有效避免重复购置和闲置浪费的现象发生，提高教学设备投资效益和设备资源的使用效率。积极开展校际协作和校企合作，增强对外开放的力度和对外服务的能力，建立科学规划、高效运转、良性互动的教学设备运行和共享机制，满足多学科共性发展的需要，为职业院校科技创新、协同作战提供物质支撑，增强职业院校服务区域经济发展的能力，为政府和学校优化配置教学设备资源，提升教学设备使用效益提供实践依据。最后，加强职业院校课堂教学实验设备的管理和使用效率，促进学生实践和创新能力的提升。职业院校实验室是师生开展课堂实验教学、进行技术开发与转化、提升科研能力和水平、培养创新和实践能力的主要载体，是职业院校整体实力的具体体现。职业院校要建立教学设备与实验室多种管理模式的网络综合查询系统，实行项目化绩效管理，妥善安排课堂实验和课外项目组的开放实验。通过配备较强的实验教学及管理的专业人员，满足学生开展实验技能训练、科技项目研发活动、毕业论文设计等的实验需要，从根本上改变科学设备资源与课堂教学、师生科学研究需求严重脱节的现状。积极响应我国政府提出的"全民创新、万众创业"的号召，鼓励师生共同体广泛开展实验创新、科技发明等活动，在职业院校形成浓厚的科技活动和创新创业氛围，使职业院校课堂成为知识创新的策源地、科技改革的试验田和区域创新发展的引领地，从而培养师生共同体的所有成员的实践能力、创新精神和科研素养，提高国内职业院校在国际上的竞争能力，促进我国科技、经济和社会的健康可持续发展，加快实现我国建设创新型国家的伟大目标。

　　二是重视现代教育信息技术设备与手段的运用，加强"网络学习共同体"的建设。目前，人类社会已经步入信息化的大数据时代，以多媒体为代表的现代教育信息技术手段，集图、文、声、像等多种音频视频形式为一体，因其方便快捷的使用特点、生动逼真的教学内容、灵活多样的教学形式、简洁准确的表达效果，已经成为职业院校开展教学活动、培养现代科技创新人才的重要组成部分。在课堂教学中广泛运用多媒体教学和现代信息技术手段是提高课堂教学质量，培养具有信息化、网络化、智能化素养的现代人的必然选择和大势所趋。从传统的"黑板＋粉笔"的普通板书教学到现代的"鼠标＋键盘"的电子设备教学以及未来更加高智能化教学手段的转变，使未来的学习空间将越来越多地体现科技化、网络化、信息化和智能化，学习方式将变得更加多元而灵活。近年来，网络课程的普遍实施，慕课、微课的崛起和迅猛发展，为学生构建了一套崭新而完整的在线教育模式，既方便了学生对全球优质教学资源的获取与利用，极大地降低了教育教学资源传播的成本，有效地实现了资源共享和教育公平的现代化教育目标，又克服了现有课堂教学的时空限制，使学习变得更加灵活与自主，充分满足学生个性化发展的实际需要。共建式高校课堂要充分依托智能化和信息化的课堂设备，通过智能的交互白板、电子交互平台、智能桌椅、电子书包和远程教学教室等，建立以"课堂学习共同体"和"网络学习共同体"双中心的集教学、科研、社会服务为一体的交互型、关联型、共享型、生成型的学习生态环境体系，加快提高师生学习共同体的现代教育信息素养和对现代教育信息技术的驾驭能力，充分利用智慧校园和大数据的优势，不断推动高等教育事业改革和前进的步伐。

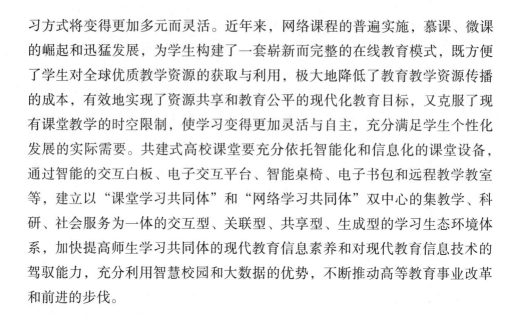

重构2：心理环境建设

课堂是教师开展教学工作和学生进行学习活动的主要阵地，也是师生之间教学相长、心理相容、生命相伴的重要场所。教师和学生在课堂上通过扮演不同的角色，使课堂教学处于或融洽和谐、或紧张对立、或冷漠沉闷、抑或内敛平淡的心理氛围，进而直接影响学生的情感体验和学习效力，影响课堂教学的效能和师生共同体自我发展的动力。课堂心理生态是指在课堂教学活动中课堂生态主体之间基于教学目标的实现，产生交互作用和影响，从而形成的一种影响学习效能的心理互动状态。这种心理互动状态是由课堂生态主体教师与学生共同决定和发展起来的群体心理状态，是基于人际关系的相互影响而产生的相对稳定的认知、情感、意志、动机、思维等心理优势状态，主要受教师的教学行为、学生的学习行为以及所形成的人际关系影响。人际关系是制约和影响师生心理生态的最主要的环境因素，人际关系的好坏是衡量课堂心理生态是否健康与和谐的重要依据。在课堂这个有限的时空环境中形成的人际关系主要有师生之间的人际关系和学生之间的人际关系，不同的人际关系营造出不同的课堂心理生态，形成不同的育人氛围。而育人氛围又会无形中对置身其中的学生的身心发展产生深刻的制约和影响，往往会把师生的学习活动和学习质量引向不同的境界和水平，产生不同的教与学效果。

（1）师生间控制与自主心理环境的建设

教师和学生是课堂教学过程中两个最基本的生态要素，是课堂教学中的生态主体，二者之间的关系是在教育教学过程中建立起来的。在课堂中教师控制与学生自主是课堂教学领域中的一大难题，也是课堂教学研究、反思与重建的重要源头[①]。首先，无论是传统课堂还是现代课堂，教师都具有很强的专业权威性、知识主导性和话语控制权，学生成为其控制对象，其专业发展水平和增长空间大多掌控在教师所擅长的专业范围之内，需要从教师主宰的讲授式课堂向师生共同成长的生态课堂转变，把教师和学生作为课堂生态的主体和学习活动的共同体，建立和谐、民主、平等、友善、宽容的课堂心理生态，使教师和学生在交流、合作、对话、协商中共同参与教学改革和创新。其次，自主性是个人在对话性的活动中，对自己的活动所具有支配和控制的权利与能力[②]。课堂生态环境的建设应强调课堂生态主体在交往性质上的平等性和交往形式上的多元性，把更多的交流时间、发展空间和探索过程还给学生，建立一种平等自由、宽容鼓励、合作互助、和谐共生的学习共同体关系，充分发挥他们的聪明才智和自主发展的愿望，使学生真正成为课堂教学的主体和自主学习活动的主人。

任何课堂都是由教师和学生组成的传递知识、增长才干、启迪智慧、陶冶情操的活动场所，应该关注师生在课堂中的心理和情感变化，建立融洽和谐的课堂心理环境，促进学习共同体生命完整性的持续发展。

一是提高自我控制的能力是构建良好师生关系的着眼点。教师由于强烈的责任感和职业使命感，对其工作环境和对象都会有很强的控制欲望。在课堂师生控制与自主心理关系的建设中，常常会表现出三种不同的价值取向：第一种是强调教师控制作用的发挥，主张充分发挥教师的主导地位；第二种是强调学生自主性的培养，主张充分发挥学生的学习主体作用；第三种是强调建立教师控制与学生自主的平衡关系，主张充分发挥教师教的主导作用和学生学的主体作用。显然，课堂生态建设的理想目标是实现第三种价值

---

① 李松林．控制与自主——课堂教学的权力品性研究 [J]．教育学报，2006（6）：79．
② 张天宝．新课程与课堂教学改革 [M]．北京：人民教育出版社，2003：93．

取向，关注师生学习共同体的和谐发展，追求人的生命质量的提升。课堂教学强调"可持续发展性"控制，倾向于"非结构化""开放生成式"的控制方式，把学生看作控制的出发点与归宿点，以学习共同体的发展为本，一切着眼于学生的可持续发展。课堂上良好师生关系的建立要着眼于师生自我控制能力的提升。首先，教师要在自我控制的作用下把课堂还给学生。从教师视角分析，要增强自我控制意识和能力的培养，妥善处理好"控制"与"自主"的关系，保持课堂控制与学生自主之间的基本张力，把本属于学生的课堂还给他们。其次，要通过专业学习培养学生的自我控制能力。学生的主要任务就是进行专业学习，通过提高专业知识、专业技能和专业修养，成为社会需要的人才。对学生自我控制能力的培养，一定要结合他们所学专业特点，教师通过在课堂教学中对知识和话语的合理放权，引导学生培养对所学专业和课程的热爱，自觉抵制外部环境的诱惑和干扰，有意识地提升自我监督和调控的能力，养成自我规划、自我设计、自我检查、自我反馈、自我协调的品质，积极参与学习共同体间的交流与合作，增强与同伴间的情感交融，在温馨愉悦的心理氛围中，互帮互助、取长补短，促使认知、情意、意志、创新品质等方面得到有效发展。

二是培养自主管理的品质是构建良好师生关系的主要目标。作为课堂生态系统中的两个生态主体，教师肩负着人才培养的重任，有责任和义务加强对课堂教学环境的管理，引领学生进行专业学习，提高学习效率，使其顺利达成预期的培养目标。课堂心理环境的建设要遵循人的身心发展规律和课堂教学自身的发展规律，要把学生作为研究对象，掌握学生的认知发展水平、学习态度和习惯、思维方式和发展潜能，要看到学生对"自主"的渴望和追求，尊重学生的主体意愿，将课堂控制实施于无形无声之中，给人以潜移默化的影响。培养学生自主管理的品格是与教育者的放权行为分不开的，只有正确处理好集权与放权的关系，才能给予学生更大的发展空间，才能更好地促进学生自我管理意识、自我管理能力、自我管理品格的提升。首先，要将课堂的知识权还给学生。教师要将课堂教学内容与社会现实生活以及学生的生活紧密联结，善于将复杂的知识内容进行系统化、结构化、精练化。其次，要将课堂的话语权还给学生。教师要尊重学生的兴趣和需要，把课堂教学过程看成师生共同成长、共同分享经历与经验的过程。最后，要将课堂管理权还给学生。通过建立师生间民主平等、和谐愉悦、宽松开放的人际关系，增强学习共同体成员的集体意识和团队责任感，满足学生自主发展、自我建构的现实需要，自觉提升学生自我管理、自我服务的意识和能力，培养学生健全的自主人格和自主管理的品质，增强课堂教学的有效性和实效性。

三是营造积极的心理气氛是构建良好师生关系的必然追求。良好的师生关系是建立在师生心理交融基础上的。由于很多职业院校对教师的管理一直采用比较宽松的非坐班制，教师与学生之间、学生与学生之间的接触和交流更多地发生在课堂这一有限的时空里。教师通过课堂教学了解学生对专业知识的原有基础和喜爱程度、对自己的教学风格的接纳和认可情况，学生通过课堂教学获取教师所传授的知识与技能，感知教师的学识修养和人格魅力，这就促成了课堂见证师生情感交融、生命相伴成长的特殊地位。在良好的人际关系中开展课堂教学活动，学生对知识的好奇和求知的渴望会被唤醒，师生的心灵和外部知识更容易产生密切的联系和有效的对接，有助于课堂学习效率的提高和教学效能的提升。在课堂心理环境建设中，需要为学习共同体营造一个积极的心理气氛。首先，教师要尊重每个学生的心理感受和情绪体验，通过专业课程的情境化设计，使学生完全沉浸在对未知世界领域的兴趣和探索中，搭建师生之间心灵沟通的纽带，能促成情感世界的触摸，让课堂成为师生健全人格培养的主阵地和演绎生命精彩的人生舞台。其次，倡导师生间的平等对话，唤起学生自我发展的内在需要。这种平等对话是来自内心深处真实情感的需要，是以师生亲密无间的人际关系为基础而生成的。师生间的平等对话，不是彼此观点的互相诋毁，更不是一种观点对另一种观点的压制，而是一种互相信任、互相尊重、互相支持下的共同分享。最后，学生之间以诚相待，尊重彼此独特的个性特征，建立积极的心理气氛，处理好统一要求与多样差异之间的关系，对合作学习小组采取组内异质、组间同质的划分方式，树立"同特兼容"的理念①，使学生之间互相悦纳、互相配合、互相促进，形成支持型的课堂心理气氛，实现知识智慧的多元碰撞和人生价值的意义共享，使学习活动成为每个生命个体潜能得以彰显、智慧得以丰富的共同经历，使学生真正感受到人生的充盈和生命的精彩，最终实现教师和学生的共同成长与发展。

---

① 沈小碚，吴小蕊.知识教学双向控制系统分析及其构建策略 [J].课程·教材·教法，2014（9）：55.

（2）学生间竞争与合作心理环境的建设

竞争与合作看似相互对立，实则是相互渗透、相互促进、相伴相随的关系。竞争可以进一步促进彼此的深入合作，合作可以进一步催生新的竞争力。当今学生面对着社会资源不断丰富、生活条件日益优越、职业选择有更大灵活性的社会背景，思想认识和价值观念发生了巨大变化，许多学生的竞争意识和合作意识变得越来越弱。

竞争是指个体或群体之间为了争夺共同期望的稀缺资源，实现预期的共同目标，满足自身愿望的实现而与其他个体或群体展开竞赛、争夺和角逐，以期最大限度地超越对手、获得个人利益或取得有利地位的行为。积极的竞争意味着人的赶超意识和不服输的精神比较强，想在竞争中通过各种办法取长补短或通过培养创新、追求卓越等手段来使自己具备更高的能力和水平。因此，积极的竞争会自觉激发个体的学习动机和成才的渴望，使之从任务定向转向自我定向，自觉克服各种困难和挫折，勤奋进取、勇于探索，最大限度地激发自己的潜能，从而超长发挥，取得比对方更好的成绩。通过与他人的竞争，及时了解自己的优势与不足，利用自己的优势唤起自己的成就动机，在不断完善中给自己搭建一个展示自我、共享智慧的平台，同时也不断提升自信心，培养克服缺点的勇气，使自身价值得到充分体现，品德得到提升。

合作是两个或两个以上的个体在社会关系中，为实现共同目标或共同利益而相互配合、相互帮助、彼此协调，在共同活动中表现出的一种社会交往和协同行为。目前，大多数学生自我中心意识较强，与他人合作的意识淡薄，缺乏团结协作的精神和习惯，有时攻击性较强，甚至表现为社会价值观偏颇。因此，要正视现实中学生之间的合作生态本质，既要看到合作的积极意义，也要理性地捕捉到消极的合作对人的身心发展的影响。

教师要领会和准确把握课堂教学中学生之间竞争与合作的实质和规律，把脉其中的矛盾焦点和冲突本质，根据学生之间竞争与合作的发展要求，采取科学策略以提升学生间竞争与合作的互利共生性。基于此，课堂心理环境的建设，要扎根于当前学生竞争与合作的现状，着眼于每个学生学业发展和健康成长的长远需求，以课堂教学为切入点，通过开展丰富多彩的活动，培养学生乐于竞争、敢于竞争、善于竞争的心理品质，以及在团队合作中明确自身的优势与不足，通过建立良好的人际关系，不断充实自我、完善自我，增加自身竞争力和团队合作的品质。

一是重视学习共同体间的相互影响，加强学生竞争与合作能力的自我培养。学生正处于情感波动和心理无助相互交融的关键时期，最需要情感上的归依和心理上的平复。而此时，课堂中若能形成良好的学习共同体，那么共同体开展的集体活动和学生间的亲密交往，必然会使学生在频繁的合作互动中产生安全感、归属感和成就感，从而达到内心的平衡，激发对生活的无比热爱和珍惜。课堂学习共同体的建立和所开展的活动要尊重每个学生的兴趣和偏好，充分发挥他们的个性和特长，通过团体活动或主题演讨、现场辩论的形式来分享彼此的经验和经历，在明确自己的不足和差距的同时，积极汲取他人之长以弥补自己之短。在与他人交流互动时，学会倾听和倾诉，不断提高自我培养、自我管理、自我评价的能力，舒缓因竞争带来的心理压力和挫折体验。通过学习共同体中不同能力、不同性格、不同品性的学生与助学者间的互动影响，形成对学习共同体的信任和依赖情感，促使自身在组织良好环境浸染下身心得到快速成长，以此享受和谐的人际关系带来的美好体验。

二是有效利用网络等高科技手段，形成竞争与合作的"网络共同体"。互联网对于学生竞争与合作能力及品质的培养，既有积极的正面影响，也存在消极的负面影响。互联网技术本身就蕴含着合作共享、开放创新、公平竞争、平等对话等积极的社会价值观，学生在使用互联网进行学习和交流时，既能够捕捉到来自互联网技术本身所隐含的竞争与合作的意蕴，更能够利用这种技术手段全方位地开展竞争与合作活动，建立"网络共同体"，实现最经济、最丰富、最便捷、最高效的学生间竞争与合作的互动活动。这种"网络共同体"的建立和发展，可以不受时间、空间、地域、人员、身份、形式等多种因素制约，可以随时随地通过计算机、智能手机等现代信息设备和网络技术开展互动与交流，克服了许多实体组织在开展教与学活动时必然受到的客观环境的限制。"网络共同体"的成员不仅有教师和学生，还可以汇集各领域的专家、学者、企业人员、家长等多种身份的学生和助学者，没有年龄、省域、专业、资历等的要求，每个成员都是学习的主体，每个人的意见和建议都可以被采纳和应用，每个人都有获得成功和分享经历的机会，每个人在竞争与合作中都能得到尊重。"网络共同体"的形成，可以突破课堂有限的时空限制，让学生走进网络世界的大课堂，实现更大范围的竞争与合作，在更高的平台上通过资源共享，打造具有更强竞争与合作品质的当代学生群体。

三是引入社会竞争与合作模式，重视学生合作性竞争能力的培养。课堂作为学生增长知识才干、提升品德修养、锻造素质能力的主要阵地，不仅肩负着教会学生学习的重任，更要为学生学会生存、学会竞争、学会合作提供有力的环境支持与保障。要让学生在课堂学习中真正体验到社会竞争的激烈和有效合作的重要性，就必须为学生创设真实的社会交往情境，引入社会竞争与合作模式，让学生在具体的参与和实践中，丰富自己的感性认识，增进对竞争与合作能力培养的重视。课堂中的学习必须要与现实情境相联系，才能培养学以致用、真才实学、能够很快适应社会交往互动关系的有用之才。教师要立足于学生的终身发展和学习型组织建设，着眼于学生合作性竞争能力的培养，利用课堂教学范式的改革，加强课堂学习共同体的建设。通过开展以任务驱动、项目导向为特征的研究性学习，将竞争与合作机制引入课堂教学中，赋予课堂以生活意义和实践价值，关注学生与现实生活世界的联结，使学生在学好专业知识的基础上，掌握创造性地解决问题的方法和与人和谐相处的生存本领，在竞争与合作的辩证统一中更好地适应经济社会发展的现实需要。

重构 3：制度环境建设

课堂制度是在课堂内部用于规范和引导师生所开展的各种活动及其有效协调相互之间关系的各种规则。任何一所学校，不仅要重视发挥课堂制度的规范作用，更要深入挖掘它的引导价值，使其在规训学生良好行为的基础上，进一步促进学生身心全面而和谐的发展。课堂制度生态是指在课堂制度制定和实施过程中，为了课堂教学目标的有效实现，自觉将学校对课堂建设的总体目标和对学生行为的共性要求通过制度的形式加以体现，当生活在课堂环境中的学生能够表现出与制度相一致的行为时，课堂制度与学生相应行为之间所呈现出的生态关系。它是课堂生态环境建设的基础，为课堂生态的有序发展提供重要保障。良好的课堂制度生态环境一旦形成，教与学的各项工作就会有章可循、井然有序，师生的行为就会更为理性化、规范化和自觉化。师生便会自觉坚守自身的使命，守护课堂秩序；积极营造并追求卓越的氛围，抵制各种诱惑；树立积极向上的人生态度，从容面对挫折；形成鼓励创新、宽容失败的思维方式以及维护公正、张扬正气、追求民主的组织环境[①]。共建式高校课堂制度环境的建设是以人的发展为核心，是为了更好地促进学习共同体的健康发展而服务的。

（1）课堂班级管理制度环境的建设

在工业化时代，人们注重服从、奉献、坚持不懈，而 21 世纪则更加看重变革、创新、个性和自我控制[②]。任何一个组织的生存和发展都离不开一定规则的约束和引导，科学合理的规章制度可以确保学校和班级活动的有序进行，以便顺利实现"育人"的培养目标。课堂生态环境的建设同样需要班级制度的纪律约束和价值引领，需要立足于师生学习共同体的形成与建设，遵循教育教学规律和学生身心发展规律，树立班级管理中和谐、互助、合作、共享的生态理念，通过班级管理制度的建立，自觉调整学习共同体成员的各种活动和交往关系，挖掘全体成员的巨大学习潜能，为课堂学习活动的有序开展、学生的责任感养成，以及自我管理能力、问题解决能力和决策能力的培养提供重要保证。

一是树立班级制度生态理念，促进学习共同体的健康发展。目前，大部分职业院校采用科层化的管理模式，不同管理部门站在各自管理对象的立场，出台不同的管理制度，各部门间缺乏相互沟通和协作，各自形成独成体系的管理小生态，通过对学校制度—教学制度—课堂制度的完善，确保学校成为一个高度稳定、可以预测的教育组织。这种人才培养制度生态体系的构建，往往忽略了"人"的存在与发展，片面强调管理的效率和效益，其实质是一种功利性组织的管理行为。规范性组织对其成员的控制则主要依靠精神的监督手段，如规范的约束、道德的反省、良心的驱使等[③]。课堂的组织属性是规范性组织，对学生的课堂管理是立足于精神手段的监督，通过规范的约束、道德的反省和良心的驱使，使学生自觉形成正确的制度理念，以此规范自己的学习行为。课堂教学改革主张树立"以人的发展为本"的班级制度生态理念，构建"学生—教师—管理者"的生态逻辑关系，通过制定符合人

① 宋永忠. 基于大学文化视角的高校内涵式发展探析 [M]// 大学文化与大学之道：中国高教学会高教管理研究会 2012 年学术年会论文集. 南京：南京师范大学出版社，2013.

② JOYCE M，JAN F，GINNY H. 课堂管理要素 [M]. 赵丽，译. 北京：中国轻工业出版社，2006：73.

③ 程晓樵. 课堂互动中的机会均等 [M]. 南京：江苏教育出版社，2003：88.

的身心发展规律和学习共同体协调发展的管理制度，既规范师生教与学的行为，又能陶冶师生的情操，为师生共同体的和谐发展，营造民主、平等、愉悦、宽松的环境氛围，从而形成以人的发展为本、有利于学习共同体健康发展的制度生态环境。

二是重视学习共同体的广泛参与，以期实现自主管理。 与以往片面强调课堂中教师或者学生的作用相比，课堂生态对班级管理制度生态的要求更高，其制度规范的确立需要由共同体成员多方面协商和讨论，在达成一致意见的基础上，方可成为班级成员相互约束与发展的规定与程序。在制度制定的过程中，要充分尊重共同体每个成员的主体地位，树立"以人为本""以人的发展为本"的管理核心理念，促成共同体成员之间建立交互对话的关系，让班级中的每位成员都能意识到自己是班级的管理者，是班级管理制度的参与者、设计者、决策者和执行者，改变过去传统课堂一成不变的教师制定、学生执行的专制制度生态。21世纪的教育要求教师不再控制学生而是要教会学生自我控制，课堂气氛应该温暖、友好，教师与学生分享领导权。课堂班级制度环境的建设要尊重共同体成员的意愿，让班级每个学生都能够发挥自我管理的主动性、能动性和创造性，成为班级管理的主人，主动提升自身的管理意识，在共同体规则下逐渐确立自己的身份和责任。

三是明确班级制度生态目标，激发学习共同体的发展潜能。 在班级生态系统中，教师和学生分别是该生态系统中居于不同生态位的生态因子，各自有不同的功能和作用，但只有教师与学生之间建立一种民主对等、互尊互爱、互信互助、心理相容的生态型师生关系，班级生态系统才能协调发展，不断走向成熟与壮大。课堂生态环境的建设，不仅需要教师积极主动地对学生强调班级管理制度环境建设的重要性，还要让学生深刻理解并重视班级管理制度建设对学习共同体和谐发展的重要意义。教师要有意识地提升学生参与班级管理、重视自我管理的意识，在班级建立一种互帮互助、协调共生的平衡关系，逐渐形成学习共同体普遍认可的伦理规范和利他原则。在这种平等愉悦、民主宽松、和谐自主的生态型师生关系下，学生作为班级制度的参与者、制定者和执行者，其主体性、自主性、独立性和主动性得到了充分的体现，通过成员间真挚友好、平等互信的交流，充分地表达自身独特的观点和真实的意愿，主动参与到班级管理活动中，从而获得心理上的成就感和生命的价值感。在这种课堂范式下，课堂学习共同体中的教师和学生都能够在班级管理中找到适合自己的切入点，从而迸发出自身内在巨大的潜能。

四是优化内外部生态环境，强化班级管理的制度化。班级生态系统的良性发展，不仅需要建立一个和谐、稳定、平衡、统一的内部生态环境，同时也离不开一个适合其健康发展的外部生态环境。影响班级制度生态协调发展的外部环境因素主要有学校环境、家庭环境和社区环境。虽然社区环境也是该生态系统外部环境中的一个重要因子，但是由于各种原因，尤其是新建大学校区往往选择在远离市中心的偏远地方，社区对于课堂管理生态系统的作用在逐渐减小。目前，学校制定的管理制度是直接决定班级管理制度生态的一个最重要的因素，班级管理者已经养成了按照学校规章制度管理学生的习惯，完全忽略了班级制度生态系统的发展是由学校、家庭和社区诸多环境因素共同作用的。这些环境因素通过复杂的关联相互制约和影响，从而更好地作用于班级制度生态系统的协调和均衡发展。因此，共建式高校课堂班级制度环境的建设，不能只强调学校管理制度对于班级制度生态的制约作用，也应该充分体现社会与家庭教育的开放性、深远性和隐含性，能够将外部环境中的"正能量"引入班级管理制度建设中，从而促进班级制度生态系统更加均衡有序地向前发展。

（2）课堂师德规范制度环境的建设

百年大计，教育为本；教育大计，教师为本；教师之本在于"师魂"。师德即为教师的职业道德，是教师素质之魂，是教师做人从教的基础。然而，一段时间以来，职业院校教师有违师德的新闻事件不断见诸媒体，使本应"学为人师，行为世范"的教师陷入舆论的旋涡。究其根源可以发现，许多师德问题的产生都是制度缺失以及制度执行不力的结果。建设生态化的师德制度，能够实现师德制度与其他教育制度之间的协调发展，有助于从根本上解决教师师德失范的行为。课堂师德制度环境的建设，是在充分发挥职业院校师德制度自身长效机制的基础上，将职业院校师德制度建设融合到学校整个管理制度生态环境系统的建设中，遵循整体、全面、协调、动态的生态原则，进行系统的分析和研究，使师德制度建设与学校其他管理制度建设有机结合，共同发挥制度对教师师德建设的规范和引领作用。

2018 年 11 月，教育部在印发《新时代高校教师职业行为十项准则》（教师〔2018〕16 号）的同时，印发《关于高校教师师德失范行为处理的指导意见》（教师〔2018〕17 号），分别提出了要怎么做和没做到怎么办。2019

年11月，教育部等七部门为认真贯彻落实《新时代公民道德建设实施纲要》，深入推进实施《中共中央国务院关于全面深化新时代教师队伍建设改革的意见》，全面提升教师思想政治素质和职业道德水平，印发《关于加强和改进新时代师德师风建设的意见》（教师〔2019〕10号），把师德师风作为评价教师队伍素质的第一标准，加大教师权益保护力度，倡导全社会尊师重教，激励广大教师努力成为"四有"好老师，着力培养德智体美劳全面发展的社会主义建设者和接班人。

一是遵循师德建设规律，促进师德长效发展。教师不是"圣人"，师德作为上层建筑，是需要建立在一定的经济基础之上的。教师的工作与生活也必须有一定的经济基础做保障，通过制定科学合理的奖励制度和激励机制，为广大教师营造一个良好的心理生态环境，给予教师合理的人文关怀，使教师产生强烈的归属感和责任感，通过获得一定的经济依托，从而降低教师的职业倦怠，增强教师钻研教学、不断进取的激情和动力。师德建设不能仅仅依靠某个教师的个体行为，也不能寄托于某一所学校的集体行动，而是需要所有学校和全体教师的共同参与和身体力行，以及广大学生的及时监督和提醒。在社会主义核心价值观的引领下，遵循师德建设规律，统筹规划和整体布局，共同谋求学校师德建设的长效发展，引导教师自觉将外在制度约束转化为内心信仰，形成对师德规范的敬畏之心，自觉履行师德行为规范，坚持底线道德规则与最高伦理准则的统一，形成教学育人、管理育人、服务育人的浓厚校园氛围；积极探索师德建设的规律，真正把师德建设的具体任务落到实处，不断提升师德建设的科学化水平；充分利用现代信息传播技术和手段，发挥师德先进典型的示范引领作用，营造教师之间、师生之间良好的相互学习、相互激励、相互促进的师德风尚，自觉提高自身的师德修养，使更多的教师成为学生主动效仿的楷模；加大师德建设经费投入力度，设立师德专项经费和师德建设研修基地，为学校师德建设提供充足的资源和培训保障，使教师能够安心本职工作，以最佳的精神状态投入教学工作中，实现自身对社会的重要价值。

二是完善师德评价体系，加大监督惩处力度。涵养师德，不仅需要引人向善的政策导向，也离不开政策实施中的制度保障和行政监督。首先，在制定管理制度的过程中，努力避免制度在教育价值取向上的矛盾和冲突。其次，在教育制度执行过程中要对各种制度一视同仁，并且尽可能对各种管理制度要有明确的评价标准。对教师教学能力的评价与对教师师德修养的评价应遵循不同的内在价值标准，两种评价制度不能相互替代或等同，否则以"硬成绩"取代"软师德"的制度就会造成制度之间的内在矛盾，挫伤教师在师德修养方面的自觉与努力，继而可能会转向追求显性的可量化的考试成绩，从而造成师德建设的现实困境。在师德建设中，只有条文规定，没有必要的行政监督，只依靠个体的自觉自愿是很难达到师德建设的预期目标的。因此，要建立由学校、教师、学生、家长和社会多方参与的师德评价体系和监督机制，使教师在教育教学活动、学术研究活动、社会服务活动和文化创新活动中做到有章可循、有法可依，自觉成为文明守法、遵章守纪的模范；要建立完善的师德考核机制、激励机制、监督机制和惩处机制，做到奖勤罚懒、奖优罚劣，鼓励先进、鞭策后进。鼓励教师间、师生间形成良好的互帮互助关系，共同营造美好和谐的学习与生活环境；要建立完善的教师权益保障机制，明确教师的合法权益，使教师的付出和努力能够得到客观、公平、公正的评价，使广大教师安心工作，勤于耕耘、乐于奉献；要建立严格规范的一岗双责的责任追究制度和责任惩处机制。

三是关注教师合理诉求，强化师德建设落地。师德制度的制定，要切实考量教师实际的生态承载力，要在师德制度本身融入柔性管理，在制度中体现人文情怀。只有教师从情感上、理智上认同师德制度，才能发挥教师工作的主动性和能动性，调动教师教育教学的积极性，从而使教师做出高于师德制度的规范行为。作为师德建设的主体，学校要以立德树人为基本任务，在学校管理中要树立以人为本的理念，以教师的生态承载力为前提，增强师德建设的针对性、贴近性和可操作性，关注教师职业发展的合理诉求和价值愿望，找准教师思想转化的共鸣点和切入点，将师德建设工作落地、做实，使"师德至上"的理念转化为教师职业价值观的重要组成部分，使广大教师在日常工作、生活中能够自觉遵守职业道德规范，主动践行社会主义核心价值观。同时，教师也应时刻铭记，促进教师道德自我的成长是提升教师个体和教师群体职业道德水平的长远路径，立德树人的过程就是一个身体力行、言传身教、师生共同成长的过程，教师要以立德树人为出发点和立足点，秉承社会主义核心价值观，加强对师德制度的认同感和自律、自省、自建意识的培养，通过言传身教，为学生树立积极健康的正面形象，自觉肩负起立德树人的神圣职责，做社会道德风尚的示范者、学生良好品行的引领者。

五、物质环境构建实践

物质环境是学习生态的重要组成部分，然而以往不够重视，缺乏物质生态环境的稳定保障和依托，制约了高质量的教学和创新性人才的培养。实际上，物理环境是否平衡与协调，直接影响着教学手段的运用和教学效能的提升。本书重点讨论智慧教室、实训基地和双创基地，发挥"人尽其才、物尽其用"的功效，实现人力和物力资源最大效益的发挥。要想在实践中实现课堂生态的理想目标和理论建设上的逐步完善，就要重视课堂生态环境的建设，自觉遵守符合生态学理念和课堂教学自身发展规律的基本原则。

一是整体性与协同性统一的原则。课堂生态系统是由教师、学生、课堂教学环境、课堂教学目标、课堂教学内容、课堂教学方法、课堂教学设施、课堂教学评价等多种生态因子构成的，每个生态因子都占据一定的生态位，彼此相依相扶，共同构成一个具有内在统一性和完整性的有机整体。教师既要向学生传授专业知识与技能，更要对其进行理想信念、职业操守、思维品质、身心健康、实践与创新能力等全方位的培养与提升。教学是一个师生双边互动的活动，既离不开教师的教，更离不开学生主动的学，是师生作为学习共同体互相交流、相互协作、共同成长的生命演进过程。教师在课堂中施加的教育影响一定要以能给予师生身心以整体全面可持续发展为前提，教师与学生完整的生命历程和成长，才是学校教育和课堂教学的出发点和归宿。因此，课堂生态环境的建设要自觉遵循整体性与协同性统一的原则。

二是交互性与共生性统一的原则。从生态学的视角审视，课堂主体与课堂环境之间、课堂主体与课堂主体之间都是交互共生的，它们之间每时每刻都发生着多元、复杂的交互联系和互利共生的关系。按照这种生态理念和认识，教室中座位的设计可以有多种形态，如马蹄式、圆形式、丛聚式、内圈式、小组式和单元组合式等。这些不同形态的座位设计，不仅改变了教室的物理生态环境，也将改变人与人之间的心理生态环境，使师生之间形成一种交互共生的"学习共同体"，为教学活动的有效展开提供广阔的空间。深化学校课堂教学改革和教学质量的提升，离不开课堂生态主体教师与学生主体作用的有效发挥以及他们相互间良好的交互与共生关系的建立。课堂作为教师安身立命、书写人生的舞台，作为学生增长智慧才干、启迪精神境界的主要阵地，师生之间通过知识的交流、情感的互动、思想的碰撞，在教与学的过程中建立民主的、平等的、自由的、和谐的师生关系和生生关系，通过彼此合作、共同探讨、平等对话、和谐共进，享受着学习共同体所赋予彼此的智慧生成以及生命成长过程中的快乐与温暖。因此，课堂生态环境的建设也要自觉遵循交互性和共生性统一的原则。

三是依存性与自组织性统一的原则。教育生态系统中的各个生态因子是相互依存、相互协调的，每个生态因子都享受着发展的同等权利。同时，各个生态因子之间也存在着相互竞争与斗争，由此造成发展的失衡。正是通过这些竞争或斗争，生态系统才不断进行物质、能量和信息的交换、更新、传递，使生命活力常在、生生不息。和生态系统中其他子系统一样，课堂也经常表现出两种状态，即平衡状态和非平衡状态。教师要有意识地培养学生自我管理、自我教育、自我评价、自我服务的能力，营造一个开放、自主、动态的课堂结构与功能，促进生态主体间学习共同体的形成以及生态因子之间信息沟通与协调的良性关系。在自组织原理的指导和支配下，学习共同体中的成员都能在学习目标的指引下，自主分享学习的乐趣和成功的体验，即使课堂出现偶发的非平衡状态，即紊乱状态，课堂中的各生态因子也能够为了维持自身的规定性和平衡性，自发地组织起来，利用生态因子的积极作用克服消极作用，合理发挥自身的调适功能、补偿功能，消除紊乱，寻求新的秩序与平衡，实现真正意义上的无为而治。因此，课堂生态环境的建设也要自觉遵循依存性和自组织性统一的原则。

四是和谐性与可持续性统一的原则。任何一个生态系统都是由多种不同的生态因子构成的，这些生态因子之间以及生态因子和外部环境之间都会存在着一个信息输入与输出的转换过程。课堂生态系统就是一个以课堂教学为中心，在一定的教与学的时空内，作为生态主体的教师和学生与所处的教学环境之间，通过物质、能量、信息的相互转换和融通，促使彼此之间由平衡到不平衡、再由不平衡到平衡，循环往复、逐渐适应、螺旋发展的和谐统一体。课堂不同于工厂的生产流水线，不能按照同一个模子培养所有学生，要既重视学生身心的和谐发展，也保证他们终身的可持续发展，做到两者相得益彰。学校课堂要使每个学生在原有基础上都能得到全面而自由的发展，而不是只有部分学生能享有机会和权利，就要为所有学生提供公平的、完整的、优质的教育服务，不仅要促进学生专业知识和智力的发展，更应不断丰富学生的情感世界、启迪生活智慧、完善健全人格，使其成为品学兼优、德才兼备的人。要重视学生潜能的挖掘和个性的充分发展，尊重学生的兴趣和偏好，使其个性得到充分的、自由的发展和运用。评价课堂教学质量的高低，不能仅仅停留在对书本知识的记忆和把握，更应强调对知识的灵活运用和实际问题的有效解决，强调学生对未来社会的适应和终身学习能力的把握。当今的大学课堂一定要秉承可持续发展理念，为学生更好地适应未来社会发展提供原动力，为其充满活力的一生健康发展奠定基础。因此，课堂生态环境的建设也应自觉遵循和谐性与可持续性统一的原则。

五是开放性与动态生成性统一的原则。开放性是与封闭性相对而言的，课堂作为一个特殊的微观生态系统，和任何生态系统一样，既具有封闭性，也同时具有开放性。课堂的封闭性是指每个课堂都是一个独立的组织和系统，具有自身与众不同的结构和功能，同时也有不被外界轻易改变或同化的特性。封闭性体现了课堂具有自我保护的功能和追求稳定的需要。由于课堂生态系统各因子之间以及与外部因子之间不断发生着物质、能量与信息的传递与交流，系统中会时常出现不平衡的状态。为了使课堂生态系统重新达到新的动态平衡状态，课堂生态主体有必要与教学环境之间经常地、主动地、积极地进行对话和交流，及时进行内外环境的调整与修正，使整个课堂生态系统始终处于开放与动态生成中，促进整个生态系统由平衡到不平衡再到新的平衡的循环往复、螺旋上升的发展，在动态中实现内部各生态因子间的相互协同、结构与功能的相互协调以及系统与环境的相互适应，实现课堂生态系统的良性发展，保证人才培养目标的实现和质量规格的提升。因此，课堂生态环境的建设也需自觉遵循开放性与动态生成性统一的原则。

 实践 1："人工智能 +"智慧教室

智慧教室是指为教学活动提供智慧应用服务的教室空间及其软硬件装备的总和，是在物联网、云计算、大数据等新兴信息技术的推动下，教室信息化建设的新形态[①]。当前，职业院校智慧教室建设，主要是对传统演示型多媒体教室的优化改造，其基本思路是坚持以人为本，以建构主义和具身认知等为理论指导，同时在人机互动、环境心理学等相关理论和智能技术、人机交互等技术的支持下，充分发挥课堂组成各要素的作用，基于PST（空间—技术—教学法）框架一体的设计原则，突破原有多媒体教室过于依托单一技术所带来的限制，为师生创建更为灵活、更多用途的教学与学习空间，实现将新技术融入教育，改革教学模式，创造面向未来的互动教学环境。

　　一是灵活多变互动教室。如图7-2所示，打破传统教室固定桌椅的布局，配置可移动、可拼接、多类型的活动桌椅、人机交互式显示设备、手机互动系统等。师生根据教与学的需要，自由组合教室桌椅，较大程度地满足了师生互动、生生互动、资源互动的教学需要。

图7-2　灵活多变互动教室

　　二是多屏研讨教室。如图7-3所示，重构教学空间，设计全新教学形态，去除传统讲台，将讲桌置于多边形教室中央，以便更好地发挥教师在教学过程中扮演的组织者、引导者等角色的作用；同时，学校配备了多个触摸一体机、书写白板、手机互动系统和多屏互动系统，能充分满足小组研讨、分享等教学需要。

---

　　① 聂风华，钟晓流，宋述强. 智慧教室：概念特征、系统模型与建设案例 [J]. 现代教育技术，2013，23（7）：5-8.

图 7-3 多屏研讨教室

三是多视窗互动教室。 如图 7-4 所示，配置超大屏显示设备和多视窗演示系统，彻底改变了传统的多类型教学内容演示方式。该系统支撑复杂的教学过程，支持对多种教学资源的展示、对比和多种教学资源的可视化便捷调度，能实现高难度复杂问题的多维度展示，优化教学内容的呈现方式，加深学生对知识的理解和掌握。如医学类课程能更好地实现病变前后细胞、组织、器官的对比呈现，设计类课程能更好地实现平面与立体课件的对比呈现、普通课件与虚拟空间三维视图和操控过程的同屏呈现，等等。

图 7-4 多视窗互动教室

四是远程互动教室。 如图 7-5 所示，配置专业摄像机、远程互动系统，组合教室大屏、多屏，创设沉浸式互动环境，实现多教室、多校区、多地域的教学资源共享。

图 7-5　远程互动教室

五是网络互动教室。如图 7-6 所示，配置高性能教师机、学生机和网络互动系统，提供强大的师生互动、生生互动、人机交互功能，能实现教师机和学生机同屏展示、收发资料，学生一对一接受教师的指导与反馈、向其他学生展示学习资源等。此外，通过整合不同教室形态（如机房教室和理论教室）的功能，实现不同教学方式的融合，以便更好地满足软件、设计等类课程的体验式、参与式教学需求。

图 7-6　网络互动教室

六是专用研讨室。如图 7-7 所示，采用玻璃隔断的方式，将大教室划分为多个独立的讨论区域，每个区域配置多类型活动桌椅、书写板、触摸一体机和投屏系统，为师生课后学习研讨、学术型社团活动交流、学生双创项目探讨等提供良好的环境支撑。

图 7-7 专用研讨室

实践 2：共建共享型生产性实训基地

生产性实训基地是提高职业院校办学水平和实现校企深度融合的重要载体，是提高职业教育人才培养质量和就业竞争力的有效途径，是人才培养模式改革的重点领域和关键环节。建设校企共建共享型生产性实训基地能解决职业院校自建实训基地成本过高、实践教学不实、校企合作不深、人才培养与产业需求匹配度不高及社会服务能力不强等问题。学校与行业企业的合作更加紧密，学生在真实的职业环境中学习，提升综合职业能力和社会适应力，人才培养质量和办学水平得到了进一步提升，实现人才供给与产业需求的高效配置。

职业院校可按照"生产性、先进性和共享性"的原则建设共建共享型生产性实训基地，在合作模式、保障制度、师资培养及实践教学方面进行系统的探索与实践，契合校企合作、产教融合的发展理念。

一是"引资型"生产性实训基地建设。职业院校通过开展以场地吸引设备、以技术服务产业、以人才支持行业、以品牌吸引企业等各种方式，引进企业，建立校内生产性实训基地。

二是"引智型"生产性实训基地建设。职业院校在推进"引企入校"的同时，可积极创设条件开展"引智入校"，引进行业领军企业，探索现代学徒制，把企业的高端设计人才和优势智力资源引入学校，利用企业承接的项目，让学生全程参与项目研发，并开展各类活动，以此激发学生的学习热情，实现专业同行业的直接对接。

三是"投资型"生产性实训基地。针对一些占地面积大、设施要求高或投资额度大的生产性实训基地，职业院校可积极谋求投资型合作，即学校投入部分生产设备与企业联合建设校外生产性实训基地。学校在企业投入设备设立的生产性实训基地，一方面为学生提供了真实的工作岗位和工作环境，使学生的职业能力在短时间内得到了全面的提升；另一方面学校作为投资方，在合作中具有了充足的话语权，能够保障学生实习的效果，不流于形式，同时学校以较小的投入实现了对整个企业资源的利用，极大地降低了学校的资金压力，实现了低投入、高效率、实境化的建设目标。

实践 3：创新创业孵化基地

培养学生的创新创业能力，既要学习创业知识、掌握创业技能，又要进行创业模拟实践。创新创业的"基因"需经过"孵化"，"孵化"的场所可以是课堂、宿舍，或者是实验室、实训中心，以及餐厅门口、体育场馆休息区，或者是学生活动中心、人才培养模式创新实验区，政府举办的创业园、科技园、动漫产业园[①]。实践表明，最有效的是创新创业孵化基地，它可以分为校内基地和校外基地两大类，按照建设和运作的模式归纳为工作室模式、参赛牵引模式、模拟对抗模式、平台交流模式、项目驱动模式、订单介入模式，构成既结合学校实际、具有可操作性，又具有长效作用的运行机制[②]。

一是工作室模式。工作室原来是指艺术家的画室、演唱室、排练室、摄影间等，在创业管理学中是指由一个人、一个机构或几个人、几个机构建立的组织和环境。大学生创业孵化校内基地的工作室模式是指高校结合专业特点，在专业学院、专业研究机构成立工作室，或以科研课题为单位成立工作室，组织学生开展创业演练和创业实践。工作室就是大学生创业的孵化基地。在工作室里，学校免费提供场地，学生在工作室内设计并实施创业项

---

① 黎博，张川，黄德林."四结合"构建高校双创孵化基地研究 [J]. 职业技术教育，2019，40（14）：61-63.

② 代君，张丽芬. 大学生创业孵化基地的建设模式 [J]. 江西社会科学，2014，34（11）：248-252.

目。工作室模式的学生创业校内孵化基地的运行以产业需求为依据，结合学校专业设置和办学条件的实际，以某个专业为平台，独立成立工作室，或以多个专业跨学科联合为平台，设置联合工作室，实行专业、实验室与工作室"两块牌子、一套人马"，为在校学生搭建校内创业平台，建设一批学生创业的校内基地。这是一种"低成本、高成功"的创业模式。

二是参赛牵引模式。组织学生参加各类创新创业竞赛，是当前职业院校深化人才培养模式改革的方向，也是一个成功的国际经验，应该成为我国学生创业孵化基地建设的校内平台。以参赛为平台建设学生创业校内孵化基地的机制设计，在职业院校以教学管理部门或学生管理部门为牵头单位，从参赛准备、参赛过程、参赛成果转化为创业项目，其运行机制则表现为：在准备参赛的阶段，通过查阅资料、发放问卷等活动，培养学生对市场需求的分析能力、创业决策能力；在参赛过程中，培养学生综合运用各种专业知识和创业知识的能力，如策划能力、成本知识、物流知识、法律知识、团队精神；在参赛之后，鼓励学生将自己的创意设计和创新产品进一步推广到日常生活和工作之中。

三是模拟对抗模式。现在多数职业院校的创业教育还处在"纸上谈兵"的阶段。针对这种实际，可采用模拟对抗模式。模拟对抗模式是仿效军事领域的沙盘推演、红军—蓝军对抗的做法，以团组织为组织机构，以学生活动中心为平台，组织学生在校内开展模拟创业，训练大学生创业的"真题实做"能力，将学生分成多个小组，以小组为单位召开设计方案论证会，让一组学生充当"客户"，站在客户的角度，对设计风格、材料工艺、造价成本等提出要求和质疑，而另一组学生以设计者的身份出现，解读设计创意，说服"客户"。

四是平台交流模式。这种模式是鉴于学生经验不足，从业信息积累不够而设计的，其运作机制是职业院校搭建真实或虚拟的服务平台，为学生创业提供交流指导、项目推介服务。通过服务平台，创业专家提供创业咨询和指导，打造网上交易渠道，推出高档次作品。

五是项目驱动模式。教育部设置了"大学生创新创业计划"，各学校设置了一大批创新创业项目，将其作为提升学生创新创业能力的重要抓手和突破口，使之在校内落地、生根、开花、结果，在校内孵化成功之后，待学生毕业时，校内孵化的企业也就成为"毕业企业"，进入社会后，带动更多人就业，让"以创业带动就业"的战略落地。

六是订单介入模式。职业院校在校内设立的创业园、人才培养模式创新实验区里，引入高新技术开发区、经济技术开发区的资源，与知识密集型、技术密集型产业和现代服务业企业的项目对接，请行业、企业、团体、公众给学生"下订单"，在校学生针对企业或公众的需求，发挥自己的才华，研发产品。

后　记

　　智慧是一个很难言说的概念，本书在前人研究的基础上，试着探究了智慧教学的内涵和策略，不是灌输所谓的智慧理论和信息，而是要引导学生的知识习得、思维训练和人格养成。引导学生的智慧生成，行为本身就是智慧的，是正确的，可又面临着许多困难，从贫乏走向丰富，从困境走向自由，越是充满期待和能量的选择，途中的荆棘与坎坷就越多。

　　由于时间关系，也因为笔者才疏学浅，能力有限，本书存在很多不足，还有大量的问题，需要笔者在今后的研究中不断思考解决。

著　者

2021.3